EViewsによる
計量経済分析入門

縄田和満 [著]

朝倉書店

EViews は米国 Quantitative Micro Software 社の，Windows Vista, XP, Excel, Word は米国 Microsoft 社の米国および世界各地における商標または登録商標です．その他，本文中に現れる社名・製品名は，それぞれの会社の商標または登録商標です．本文中には，TM マークなどは明記していません．

なお，EViews についての問い合わせ先は，次のとおりです（これらの情報は予告なく変更されることがあります．また，EViews は大学生協などから容易に購入可能です）．
Quantitative Micro Software, LLC, 4521 Campus Drive, #336, Irvine, CA 92612-2699, USA
e-mail：sales@eviews.com
http://www.eviews.com
日本における代理店：（株）ライトストーン，〒130-0026 東京都墨田区両国 4-30-8, Tel：03-5600-7201, Fax：03-5600-6671
e-mail：sales@lightstone.co.jp

は じ め に

　計量経済学では，多くのデータ分析手法が開発されており，それらを解説した数多くの解説書が出版されている．実際にこれらの手法を用いてデータの分析を行い，さらには理論的な理解を深めるためにもコンピュータによる分析が必要不可欠であることは述べるまでもない．幸いなことに今日では，コンピュータの利用が容易になり，また，分析のためのパッケージ・ソフトが開発されており，データ解析がこれらによって比較的容易に可能となっている．

　ここでは，米国 Quantitative Micro Software 社の EViews を使った経済データの分析について，筆者が東京大学工学部・大学院工学系研究科・経済学研究科などで行ってきた講義・演習内容をもとに説明する．内容的には，EViews の使い方の基礎，回帰分析，同時方程式モデル，時系列データ，単位根と共和分，ARCH・GARCH モデル，質的データ・制限従属変数の分析であり，計量経済学で使われる主要な手法の分析を中心に説明を加えた．第1章は EViews の基本的な使い方について，第2〜6章は拙著「TSP による計量経済分析入門（第2版）」（朝倉書店，2006）を EViews 版に書き改めたものである．第7〜9章は最近の計量経済学の発展を踏まえ，新たな説明を加えたものである．

　EViews は，計量経済モデルの分析に世界的に広く使用されているソフトであり，基礎的なものから最新のものまで多くの手法を含み，ほとんどの分析がこれによって可能となっている．本書の執筆にあたっては，分析手法の理論的な説明および，EViews やコンピュータの操作の両者を同時にかつ体系的に学習できることを目的とした．計量経済学の初学者・入門者でも，ある程度の基礎的な統計学やパソコンの知識さえあれば，利用可能となるように配慮した（統計学，計量経済学パソコンについてまったくの初心者は，拙著「Excel による統計入門－Excel 2007 対応版－」（朝倉書店，2007）などでその基礎を学習してからの利用

が望ましい).また,本書の性格上,計量経済学の理論的な説明は最小限に留めたので,それらに関しては,蓑谷千凰彦・縄田和満・和合肇編「計量経済学ハンドブック」(朝倉書店,2007)などを参照していただきたい.

なお,すでに述べたように本書は,筆者が東京大学で行っている講義・演習内容をまとめたものであるが,ご助言・コメントをいただいた諸先生方,受講生諸君に感謝の意を表したい.また,本書の出版にあたっては,朝倉書店編集部にたいへんお世話いただいた.心からお礼申し上げたい.

2009年2月

著　者

目次

1. **EViews 入門** ——————————————————————— *1*
    1.1 EViews の起動，ワークファイルの作成，データ入力と変換　*1*
    1.2 ワークファイルの保存，EViews の終了，既存のワークファイルの読み込み　*8*
    1.3 Excel ファイルからのデータの読み込み　*11*
    1.4 EViews による簡単なデータの分析　*15*
    1.5 コマンドを使った処理　*22*
    1.6 バッチ処理　*26*
    1.7 欠損値の取り扱い　*30*
    1.8 新しいフォルダの作成　*30*
    1.9 演習問題　*33*

2. **回帰分析の基礎** ——————————————————————— *34*
    2.1 回帰モデル　*34*
    2.2 最小二乗法による推定　*38*
    2.3 回帰係数の標本分布と検定　*41*
    2.4 回帰モデルにおける最尤法　*42*
    2.5 銅消費量データを使った回帰分析　*45*
    2.6 演習問題　*54*

3. **重回帰分析** ——————————————————————— *55*
    3.1 重回帰モデル　*55*
    3.2 重回帰方程式の推定　*56*
    3.3 重回帰分析における検定　*57*

- 3.4 モデル選択とモデルのあてはまりのよさの基準　*60*
- 3.5 ダミー変数　*61*
- 3.6 銅消費量のデータを使った重回帰分析　*63*
- 3.7 AICとカルバック・ライブラー情報量　*79*
- 3.8 演習問題　*80*

4. 系列相関，不均一分散および多重共線性 ——————— *81*
- 4.1 標準的な仮定　*81*
- 4.2 誤差項の系列相関　*82*
- 4.3 不均一分散　*96*
- 4.4 銅消費量データを使った不均一分散の分析　*102*
- 4.5 多重共線性　*107*
- 4.6 銅消費量データを使った多重共線性の分析　*110*
- 4.7 演習問題　*112*

5. 同時方程式モデル ——————— *114*
- 5.1 説明変数が確率変数の場合の最小二乗推定量　*114*
- 5.2 需要・供給関数とマクロ経済モデル　*115*
- 5.3 モデルが推定可能であるための条件　*117*
- 5.4 同時方程式モデルの推定　*119*
- 5.5 外生性の検定　*123*
- 5.6 簡単なIS-LMモデルの推定　*124*
- 5.7 識別可能性とランク条件　*135*
- 5.8 演習問題　*137*

6. ARIMAモデルによる時系列データの分析 ——————— *139*
- 6.1 自己回帰（AR）モデル　*140*
- 6.2 移動平均（MA）モデル　*143*
- 6.3 ARMAモデルとARIMAモデル　*144*
- 6.4 ARIMAモデルの推定　*146*
- 6.5 予測　*148*

- 6.6 ARIMA モデルによる日本の経済データの分析　*149*
- 6.7 季節性と SARIMA モデル　*160*
- 6.8 ラグオペレータ　*167*
- 6.9 演習問題　*168*

7. 単位根と共和分 ── *170*
- 7.1 単位根問題　*170*
- 7.2 単位根の検定　*173*
- 7.3 EViews による単位根検定　*179*
- 7.4 見せかけの回帰　*189*
- 7.5 共和分分析　*192*
- 7.6 EViews による共和分検定　*197*
- 7.7 演習問題　*207*

8. ARCH, GARCH モデル ── *209*
- 8.1 ARCH, GARCH モデル　*209*
- 8.2 EViews による ARCH, GARCH, EGARCH モデルの推定　*211*
- 8.3 演習問題　*222*

9. プロビット, ロジット, トービット・モデル ── *224*
- 9.1 プロビット, ロジット・モデル　*224*
- 9.2 EViews によるプロビット・モデルの推定　*231*
- 9.3 トービット・モデル　*236*
- 9.4 EViews によるトービット・モデルの推定　*239*
- 9.5 演習問題　*244*

参 考 文 献 ── *245*
索　　　引 ── *248*

1. EViews 入門

ここでは，EViewsを使うための基本操作について説明します．OSとしてはWindows Vista（またはXP）を，EViewsとしてはEViews 6.0を使っているとします．パソコンによってEViewsを利用する場合，EViewsのプログラムファイルを作っておき一括して処理する方法（この方法はバッチ処理と呼ばれます）と，対話形式によって1つずつ処理する方法があります．とくに初学者にとっては，対話形式の方が理解しやすいと考えられますので，本章では対話形式を中心に説明し，1.6節でバッチ処理について説明します．

本書では以後説明の部分とキーボードから入力する部分の区別を明確にするため，実際にキーボードから入力する部分を**太字**で表すことにします．なお，EViewsをうまく使いこなすにはある程度の統計学やパソコンの知識を必要とします．これらについてのまったくの初心者は拙著『Excelによる統計入門—Excel 2007対応版—』（朝倉書店，2007）などでその基礎を学習してからの方がよいでしょう．

1.1 EViewsの起動，ワークファイルの作成，データ入力と変換

1.1.1 EViewsの起動，ワークファイルの作成

パソコンを起動して下さい．［スタート］→［すべてのプログラム（P）］→［EViews 6］→［EViews 6］をクリックして下さい（図1.1）．または，デスクトップ上のEViewsのアイコンをクリックします．EViewsが起動して，図1.2のような画面となります．EViewsでは，ワークファイル（workfile）を単位として作業を行いますので，まず，新しいワークファイルを作成する必要があります．表1.1には10人の身長，体重，性別のデータが示してありますが，このうち5人の身長と体重のデータをEViewsに入力してみましょう．画面上部のメインメニューから，［File］→［New］→［Workfile］を選択して下さい（図1.3）．

1. EViews 入門

図 1.1 ［スタート］→［すべてのプログラム（P）］→［EViews 6］→［EViews 6］をクリックする．または，デスクトップ上のEViewsのアイコンをクリックする．

図 1.2 EViewsの起動画面

1.1 EViews の起動,ワークファイルの作成,データ入力と変換　　　3

表 1.1 身長,体重,性別のデータ

番号	身長 (cm)	体重 (kg)	性別 (男:1, 女:0)
1	175	61	1
2	165	62	1
3	162	48	0
4	164	52	1
5	170	55	1
6	169	69	1
7	155	48	0
8	153	44	0
9	162	49	0
10	158	58	0

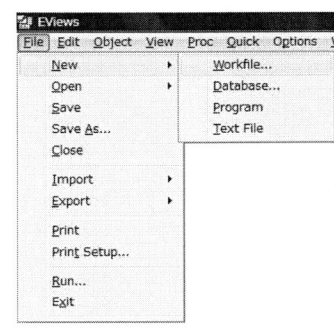

図 1.3　[File]→[New]→[Workfile] を選択する.

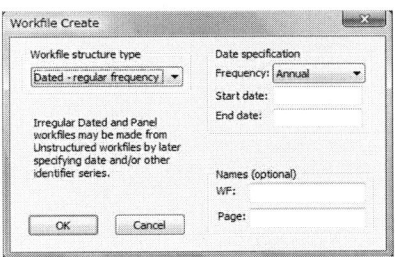

図 1.4　「Workfile Create」が起動する.

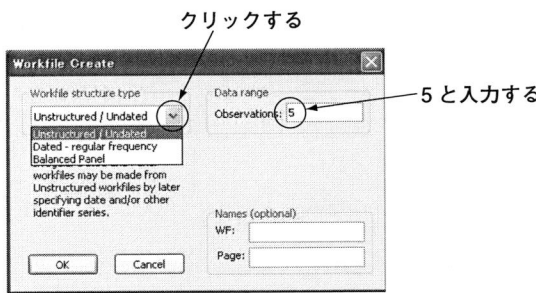

図 1.5　「Workfile structure type」を [Unstructured/Undated],「Data range」の「Observations」を 5 とし,[OK] をクリックする.

「Workfile Create」(図 1.4) が起動しますので「Workfile structure type」の右側の矢印をクリックして [Unstructured/Undated] を選択し,「Data range」の「Observations」を **5** とし,[OK] をクリックします (図 1.5).「Workfile:

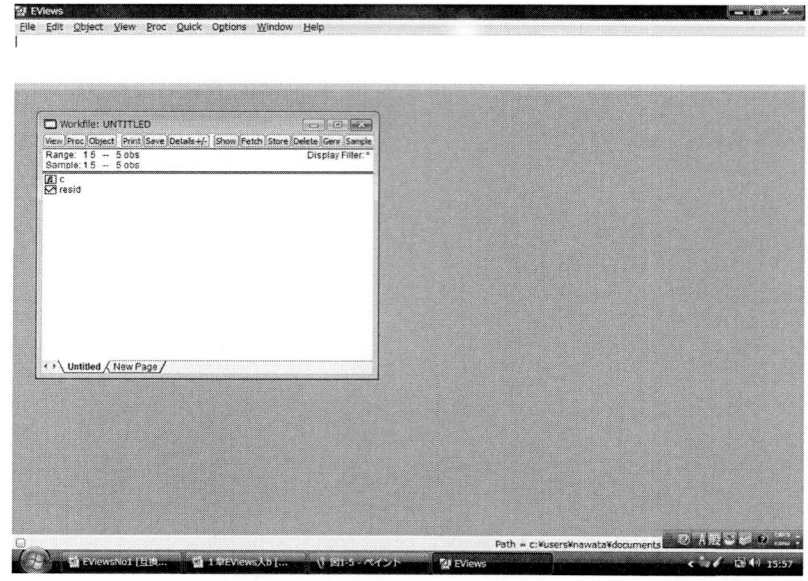

図 1.6 「Workfile：UNTITLED」のボックスが現れ，作業が可能となる．

UNTITLED」のボックスが現れ，作業が可能となります（図 1.6）．

1.1.2 データの入力

　まず，体重のデータを変数 **X** として入力します．「Workfile：UNTITLED」の［Object］→［New Object］を選択して下さい（図 1.7）．「New Object」のボックスが現れるので，［Series］を選択し，［OK］をクリックします（図 1.8）．「Series：UNTITLED」のボックスが現れるので，［Name］をクリックします（図 1.9）．「Object Name」のボックスが現れるので，「Name to identify object」を **X** と入力して下さい（図 1.10）．変数名は，1～16 文字（変数名としては 24 文字まで可能ですが 16 文字以下が推奨されています）のアルファベットと数字でつけますが，最初の 1 文字はアルファベットである必要があります．なお，**C** は定数項に割り当てられていますので，ユーザーが使う変数名とすることはできません．EViews では，大文字，小文字は区別されません．**x** と入力しても同一です．EViews 上では小文字で表示されます．本書では，アルファベットの「l」（エル）と数字の「1」（いち）の違いなどを明確にするため，入力は大文字と小文字を組み合わせて表すこととします．また，本文中の説明は，EViews の表示に併せて

1.1 EViews の起動, ワークファイルの作成, データ入力と変換

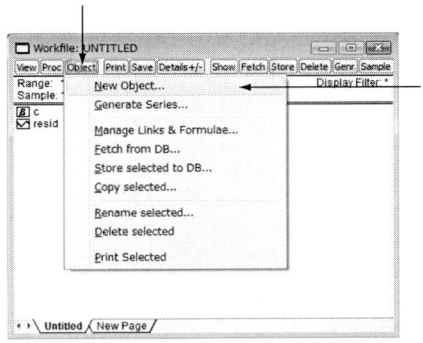

図 1.7 「Workfile：UNTITLED」の [Object] →[New Object] を選択する.

図 1.8 「New Object」のボックスが現れるので, [Series] を選択し, [OK] をクリックする.

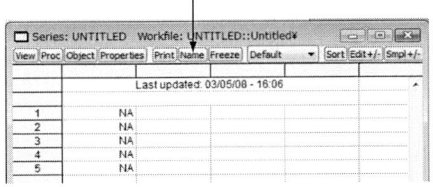

図 1.9 「Series：UNTITLED」のボックスが現れるので, [Name] をクリックする.

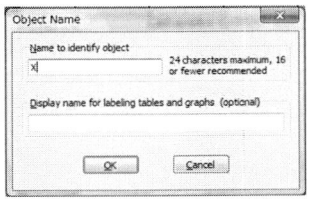

図 1.10 「Object Name」のボックスが現れるので,「Name to identify object」を **X** とする.

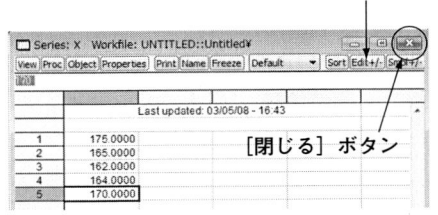

図 1.11 Series 名が X となるので, [Edit+/−] のボタンをクリックする. データの入力が可能となるので, 身長のデータを入力する. 入力終了後は [閉じる] ボタンをクリックする.

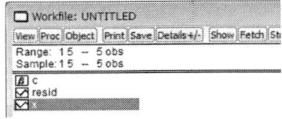

図 1.12 「Workfile」に変数名「x」が現れる.

行うこととします. Series 名が X となるので, [Edit+/−] のボタンをクリックします(図1.11). データの入力が可能となるので, 身長のデータを入力します. 入力終了後は [閉じる] ボタンをクリックします. 「Workfile」に変数名「x」が

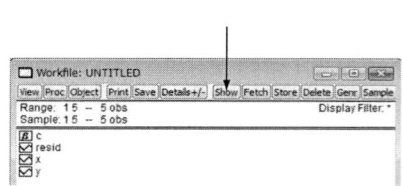

図 1.13 同様に体重のデータを変数名 **Y** として入力する.データが正しく入力されていることを確認するため,「Workfile」のメニューから [Show] を選択する.

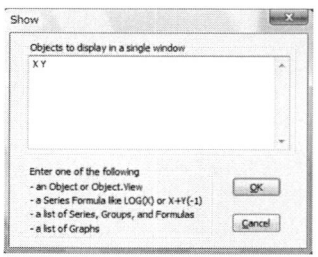

図 1.14 「Show」のボックスが現れるので,「Objects to display in a single window」に **X Y** と入力する.

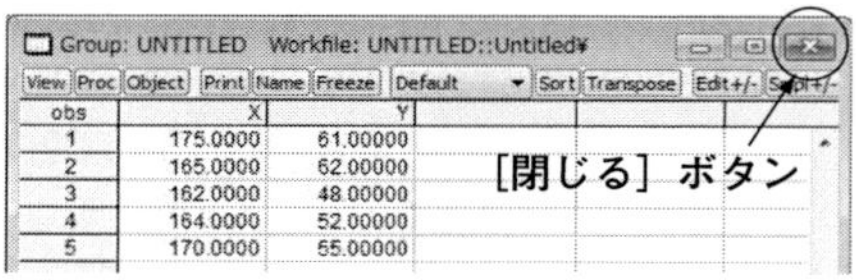

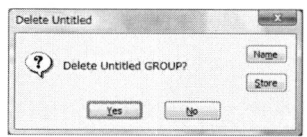

図 1.15 入力されたデータが表示されるので,正しく入力されていることを確認した後,[閉じる] ボタンをクリックする.

図 1.16 「Delete Untitled GROUP?」と尋ねてくるので,[Yes] をクリックする.

現れます(EViews では変数は小文字で表示されます)(図 1.12).

同様の操作を行い,体重のデータを変数 **Y** として入力して下さい.データが正しく入力されていることを確認するため,「Workfile:UNTITLED」のメニューから [Show] を選択します(図 1.13).「Show」のボックスが現れるので,「Objects to display in a single window」に **X Y** と入力します(図 1.14).入力されたデータが表示されるので,正しく入力されていることを確認した後,[閉じる] ボタンをクリックします(図 1.15).「Delete Untitled GROUP?」と尋ねてくるので,[Yes] をクリックします(図 1.16).

1.1.3 データの変換
● 数 式

次に,身長と体重の差を計算してみましょう.画面上部(図 1.2)のコマンドウィンドウ(command window)をマウスでクリックして,

Series Z=X−Y

と入力して,[Enter] キーを押して下さい.**Z** が計算されますので,前と同様の手順で正しく計算が行われていることを確認して下さい(図 1.17).変数の計算

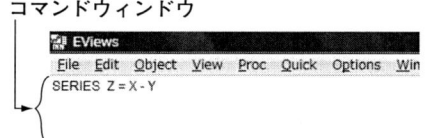

図 1.17 コマンドウィンドウに **Series Z=X−Y** と入力する．前と同様の手順で正しく計算が行われていることを確認する．

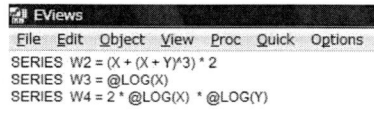

図 1.18 Series コマンドを使って変数を計算する．

を行う場合には **Series** を先頭につけることに注意して下さい．**Series** をつけずに **Z=X−Y** とするとエラーとなります．数式計算記号は，足し算 **+**，引き算 **−**，掛け算 *****，割り算 **/**，べき乗 **^** で，計算の優先順位は，通常の規則と同様，［べき乗］→［掛け算］，［割り算］→［足し算］，［引き算］で，優先順位を変えたい場合は，（ ）を使います．｛ ｝，［ ］は使わず，複数のカッコが必要な場合は，（ ）を複数使います．たとえば，$(X+Y)^2/Z$ を **W1** に計算する場合は，

Series W1=(X+Y)^2/Z

$\{X+(X+Y)^3\} \times 2$ を **W2** に計算する場合は，

Series W2=(X+(X+Y)^3)*2

となります（図 1.18）．

● 算術関数

EViews では，多くの関数が用意されています．たとえば，X の e を底とする自然対数 $\log_e(X)$ を **W3** に計算する場合は，

Series W3=@LOG(X)

と関数名に @ をつけて入力します．関数は，数式の中にも使うことができます．$2 \times \log_e(X) \times \log_e(Y)$ の計算は，

Series W4=2*@LOG(X)*@LOG(Y)

というように入力します．

EViews の主要な算術関数は次の通りです（この他にも，いろいろな関数が用意されていますが，それらについては必要に応じて説明をします）．

@ABS　　絶対値を計算する．
@COS　　コサインを計算する．
@EXP　　e のべき乗を計算する．
@LOG　　e を底とする対数（自然対数）を計算する．

@SIN　　サインを計算する．
@TAN　　タンジェントを計算する．

なお，LOG や ABS などは @ をつけずに **Series W3=LOG(X)** と入力しても計算可能ですが，@ をつけないとエラーとなる場合があります．たとえば，**Series W5=TAN(X)** とするとエラーとなりますので，算術関数を使う場合は @ をつけるようにして下さい．

1.2　ワークファイルの保存，EViews の終了，既存のワークファイルの読み込み

1.2.1　ワークファイルの保存

いま，入力・変換したデータを保存してみます．ワークファイルの空白部分をクリックして，アクティブな状態として下さい．ワークファイルを新しく保存するには，画面上部のメインメニュー（図 1.2）の［File］→［Save as］を選択します（図 1.19）．ワークファイルがアクティブになっていないと，「Save as」のボックスが表示されますが，「Save Active Workfile」が選択されていることを確認し［OK］をクリックします．ファイル名を **EX1** とし，［保存（S）］をクリックすると WindowsVista では「ドキュメント」というフォルダ（ディレクトリ）にファイルが保存されます（Windows XP では「マイ　ドキュメント」に保存されます）（図 1.20）．なお，他のフォルダやデバイス，たとえば，取り外し可能な USB メモリーなどに保存する場合は，「保存する場所」をリムーバブルディスク（F:）

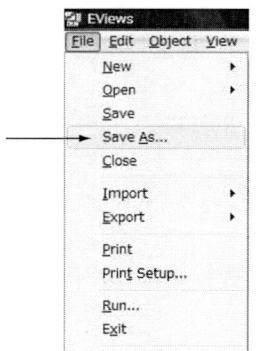

図 1.19　ワークファイルを保存するには，メインメニューの［File］→［Save as］を選択する．

1.2 ワークファイルの保存，EViewsの終了，既存のワークファイルの読み込み

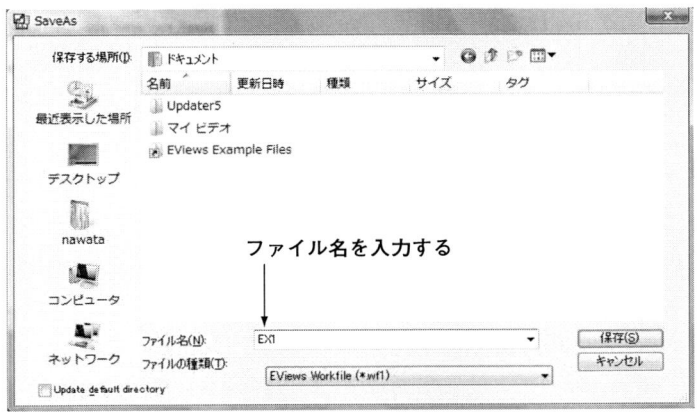

図 1.20　ファイル名を「EX1」とし，[保存 (S)] をクリックする．

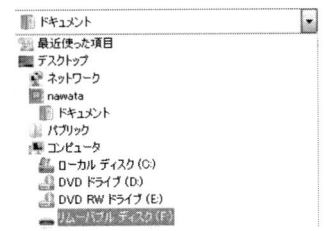

図 1.21　他のフォルダやデバイス，たとえば，取り外し可能なUSBメモリーなどに保存する場合は，「保存する場所」をリムーバブルディスク(F:)など目的のものに変更する．

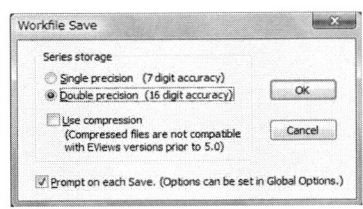

図 1.22　「Workfile Save」のボックスが現れるので，「Double precision (16 digit accuracy)」が選択されていることを確認し，[OK] をクリックする．

など目的のものに変更します（USBメモリーがコンピュータに取りつけられていることを確認して下さい）(図 1.21)．また，ファイルにはwf1という（EViewsのワークファイルであることを表す）タイプ名が自動的につけられますので，タイプ名は入力する必要はありません．「Workfile Save」のボックスが現れるので，「Double precision (16 digit accuracy)」が選択されていることを確認し，[OK] をクリックします (図 1.22)．

　Double precisionはデータを倍精度浮動小数点型で保存することを意味しています．倍精度浮動小数点型ではデータの保存に8バイトを使用し，負の数として $-1.79769313486232 \times 10^{308} \sim -4.9406564841247 \times 10^{-324}$，正の数として

$4.9406564841247 \times 10^{-324} \sim 1.79769313486232 \times 10^{308}$ を取り扱うことができ，精度は16桁程度となります．一方，Single precision は，単精度浮動小数点型で4バイトを使ってデータを保存します．負の数として $-3.402823 \times 10^{38} \sim -1.401298 \times 10^{-45}$，正の数として $1.401298 \times 10^{-45} \sim 3.402823 \times 10^{38}$ までのデータを取り扱うことができ，精度は7桁程度です．Double precision は必要な記録域が Single precision の2倍となり，計算もやや遅くなります．しかしながら，現在のコンピュータではこれらはあまり問題とはなりませんので，Double precision で保存するようにして下さい．

1.2.2　EViews の終了

EViews の終了は，メインメニューの［File］→［Exit］を選択します（図1.23）．

1.2.3　既存のワークファイルの読み込み

再び EViews を起動して下さい．先ほど作成したワークファイルを使用してみましょう．すでに作成されたワークファイルを使うには，［File］→［Open］→［EViews Workfile］を選択します（図1.24）．「Open」のボックスが現れるので，［EX1］を選択し，［開く（O）］をクリックします．ファイルが読み込まれます（図1.25）．「ドキュメント」（XPでは「マイ　ドキュメント」）以外からファイルを読み込む場合は「ファイルの場所（I）」を目的のフォルダやディバイスに変更します（なお，同一のコンピュータで連続して使う場合は，ファイル名を直接クリックすることもできます）（図1.26）．EViews を一度終了して下さい．

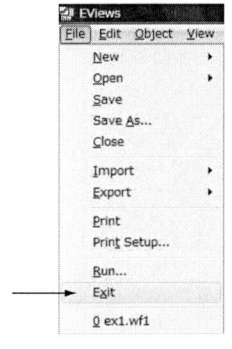

図1.23　EViews を終了するには，メインメニューの［File］→［Exit］を選択する．

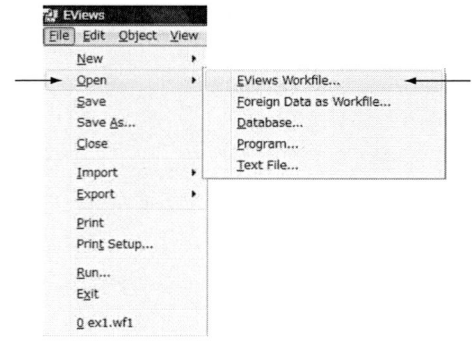

図1.24　すでに作成されたワークファイルを使うには，［File］→［Open］→［EViews Workfile］を選択する（同一のコンピュータで連続して使う場合は，ファイル名を直接クリックすることもできる）．

1.3 Excel ファイルからのデータの読み込み

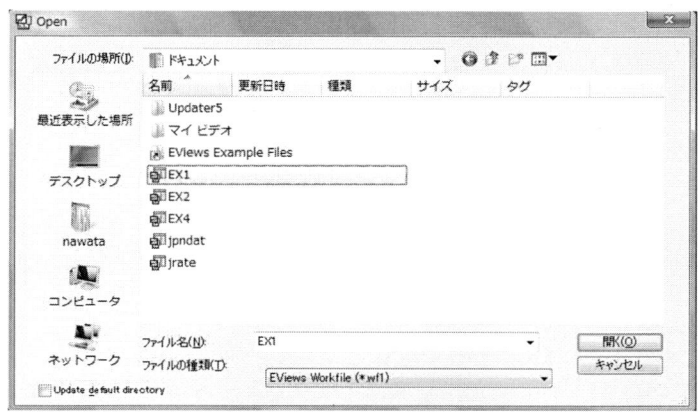

図 1.25 「Open」のボックスが現れるので，[EX1] を選択し，[開く (O)] をクリックするとファイルが読み込まれる．

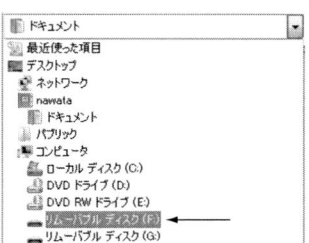

図 1.26 「ドキュメント」（XP では「マイ ドキュメント」）以外からファイルを読み込む場合は「ファイルの場所 (I)」を目的のフォルダやデバイスに変更する．

1.3 Excel ファイルからのデータの読み込み

1.1 節ではメインメニューの [Object] を使ってデータを入力する方法について説明しました．しかしながら，このように入力していくのでは，大量のデータの場合，面倒ですし，入力ミスが起きやすくなります．EViews は，ワープロや表計算ソフトのように優れた編集機能はありませんので，入力ミスをした場合などの修正はかなり面倒です．また，後で述べるバッチ処理においても，この方法は，データベースの利用といった点を考えると，あまり機能的であるとはいえません．

EViews では，別に作成した外部のファイルからデータを読み込むことができます．この方法は，互換性・大量のデータの読み込みなどの点で優れており，実

際の経済データの分析では，ほとんどの場合この方法がとられています．ここでは，Excel ファイルからのデータの読み込みについて説明します．なお，以後は，データがごく簡単な場合を除き，データはすべて外部ファイルの Excel ファイルから読み込むものとします．Excel ファイルを読み込むには 2 つの方法がありますので，それらについて説明します．

まず，Excel を起動して下さい．表 1.1 のデータを Sheet1 の A1 から順にワークシートに次のように入力して下さい．

N	X	Y	Z
1	175	61	1
2	165	62	1
3	162	48	0
4	164	52	1
5	170	55	1
6	169	69	1
7	155	48	0
8	153	44	0
9	162	49	0
10	158	58	0

1 行目には，変数名の **N, X, Y, Z** を入力し，2 行目以下にデータを入力します．入力が終わったら，これを Excel 97–2003 の形式で **DATA1** と名前をつけて，「ドキュメント」に保存して下さい（Excel 2007 の形式では読み込むことができません）．自動的に **XLS** というタイプ名が書き加えられ，ファイル名が **DATA1.XLS** となります．Excel を終了して下さい．なお，以後の 3 つの操作は EViews がはじめに起動した状態でワークファイルは存在しない状態であるとします（この段階で，2 つの操作を試したい場合は，一度 EViews を終了してからにして下さい）．

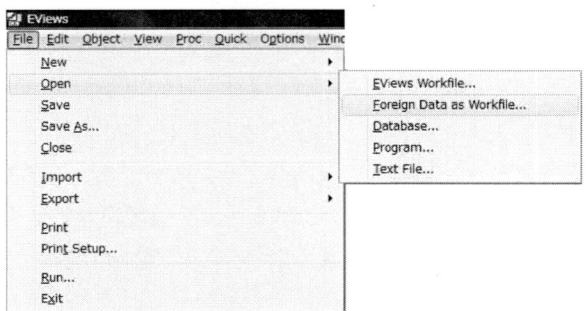

図 1.27　EViews の起動画面から［File］→［Open］→［Foreign Data as Workfile］をクリックする．

1.3.1 メインメニューを使う方法

第1の方法は，メインメニューを使う方法です．EViewsの起動画面から[File]→[Open]→[Foreign Data as Workfile]をクリックします（図1.27）．「ドキュメント」内のファイルが表示されますので，ExcelファイルのDATA1を選択し，[開く（O）]をクリックします（他のフォルダやデバイスからデータを読み込む場合は「ドキュメント」の右側の矢印をクリックし，「ファイルの場所」を目

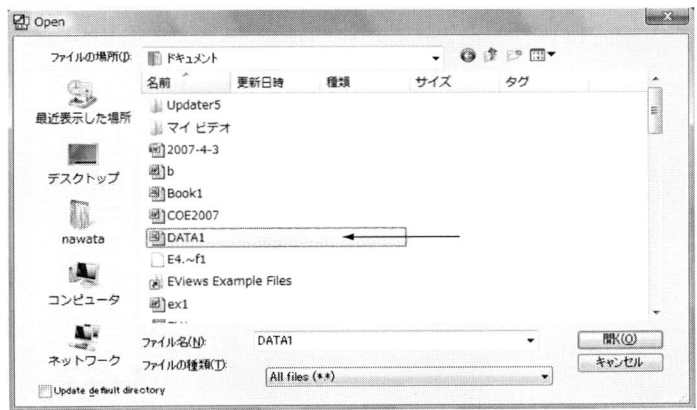

図 1.28 「ドキュメント」内のファイルが表示されるので，ExcelファイルのDATA1を選択し，[開く（O）]をクリックする（他のフォルダやデバイスからデータを読み込む場合は「ドキュメント」の右側の矢印をクリックし，「ファイルの場所」を目的のものに変更する）．

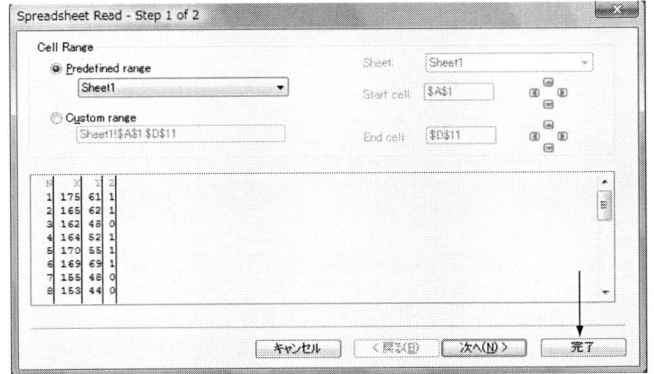

図 1.29 「Spreadsheet Read」のボックスが開くので，[完了]をクリックする．

的のものに変更します）（図1.28）．「Spreadsheet Read」のボックスが開くので，［完了］をクリックします（図1.29）．Excelのデータがワークファイルに変換されます．

1.3.2 Readコマンドを使う方法

第2の方法は，EViewsのReadコマンドを使う方法です．入力モードが英数半角モードとなっていることを確認して下さい．EViewsを起動し，[File]→[New]→[Workfile] をクリックします．「Workfile structure type」を[Unstructured/Undated]とし，「Observations」を10とします．新しいワークファイルが作成されるので，コマンドウィンドウに

Read(A2) DATA1.XLS N X Y Z

と入力し，[Enter]キーを押します（図1.30）．**Read**の次に，タイプ名（XLS）を含むファイル名，その後に変数名を入力します．カッコ内の**A2**はデータが入っている最初のセル番地です．Excelファイルからの入力の場合，デフォルトではB2からデータが入力されているとみなして入力を行いますので，通常はA2を指定します．なお，この例のようにExcelのワークシートに変数名が書かれている場合，変数名ではなく変数の数4を指定して

Read(A2) DATA1.XLS 4

として入力を行うこともできます．なお，フォルダディバイス，たとえば，CD・DVDやUSBメモリーからデータを読み込む場合（以後，目的のディバイスにはF:ドライブが割り当てられているとします．パソコンや接続しているディバイス数によってはD:やG:など他のドライブが割り当てられている場合もありますので，割り当てられているドライブ名を確認して下さい）は，

Read(A2) F:\DATA1.XLS N X Y Z

と入力します．「\」はバックスラッシュで日本語キーボードでは「¥」で入力します（正確には，英語の\のコードが日本語では¥に割り当てられています．EViewsのコマンドは英語表記ですので，¥キーを押すと\が現れます）．

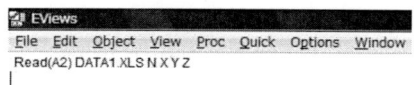

図 1.30 ワークファイルを作成し，コマンドウィンドウに**Read(A2) DATA1.XLS N X Y Z**と入力し，[Enter]キーを押す．

1.4 EViews による簡単なデータの分析

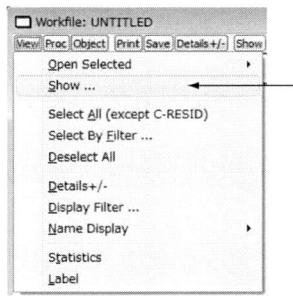
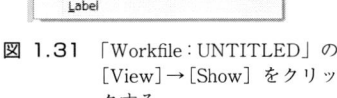
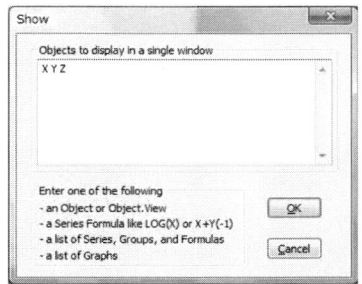

図 1.31 「Workfile：UNTITLED」の [View]→[Show] をクリックする．

図 1.32 「Objects to display a single window」に **X Y Z** と入力とし，[OK] をクリックして，データが正しく入力されていることを確認する．

次に，正しくデータが入力されていることを確認します．「Workfile：UNTITLED」の [View]→[Show] をクリックして下さい（図1.31）．「Objects to display a single window」に **X Y Z** と入力とし，[OK] をクリックして，データが正しく入力されていることを確認して下さい（図1.32）．

1.4 EViews による簡単なデータの分析

1.4.1 平均，分散，標準偏差などの計算

EViews によって身長，体重，性別のデータを分析してみましょう．前節の手順に従ってデータを読み込んで下さい．正しくデータが読み込まれていることを確認して下さい．このワークファイルに **EX2** と名前をつけて保存して下さい．まず，身長と体重の平均，分散，標準偏差などの分布の状態を表す指標を求めてみましょう．これには，まず，データをグループ（group）としてまとめる必要があります．コマンドウィンドウに

Group G1 X Y

と入力して，［Enter］キーを押して下さい．変数の **X** と **Y** が **G1** というグループにまとめられます．次に，

Stats G1

と入力して下さい．以後，明記しませんがコマンドの入力後は［Enter］キーを押すのを忘れないで下さい．新しいウィンドウが作成され，結果が出力されます（図1.33，表1.2）．ウィンドウには，**X**（身長）と **Y**（体重）の平均（Mean），中

表 1.2 分布を表す指標の推定結果

	X	Y
Mean	167.2	55.6
Median	165	55
Maximum	175	62
Minimum	162	48
Std. Dev.	5.263079	5.94138
Skewness	0.599098	−0.08828
Kurtosis	1.882606	1.512816
Jarque-Bera	0.559217	0.467268
Probability	0.75608	0.791651
Sum	836	278
Sum Sq. Dev.	110.8	141.2
Observations	5	5

図 1.33 コマンドウィンドウに **Group G1 X Y**, **Stats G1** と入力すると，新しいウィンドウが作成され，分布の指標の計算結果が出力される．

央値 (Median)，最大 (Maximum)，最小 (Minimum)，標準偏差 (Std. Dev.)，歪度 (Skewness)，尖度 (Kurtosis)，ジャック・ベラの統計量 (Jarque-Bera)，その確率 (Probability)，合計 (Sum)，偏差の平方和 (Sum Sq. Dev.)，観測値の数 (Observations) が計算されています．

データは標本データとして扱われますので，分散は，平均 $\bar{X}$ からの偏差の平方和を自由度 $(n-1)$ で割ったもの，すなわち，

$$s^2 = \sum(X_i - \bar{X})^2/(n-1) \tag{1.1}$$

で計算されます．標準偏差 s は分散の平方根です．

歪度 α_3 は，非対称度を表す指標で，

$$\alpha_3 = \frac{1}{n}\sum\left(\frac{X_i - \bar{X}}{s}\right)^3, \quad s^2 = \frac{1}{n}\sum(X_i - \bar{X})^2 \tag{1.2}$$

で計算されています（なお，n が小さい場合，すなわち，小標本における性質の関係上，$\alpha_3 = \frac{n}{(n-1)(n-2)}\sum\left(\frac{X_i - \bar{X}}{s}\right)^3$ から計算するプログラムが多いのですが…）．分布が平均に対して対称の場合は 0 となり，この値が正の場合は右の裾が，負ならば左の裾が長くなっています．

1.4 EViews による簡単なデータの分析

尖度 α_4 は，正規分布に比較しての分布の中心の周囲の尖り具合を表し，

$$\alpha_4 = \frac{1}{n} \sum \left(\frac{X_i - \bar{X}}{s} \right)^4 \tag{1.3}$$

で計算されます．正規分布の場合は3，正規分布より尖っている場合は3より大きな値，尖っていない場合は3より小さな値となります（正規分布の場合は0となるように3を引いたものを尖度とする場合もあります．また，その場合，歪度の場合と同様の理由で $\alpha_4 = \frac{n(n+1)}{(n-1)(n-2)(n-3)} \sum \left(\frac{X_i - \bar{X}}{s} \right)^4 - \frac{3(n-1)^2}{(n-2)(n-3)}$ から計算しているプログラムが多いようです）．

Jarque-Bera の統計量は，

$$JB = \frac{n-k}{6} \left\{ \alpha_3^2 + \frac{1}{4} (\alpha_4 - 3)^2 \right\} \tag{1.4}$$

から計算します．正規分布の場合，JB は自由度2の χ^2（カイ二乗）分布 $\chi^2(2)$ に漸近的（すなわち，n が大きい場合は近似的）に従いますので，これを使って正規分布の検定を行うことができます．Probability は $\chi^2(2)$ において JB 以下となる確率（累積確率分布関数の値）を与えます．

身長と体重の分散（Variance）・共分散（Covariance），相関係数（Correlation）を計算してみましょう．

Cov G1

と入力して下さい．新しいウィンドウに表1.3のような結果が出力されます．対角成分が分散，非対角成分が共分散です．

なお，Cov コマンドでは分散・共分散を偏差積の和を（$n-1$ でなく）n で割ったもの，すなわち，

$$s^2 = \sum (X_i - \bar{X})^2 / n, \quad s_{xy} = \sum (X_i - \bar{X})(Y_i - \bar{Y}) / n \tag{1.5}$$

で計算していますので注意して下さい．

次に，相関係数を計算します．当然 **Cor G1** と入力しても計算可能ですが，異なった方式を使ってみます．

G1.Cor

表 1.3 分散

	X	Y
X	42.41000	33.22000
Y	33.22000	55.24000

表 1.4 相関係数の計算結果

	X	Y
X	1.000000	0.686339
Y	0.686339	1.000000

と入力して下さい．これは，オブジェクト指向型のプログラム言語，たとえばC++やVisual Basicなどで使われる形式で，（変数やそのグループなどの）オブジェクトと操作・コマンドを．（ピリオド）でつないでオブジェクトに対して目的の操作・命令を行う方法です．相関係数の計算結果（表1.4）が出力され，相関係数 $r_{XY}=0.6863$ となります（ただし，コマンドによってはこの形式が使えないものもあります．たとえば，**G1.Show** とはできません．**Show G1** とする必要があります）．

1.4.2 与えられた条件を満足するデータの選択

EViewsでは，SMPLコマンドを使って与えられた条件を満足するデータのみを選び出して分析を行うことが可能です．まず，最初の5人のデータを抽出して分析を行ってみましょう．コマンドウィンドウに

SMPL 1 5

と入力して下さい．以後はそのデータに対してのみ処理や分析が行われます．Workfileのウィンドウ上部の表示が「Sample：1 5-5 Obs」となり，1から5番目までのデータが使われることがわかります（図1.34）．

G1.Stats（または，**Stats G1**）

と入力して下さい．最初の5人のデータの分析が行われます．抽出は連続した区間だけでなく，複数の区間について行うことも可能で，

SMPL 2 5 7 9

と入力すると，2〜5，7〜9までの7人のデータが抽出されます．なお，データの範囲を変更すると集計結果は抽出されたデータに対応して自動的に変更されますので確認して下さい．

図 1.34 **SMPL 1 5**と入力する．Workfile EX2のウィンドウ上部の表示が「Sample：1 5-5 Obs」となり，1〜5番目のデータが使われることがわかる．

図 1.35 **SMPL IF Z=1**と入力する．Workfileのウィンドウ上部の表示が「Sample：1 10 if z=1-5 Obs」となり，男性（Z=1）のみのデータが使われることがわかる．

また，EViews ではある条件を満足するデータのみを簡単に抽出することができます．男性を選び出して，分析を行ってみましょう．男性は Z=1 ですので，コマンドウィンドウに

SMPL IF Z=1

と入力します．「Workfile」のウィンドウ上部の表示が「Sample：1 10 if z＝1-5 Obs」となり，男性（**Z=1**）のみのデータが使われることがわかります（図1.35）．集計結果は自動的に変更され，男性の身長，体重の分布を表す指標を求めることができます．女性について分析を行いたい場合は，女性は **Z=0** ですので，

SMPL IF Z=0

と入力します．160 cm 以上の人を選び出して分析を行いたい場合は，

SMPL IF X>=160

とします．条件は，

>	より大きい
>=	以上
<	より小さい
<=	以下
=	等しい
<>	等しくない

です．

2つ以上の条件を使ってデータの選択を行いたい場合は，**AND** および **OR** を使います．**AND** は，同時に条件を満たすデータ，**OR** はどちらか一方の条件を満たすデータの選択に使います．身長が 160 cm 以上 170 cm 未満のデータを選びたい場合は，

SMPL IF X>=160 AND X<170

とします．男性または体重 50kg 以上のデータ場合は，

SMPL IF Z=1 OR Y>=50

とします．

3つ以上の条件を組み合わせた複雑な条件で選択を行う場合は，（　）を使用します．たとえば，身長 160 cm 以上 170 cm 未満または体重 50 kg を超え 60 kg 以下のデータは，

SMPL IF(X>=160 AND X<170) OR (Y>=50 AND Y<=60)

とします．**SMPL** では前の抽出条件は無視され，そこで与えた条件のみを満た

すデータが抽出されますので注意して下さい．

特定のデータの選択をやめ，データ全体を使用する場合は，

SMPL 1 10

と入力するか

SMPL @ALL

と入力します．

1.4.3 分析結果の保存

Stats コマンドなどで分析した結果は紙に印刷するかファイルに保存しておく必要があります．X, Y の平均などが表示されている「Group G1」のウィンドウをクリックしてアクティブな状態として下さい．出力には，大きく分けて2つの方法があります．1つは，[Print] ボタンを使う方法で，もう1つは Excel や Word に結果を貼りつける方法です．ここでは，これらについて説明します．

● **[Print] ボタンを使う方法**

「Group G1」のウィンドウ上部の [Print] をクリックして下さい（図 1.36）．「Print」のボックスが現れます．このまま印刷する場合は，プリンタが正しく選択されていることを確認し，「Text Size」を [Normal-100%] として [OK] をクリックすると，結果の印刷が行われます（プリンタが使用可能な状態となっていることを確認して下さい）（図 1.37）．

ファイルに結果を保存しておきたい場合は，「Destination」の [Redirect] を

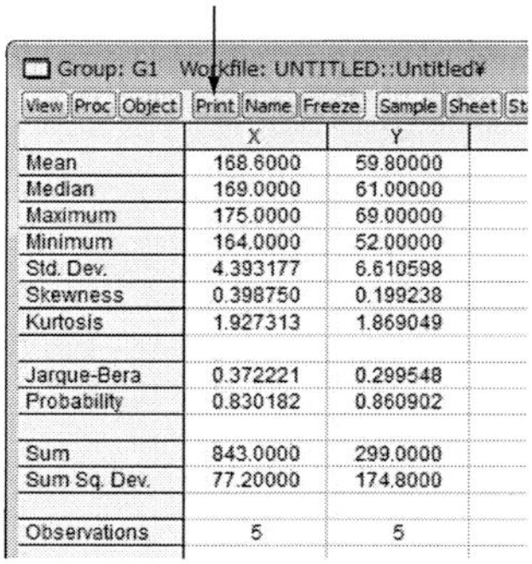

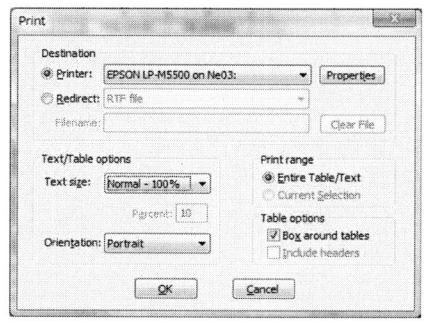

図 1.36 「Group G1」のウィンドウ上部の [Print] をクリックする．

図 1.37 「Print」のボックスが現れる．このまま印刷する場合は，プリンタが正しく選択されていることを確認し，「Text Size」を [Normal-100%] として，[OK] をクリックする．

1.4 EViews による簡単なデータの分析

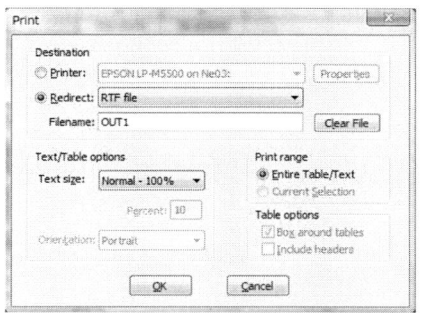

図 1.38 ファイルに結果を保存しておきたい場合は，「Destination」の [Redirect] をクリックする．「Filename」を **OUT1** として [OK] をクリックする．リッチテキスト形式のファイル（タイプ名：RTF）として結果が「ドキュメント」に保存される．

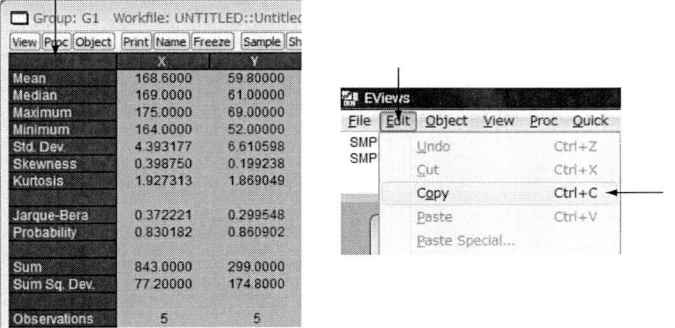

図 1.39 結果の一番左上のセルをクリックすると，結果全体の色が変わって指定されるので（左図），メインメニューの [Edit] → [Copy] をクリックする（右図）．

クリックします．「Filename」を **OUT1** として [OK] をクリックします．リッチテキスト形式（Rich Text Format）のファイル（タイプ名：RTF）として結果が「ドキュメント」に保存されます（図 1.38）．リッチテキスト形式のファイルは Word などで読み込むことができます．他のフォルダやデバイスに保存を行う場合は，これまでと同様，保存先を指定します．たとえば，F：ドライブが割り当てられている USB に保存を行う場合は，**F:\OUT1** と入力します．

● Excel や Word に貼りつける方法

Excel や Word に結果を直接貼りつけることができます．Excel または Word を開いて下さい．結果の一番左上のセルをクリックすると，結果全体の色が変

22   1. EViews 入門

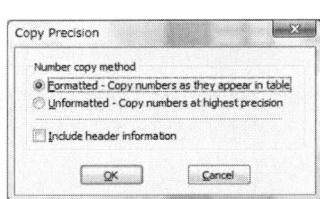

図 1.40 「Copy Precision」のボックスが現れるので，[OK] をクリックする．指定された内容（分析結果）がコンピュータのクリップボードに一時的に保存される．

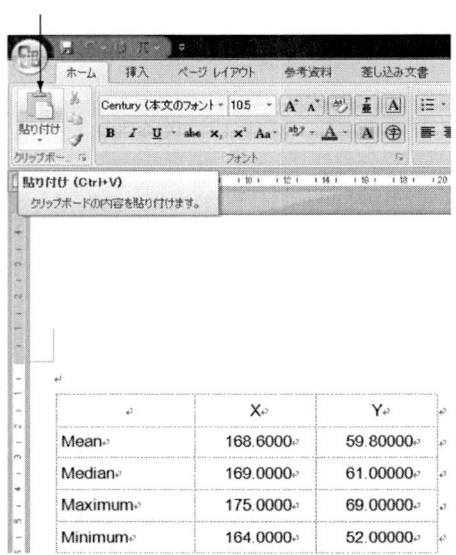

図 1.41 Word（または Excel）に移り，[貼りつけ] キーをクリックするとクリップボードの内容が Word（または Excel）に複写される．

わって指定されます（図 1.39）．メインメニューの [Edit]→[Copy] をクリックします．「Copy Precision」のボックスが現れますので，[OK] をクリックします．指定された内容（分析結果）がコンピュータのクリップボードに一時的に保存されます（図 1.40）．次に，画面下部の Excel または Word の表示をクリックして Excel または Word に移って下さい．[貼り付け] キーをクリックするとクリップボードの内容が Excel または Word に複写されますので（図 1.41），このファイルに適当な名前をつけて保存して下さい．

一度，メインメニューの [File]→[Save As] をクリックし，このワークファイルに EX2 と名前をつけて保存して下さい．[File]→[Exit] をクリックし EViews を終了して下さい．

1.5 コマンドを使った処理

1.5.1 ワークファイルの作成およびテキストファイルからのデータの読み込み

これまでは，EViews のメインメニューを使ってワークファイルを作成しま

したが，コマンドを使ってもワークファイルを作成することができます．また，EViews は Excel 形式のデータばかりでなくテキストファイルからもデータを入力することができます．これらは EViews でプログラムを作成する場合の基礎ともなりますので，ここでは，これらについて説明します．

まず，エディタまたはワープロ（どのようなものでも結構です）を起動し，次のデータを半角英数の入力モードで入力して，必ず，テキスト形式で「ドキュメント」に **DATA1.TXT** と名前をつけて保存して下さい．Word の場合は「保存するファイルの形式」を［書式なし］とします（多くのワープロでは，保存形式をテキストファイルとすると自動的に TXT というタイプ名が加えられます）．

```
 1  175  61  1
 2  165  62  1
 3  162  48  0
 4  164  52  1
 5  170  55  1
 6  169  69  1
 7  155  48  0
 8  153  44  0
 9  162  49  0
10  158  58  0
```

データの間には，1つ以上のスペースをあけ，1人分のデータは1行になるようにします．ワープロ，エディタを終了して，EViews を起動して下さい．コマンドウィンドウに

Workfile EX3 U 10

と入力して［Enter］キーを押して下さい．**EX3** という名前でワークファイルが作成されます．**U** は時系列データでないこと（Unstructured/Undated）を示しています．なお，時系列データの場合，

年次データは **A**
半年ごとのデータは **S**
四半期データは **Q**
月次データは **M**
週次データは **W**

とします．最後の **10** は観測値の数(変数の数ではありません)を示します．次に，

SMPL 1 10

Read DATA1.TXT N X Y Z

と入力してデータを読み込んで下さい．**SMPL** はデータの **1** から **10** までを使う

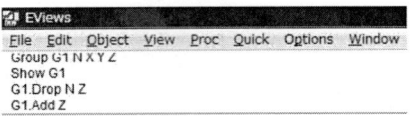

図 1.42 コマンドウィンドウに EViews のコマンドを入力していくことによって各種の処理を行うことができる．

ことを示しています．**Read** の次にタイプ名（**TXT**）を含むファイル名，その後に変数名を並べます．

なお，データファイル1行目に変数名が含まれている場合は，**NAME** オプションを使って，**Read(NAME) DATA1.TXT** とします．

Group G1 N X Y Z

Show G1

と入力して，変数が正しく入力されているかを確認して下さい．ところで，分析を行うのは **X**（身長）と **Y**（体重）のみであり，**N** と **Z** は必要ありませんので，グループ **G1** から削除します．

G1.Drop N Z

と入力して下さい．**Drop** はグループから指定された変数を除くコマンドで，**G1** から **N** と **Z** が除かれます．再び **Z** を **G1** に加える場合は

G1.Add Z

とします（図 1.42）．

1.5.2 結果の出力およびワークファイルの保存

次に，データの分析を行いますが，結果を画面ではなく，印刷してみます．プリンタが使用可能な状態となっていることを確認して，

Print G1.Stats

と入力して下さい．「Print」のボックスが現れますので，[OK] をクリックすると印刷が行われます．

次に，リッチテキストのファイル形式（RTF）で **OUT2** というファイル名で「ドキュメント」に分析結果を保存してみます．

Output(R) OUT2

Print G1.Stats

と入力して下さい．今度は，OUT2.RTF というファイルに結果が書き出されま

す．**Output** は [Print] コマンドの出力先を変更する命令で，カッコ内の **R** はリッチテキスト形式で保存することを示しています．テキスト形式で保存する場合は，**Output(T) OUT2** とします．また，F: ドライブが割り当てられている USB メモリーに保存を行う場合はこれまでと同様，**Output(R) F:\OUT1** と入力します（これは以後のワークファイルの保存でも同様です）．このままでは，**Print** を使った場合，すべて **OUT2** に書き出されてしまいますので，このファイルへの出力を中止するために

 Output OFF

と入力します．**Print** の出力先が通常に戻ります．このワークファイルを **EX3** と名前をつけて保存してみます．

 WFSave EX3

と入力して下さい．「Workfile Save」のボックスが現れますので，[OK] をクリックするとこのワークファイルが「ドキュメント」に保存されます．ワークファイルを閉じるので

 Close EX3

と入力して下さい．EX3 のワークファイルが閉じられます．

1.5.3 既存のワークファイルの読み込み，同一のコマンドの繰り返し，EViews の終了

先ほど保存したワークファイルを呼び出してみます．

 WFOpen EX3

と入力して下さい．ワークファイルの内容が EViews に読み込まれ，作業を行うことが可能となります．ところで，前項では，分析結果のファイルの書き出しについて説明しました．コマンドウィンドウにコマンドを入力して分析を行っていく場合，まず，分析結果をモニターの画面に出力させ，その後に必要な結果をファイルに保存することがほとんどです．このためには，同一のコマンドを複数回実行させることになりますが，いちいちコマンドをキーボードから入力していくのでは，複雑なコマンドの場合など，煩雑ですし，間違いの原因になります．

このため，EViews では，これまでにコマンドウィンドウに入力したコマンドを再実行することが可能です．コマンドウィンドウは小さく，数行しか表示されませんが，(表示されていなくとも) 入力したコマンドは消えてなくなってしまったわけではありません．コマンドウィンドウ右側の上下の矢印をクリックするこ

とによって以前に入力したコマンドを表示することができます．では，

G1.Stats
Series W=X−Y
G1.Add W

と入力して下さい．最初はグループ **G1** の平均などの指標を求めるもの，次の文は，**W** として **X** と **Y** の差を求めるもの，3番目は **W** を **G1** に加えるコマンドです．では，**W** を含む **G1** の指標を求めてみましょう．キーボードから入力しないで下さい．マウスを使って，コマンドウィンドウの再実行のために「G1.STATS」の行をクリックします．[Enter]キーを押すとこの行が再実行され，分析結果のウィンドウが **W** を含むものに変更されます（なお，再実行した場合フォルダの場所を示す \ は ¥ で表示されますが，両者は同一です）．

このワークファイルを再保存します．この「WFSAVE EX3」の行をクリックして，[Enter] キーを押して下さい．EViews がファイルを上書きするかどうかを尋ねてきますので，[Yes] をクリックし，続いて現れる「Workfile Save」のボックスで [OK] をクリックします．**EX3** が上書きされます（変更したワークファイルとこれまでのものの両方が必要な場合は，ファイル名を変えてキーボードから入力します）．

EViews を終了しますので，

Exit

と入力して下さい．

1.6 バッチ処理

1.6.1 EViews プログラムの作成

これまでは，対話形式によって1つずつ処理を行ってきました．しかしながら，複雑なモデルの分析や多数のコマンドを実行したり，似たような処理を繰り返す場合などは不便です．このような場合，EViews のプログラムファイルを作っておき一括して処理する方法を使います．これをバッチ（batch）処理と呼びます．EViews では，バッチ処理を対話形式と同じように行うことができますので，本節ではこれについて説明します．

EViews を起動し，メインメニューの [File] → [New] → [Program] をクリックして下さい（図1.43）．「Program」のウィンドウが現れますので，次のプログ

1.6 バッチ処理　　　　　　　　　　　　　　　　　27

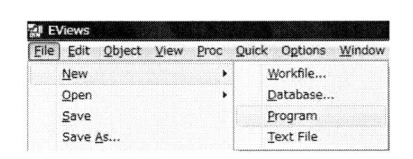

図 1.43　メインメニューの [File] → [New] → [Program] をクリックする.

図 1.44　「Program」のウィンドウが現れるので，プログラムを入力する.

ラムを入力して下さい（通常のワープロやエディタと同じに入力することができます）（図 1.44）.

```
Workfile EX4 U 10
SMPL 1 10
Read(A2) DATA1.XLS 4
Group G1 X Y Z
Show G1
Output(R) OUT3
Print G1.Stats
Print G1.Cov
Print G1.Cor
Output OFF
WFSave EX4
```

この例では問題とはなりませんが，入力するステートメントが長くて1行に書くことができず，複数の行になってしまう場合は，1個以上のスペースをあけて，アンダーバー _ を入力します．たとえば，

Read(A2) _

DATA1.XLS 4

のようにします．

番号，身長，体重，性別のデータは，Excel ファイルで「ドキュメント」に **DATA1.XLS** という名前で保存されているものとします．これはすでに学習したように身長と体重のデータを分析する EViews のコマンドのファイルですが，バッチ処理によって実行してみましょう．

1.6.2　プログラムの保存・実行

まず，プログラムファイルを保存します．プログラムウィンドウ上部のメニューから [Save As] を選択して下さい（図 1.45）.「Save As」のボックスが現れるので，ファイル名を **Prog1** として，[保存 (S)] をクリックするとこのファイル

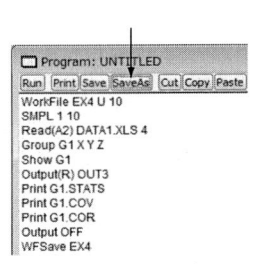

図 1.45 プログラムファイルを保存する．プログラムウィンドウ上部のメニューから［Save As］を選択する．

図 1.46 「Save As」のボックスが現れるので，ファイル名を **Prog1** として，［保存 (S)］をクリックするとこのファイルが **Prog1.PRG** という名前で保存される．

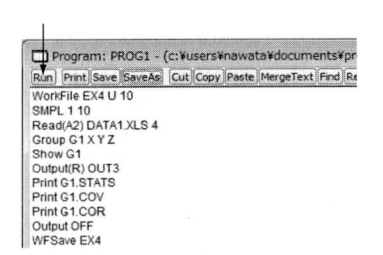

図 1.47 これを実行するには，プログラムウィンドウ上部のメニューの［Run］をクリックする．

図 1.48 「Run Program」のボックスが現れるので，［OK］をクリックすると，プログラムが実行される．

が **Prog1.PRG** という名前で保存されます（タイプ名の **PRG** は自動的に加えられます）（図 1.46）．次に，これを実行するので，プログラムウィンドウ上部のメニューの［Run］をクリックします（図 1.47）．「Run Program」のボックスが現れるので，［OK］をクリックすると，プログラムが実行されます（図 1.48）．

では，終了後このワークファイルを閉じるように変更してみます．プログラムの最後に

Close EX4

1.6 バッチ処理

を加えて下さい．変更したファイルを保存しますので[Save]をクリックします．再び，[Run]→[OK]をクリックしてプログラムを実行して下さい．プログラムウィンドウの［閉じる］ボタンをクリックして，このプログラムを閉じて下さい（図 1.49）．

1.6.3 作成済みのプログラムファイルの利用

作成済みのプログラムを開いてみます．メインメニューの[File]→[Open]→[Program]をクリックします（図 1.50）．「Open」のボックスが現れますの

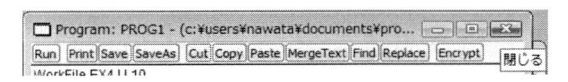

図 1.49 プログラムウィンドウの［閉じる］ボタンをクリックして，このプログラムを閉じる．

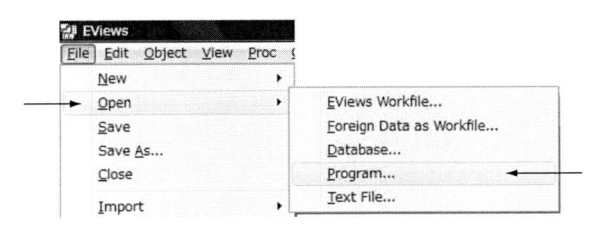

図 1.50 作成済みのプログラムを開くには，メインメニューの[Open]→[Program]をクリックする．

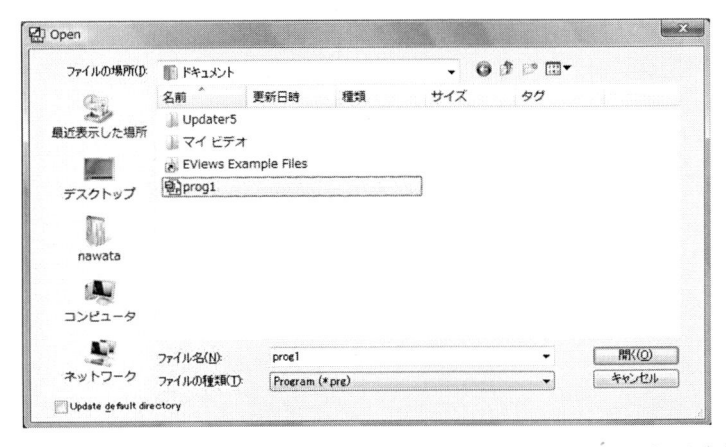

図 1.51 「Open」のボックスが現れるので，[prog1]をクリックして選択し，［開く(O)］をクリックすると，「Program：PROG1」のウィンドウが現れ，プログラムが入力される．

で，[Prog1] をクリックして選択し，[開く (O)] をクリックすると，「Program：PROG1」のウィンドウが現れ，プログラムが入力されます（図 1.51）．適当な変更を行ってプログラムを実行して下さい．メインメニューの [File]→[Exit] をクリックして EViews を終了して下さい．

1.7 欠損値の取り扱い

実際のデータでは，一部のデータが欠けている場合があります．身長，体重のデータを調べたところ，身長や体重の一部のデータが欠け存在しなかったとします．このようなデータを欠損値（missing value）と呼びます．すなわち，**X** と **Y** のデータが，

X	Y
175	61
165	62
162	欠損値
164	52
欠損値	55

であったとします．EViews のウィンドウを使って，入力を行う場合は，欠損値にデータを入力せず，

175	61
165	62
162	NA
164	52
NA	55

と入力します．

外部ファイルから入力する場合は，欠損値は，
- Excel ファイルの場合，セルを空白．
- テキストファイルの場合，デフォルトでは **NA** と入力する．他の文字，たとえば，ピリオド．で欠損値が表されている場合は，**Read** コマンドの **NA** オプションを使って，**Read(NA=.) DATA2.TXT N X Y Z** とする．

という操作を行います．欠損値がある場合，分析は欠損値を除いて行われます．

1.8 新しいフォルダの作成

コンピュータには，ハードディスク，フロッピーディスク，DVD/CD ドライブ，USB メモリーなど，いろいろな種類の記録用のデバイスがついています．

1.8 新しいフォルダの作成

Windowsではこれらを，アルファベット1文字にコロン：をつけて，C：のように表します．一般には，A：がフロッピーディスク，C：がコンピュータに内蔵されているハードディスクとなっています．また，D：，E：，F：，…には，DVD/CDドライブ，USBメモリー，外づけのハードディスクなどが割り当てられています（これは，コンピュータによって異なります）．

コンピュータに内蔵されているハードディスクの場合，パソコンでもその容量は数百ギガバイトにも上り，10万個以上のファイルを含んでいます．コンピュータを使うには，これらをうまく整理する必要があります．そのため，ハードディスクの中にフォルダ（ディレクトリ）を設け，関連するファイルをまとめて保存しておきます．実際にはフォルダは階層構造になっており，フォルダの中にさらにフォルダを設けることによって，ファイルを系統的に処理できるようにします．

本書では，作成したファイルはすべて，「ドキュメント」に保存することにし，USBメモリーなどに保存する場合についての説明を加えています．しかしながら，「ドキュメント」にはEViews以外にもいろいろなファイルが保存されているため（たとえば，ExcelやWordを使用した場合，とくに指定しない限り「ドキュメント」にファイルが保存されます），ファイルの数が増えると管理が難しくなっていきます．このため，EViewsファイルを保存しておくためのフォルダを作成し，そこに関連するファイルを保存しておくのが便利です．そこで，パソコン内のハードディスク（C：）にEVFILEというフォルダを作成してみます（このフォルダは**C：¥EVFILE**で表されます．¥はEViews上（英語用のパソコン）では

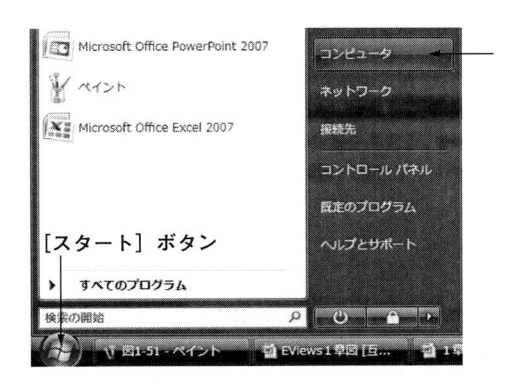

図1.52 新しいフォルダを作成するには，[スタート] ボタン→[コンピュータ]（XPでは [マイ コンピュータ]）をクリックする．

\で表示され，**C:\EVFILE** となります．日本語用パソコンでは\のコードに¥を割り当てていますので両者は同一のものを表します），［スタート］ボタン→［コンピュータ］(XPでは［マイ　コンピュータ］)をクリックします (図1.52)．「コンピュータ」のボックスが現れますので，「ハードディスクドライブ」の「ローカルディスクC:」をダブルクリックします (図1.53)．「ローカルディスクC:」のボックスが現れますので，［整理］→［新しいフォルダ］(XPでは［ファイル(F)］→［新規作成(N)］→［フォルダ(F)］)をクリックします (図1.54)．「ローカルディスクC:」に「新しいフォルダ」が現れますので，その名前を **EVFILE** に変更します (図1.55)．**EVFILE** は必ず英数半角モードで入力して下さい．

このフォルダ内のファイルは，**C:¥EVFILE¥ ファイル名**で参照することができます．たとえば，Excelのデータファイル **DATA1.XLS** をこのフォルダ内において，そのファイルを読み込む場合，

Read(A2) C:\EVFILE\DATA1.XLS

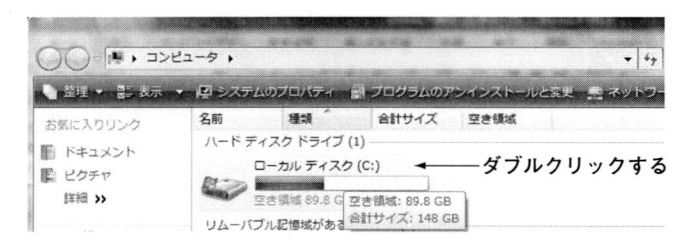

図 1.53　「ハードディスクドライブ」の「ローカルディスクC:」をダブルクリックする．

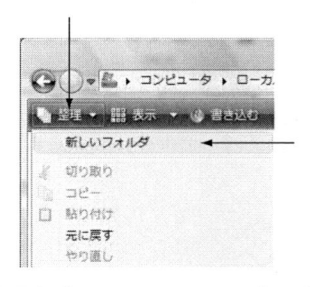

図 1.54　「ローカルディスクC:」のボックスが現れるので，［整理］→［新しいフォルダ］(XPでは［ファイル(F)］→［新規作成(N)］→［フォルダ(F)］)をクリックする．

図 1.55　「ローカルディスクC:」に「新しいフォルダ」が現れるので，そのフォルダ名を **EVFILE** に変更する．

と入力します（\ は「¥」キーで入力します）．また，このフォルダへ出力を行う場合は，

Output(R) C:\EVFILE\OUT3

とします．

なお，大学のコンピュータセンターなどで利用する場合は，使用できるドライブ名などが異なる場合（ドライブ名が **C:** でなかったり，指定された特定のフォルダしかファイルを保存することができないなど）がありますので，その場合は管理者に確認して下さい．

1.9 演 習 問 題

表 1.5 は，15 人分の身長と体重のデータです．これを EViews に入力し，全体および男女別に

1. 身長・体重の平均，標準偏差などの値
2. 身長・体重の共分散・相関係数

を求めて下さい．

表 1.5 15 人の身長と体重のデータ

番号	身長 (cm)	体重 (kg)	性別 (男：1，女：0)
1	178	63	1
2	165	62	1
3	170	72	1
4	168	58	1
5	152	39	0
6	170	75	1
7	175	71	1
8	162	60	1
9	165	52	0
10	168	69	1
11	160	51	0
12	164	51	0
13	153	43	0
14	162	53	0
15	157	48	0

2. 回帰分析の基礎

　回帰分析（regression analysis）は，2変数 X, Y の2次元データがあるとき，Y を X で定量的に説明する回帰式（regression equation）と呼ばれる式を求めることを目的としています．説明される変数 Y は従属変数，被説明変数，内生変数などと，説明する変数 X は独立変数，説明変数，外生変数などと呼ばれています．回帰分析は，計量経済モデルを使った分析において中心的な役割を果たす非常に重要な方法です．本章では，説明変数がただ1つのモデル（この場合を単回帰分析または単純回帰分析（simple regression analysis）と呼びます）を使って回帰分析の基礎を説明します．

2.1　回帰モデル

2.1.1　線形回帰モデル

　表2.1は，1970年から2003年までの実質GDP（国内総生産，2000年価格）と日本の銅消費量の推移のデータです．銅消費量は，World Metal Statistics, World Bureau of Metal Statistics, 実質GDPは世界銀行（World Bank）のデータ（World Indicator）のものです．ここでは，実質GDPの変化がどの程度銅消費量に影響するか，について分析してみましょう（この関係を知ることは，銅の需要量の将来予測などの点で非常に重要です．なお，銅消費量には，実質GDP以外にもいろいろな要素が影響すると考えられますが，説明を簡単にするため，その他の要素の影響は無視できるものとします）．

　実質GDPを横軸，銅消費量を縦軸とし，これを X-Y グラフ（散布図）に表すと，図2.1が得られます．この図から，
- 実質GDPが増加するに従って，銅消費量は増加する傾向がある．
- 実質GDPが同じような値であっても，銅消費量にはばらつきがある．

ということがわかります．ここでの分析の目的は，銅消費量を実質GDPで説明

2.1 回帰モデル

表 2.1 日本の銅消費量と実質 GDP（2000 年価格）

年	銅消費量 （千トン）	実質 GDP （兆円）	年	銅消費量 （千トン）	実質 GDP （兆円）
1970	821	194	1987	1,277	374
1971	806	203	1988	1,331	400
1972	951	221	1989	1,447	421
1973	1,202	238	1990	1,577	443
1974	881	235	1991	1,613	458
1975	827	243	1992	1,411	462
1976	1,050	252	1993	1,384	463
1977	1,127	263	1994	1,375	468
1978	1,241	277	1995	1,415	477
1979	1,330	293	1996	1,480	494
1980	1,158	301	1997	1,441	503
1981	1,254	310	1998	1,255	497
1982	1,243	318	1999	1,293	497
1983	1,216	323	2000	1,349	511
1984	1,368	333	2001	1,145	514
1985	1,226	350	2002	1,164	512
1986	1,211	361	2003	1,202	525

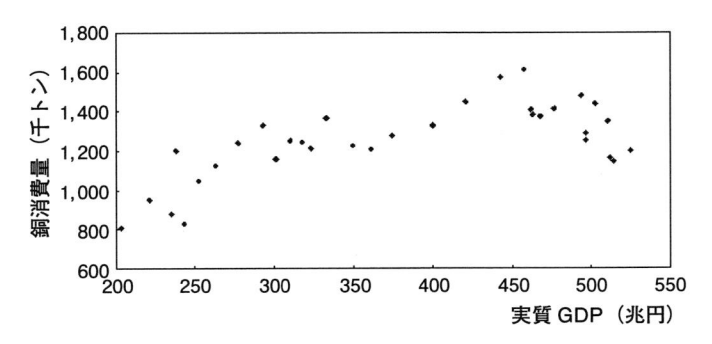

図 2.1 日本の実質 GDP と銅消費量の推移

することです．銅消費量のように「説明される変数」は被説明変数，従属変数，内生変数などと呼ばれ，実質 GDP のように「説明する変数」は説明変数，独立変数，外生変数などと呼ばれます．

説明変数を X，被説明変数を Y とすると，X によって系統的に変化する部分と，それ以外のばらつきの部分に分けて分析することが考えられます．X によって系統的に変化する部分を y として，x の関数で，

$$y = \beta_1 + \beta_2 x \qquad (2.1)$$

と表されるとします．これは，回帰方程式や回帰関数（regression function）と呼ばれます．本章では，y が x の線形関数である線形回帰（linear regression）のみを考えます．なお，元の回帰関数が非線形であっても，次節に示すように，対数をとるなどの関数変換によって線形モデルに変更可能な場合や，あるいはテーラー展開などによって近似可能な場合も数多くあります．このように，線形モデルは応用範囲が非常に広く，計量経済モデルの中心的なモデルとなっています．

ここで，i 番目の観測値を (X_i, Y_i)，ばらつきの部分を u_i とすると

$$Y_i = \beta_1 + \beta_2 X_i + u_i, \quad i = 1, 2, ..., n \qquad (2.2)$$

となります．このモデルは，母集団において成り立つ関係ですので，母回帰方程式（population regression equation）と呼ばれています．β_1, β_2 は母（偏）回帰係数（population (partial) regression coefficient）と呼ばれる未知のパラメータです．u_i は誤差項（error term）と呼ばれます．X_i, u_i は次の条件（標準的な仮定）を満たすものとします．

● 仮定 1

　X_i は確率変数でなく，すでに確定した値をとる．

● 仮定 2

　u_i は確率変数で期待値が 0，すなわち，$E(u_i) = 0$, $i = 1, 2, ..., n$.

● 仮定 3

　異なった誤差項は無相関，すなわち，$i \neq j$ であれば，$Cov(u_i, u_j) = E(u_i u_j) = 0$.

● 仮定 4

　誤差項の分散が一定で σ^2，すなわち，$V(u_i) = E(u_i^2) = \sigma^2$, $i = 1, 2, ..., n$.

ここで，E は期待値を，Cov は共分散を，V は分散を表す記号です．この条件のもとでは，Y_i の期待値は，

$$E(Y_i) = \beta_1 + \beta_2 X_i \qquad (2.3)$$

となります．

2.1.2 線形回帰モデルに変換可能なモデル

線形回帰モデルは，計量経済モデルで中心的な役割を果たすモデルですが，元の関数が非線形でも，変換によって線形モデルに変換可能な場合があります．ここでは，応用上も重要な例として，成長率モデルと弾性値モデルについて説明し

ます．なお，対数をとるなどの関数変換を行うと，回帰係数の意味するものが次の例のように異なってきますので，よく理解して変換を行って下さい．

● 成長率モデル

回帰方程式が，

$$z = a \cdot b^x \tag{2.4}$$

であるとします．このモデルは，成長率モデルと呼ばれ，経済成長率や消費量の伸び率など一定の割合で増加するものの分析に用いられます．両辺の対数をとると（対数はとくに明記しない限り自然数 $e = 2.7182\cdots$ を底とする自然対数とします）．

$$\log z = \log a + x \log b \tag{2.5}$$

となりますから，$y = \log z$, $\beta_1 = \log a$, $\beta_2 = \log b$ とおくと，線形モデルとなります．

このモデルや回帰係数の意味を考えてみましょう．いま，データが時系列データであり，ある変数の時刻 t における変数 z の値とし，z_t は t から $t+1$ の間に一定の割合 $100 \cdot r$% だけ増加し，$t+1$ には $z_{t+1} = z_t(1+r)$ になるものとします．$t = 0$ における値を z_0 としますと，

$$z_t = z_0(1+r)^t \tag{2.6}$$

となります．両辺の対数をとり，$t = x$ とすると（2.5）式のモデルとなりますが，伸び率 r が小さいとすると，$\beta_2 = \log(1+r) \approx r$ ですので，β_2 は単位時間あたりの伸び率を表していることになります．

● 弾性値モデル

回帰方程式が

$$z = a \cdot w^b \tag{2.7}$$

であるとします．このモデルは，弾性値モデルと呼ばれ，価格の変化に対する消費量や生産量の変化の分析など，幅広く使われています．両辺の対数をとると，

$$\log z = \log a + b \log w \tag{2.8}$$

ですので，$y = \log z$, $\beta_1 = \log a$, $\beta_2 = b$, $x = \log w$ とすると線形モデルが得られます．

このモデル，回帰係数の意味について考えてみましょう．計量経済モデルでは，説明変数と被説明変数の変化率の関係について求めたいことが多くあります．変化率の関係は弾性値（elasticity）と呼ばれますが，w と z の弾性値は，

$$\varepsilon = \frac{z \text{の変化率}}{w \text{の変化率}} = \frac{\Delta z/z}{\Delta w/w} \tag{2.9}$$

となります．弾性値 ε は，w が1％変化した場合 z が何％変化するかを示します．ここで，Δw を0に近づけていった極限を考えると，$\varepsilon = \dfrac{dz/z}{dw/w}$ となります．$\log z$, $\log w$ の微分を考えると，$d\log w/dw = 1/w$, $d\log z/dz = 1/z$ ですから，微分のルールによって，弾性値 ε は，

$$\varepsilon = \frac{d\log z}{d\log w} \tag{2.10}$$

となります．(2.8) 式から，$d\log z/d\log w = \beta_2$ ですので，結局，$\beta_2 = \varepsilon$ となります．すなわち，説明変数，被説明変数の両方の対数をとり線形モデルにした場合，β_2 は弾性値を意味します．

2.2　最小二乗法による推定

2.2.1　回帰係数の推定

β_1, β_2 は未知のパラメータですから，得られたデータ $(X_1, Y_1), (X_2, Y_2), ..., (X_n, Y_n)$ から推定する必要があります．いま，Y_i のうち X_i で説明できない部分は，

$$u_i = Y_i - (\beta_1 + \beta_2 X_i)$$

ですが，符号の影響をとりのぞくため二乗し，その総和

$$S = \sum u_i^2 = \sum \{Y_i - (\beta_1 + \beta_2 X_i)\}^2 \tag{2.11}$$

を考えます．S は説明できない部分の大きさを表していますので，できるだけ小さい方が望ましいと考えられます．S を最小にして β_1, β_2 の推定量 $\hat{\beta}_1, \hat{\beta}_2$ を求める方法を最小二乗法 (least squares method)，$\hat{\beta}_1, \hat{\beta}_2$ を最小二乗推定量 (least squares estimator) と呼びます．$\hat{\beta}_1, \hat{\beta}_2$ は S を偏微分して0とおいた

$$\frac{\partial S}{\partial \beta_1} = -2\sum(Y_i - \beta_1 - \beta_2 X_i) = 0$$

$$\frac{\partial S}{\partial \beta_2} = -2\sum(Y_i - \beta_1 - \beta_2 X_i)X_i = 0$$

から求めることができますが，これを解くと

$$\hat{\beta}_2 = \frac{\sum(X_i - \bar{X})(Y_i - \bar{Y})}{\sum(X_i - \bar{X})^2} \tag{2.12}$$

$$\hat{\beta}_1 = \bar{Y} - \hat{\beta}_2 \bar{X}$$

となります．$\bar{X}, \bar{Y}$ は X と Y の標本平均です．$\hat{\beta}_2$ は X と Y の標本共分散を X の標本分散で割った形になっています．$\hat{\beta}_1, \hat{\beta}_2$ は，標本（偏）回帰係数 (sample (partial) regression coefficient)，$y = \hat{\beta}_1 + \hat{\beta}_2 x$ は，標本回帰方程式 (sample regression equation) または標本回帰直線 (sample regression line) と呼ばれます.

また, $E(Y_i)$ の標本回帰方程式による推定量 (回帰値 (regressed value) やあてはめ値 (fitted value) と呼ばれます) を

$$\hat{Y}_i = \hat{\beta}_1 + \hat{\beta}_2 X_i \tag{2.13}$$

とすると,

$$e_i = Y_i - \hat{Y}_i \tag{2.14}$$

は, X_i で説明されずに残った部分ですが, これは回帰残差 (residual) と呼ばれます. e_i は誤差項 u_i の推定量ですが, 母集団にかかわらず, 常に

$$\sum e_i = 0, \qquad \sum e_i X_i = 0$$

を満足します (最初の式が, $\partial S/\partial \beta_1 = 0$, 次の式が $\partial S/\partial \beta_2 = 0$ に対応しています).

u_i の分散 σ^2 は, e_i から

$$s^2 = \frac{\sum e_i^2}{n-2} \tag{2.15}$$

で推定します. $(n-2)$ で割るのは, e_i に2つの制約式があり, その自由度が失われてしまうためです. 推定量に実際に得られたデータの値を代入して得られた数値を, 推定値 (estimate) と呼びます.

2.2.2 最小二乗推定量の性質と分散

$\hat{\beta}_1, \hat{\beta}_2$ を求めるのに最小二乗法を用いましたが, これはなぜでしょうか. 説明できない部分 $u_i = Y_i - (\beta_1 + \beta_2 X_i)$ の符号の影響をとりのぞくならば, 二乗でなくたとえば絶対値の和を考えて,

$$D = \sum |u_i| = \sum |Y_i - (\beta_1 + \beta_2 X_i)|$$

を最小にする推定量を考えてもよいはずです (絶対値の和を最小にする推定方法は, 最小絶対偏差法 (least absolute deviations method), 推定量は最小絶対偏差推定量 (least absolute deviations estimator) と呼ばれています). この理由は, われわれが, 代表値として期待値・平均を考え, u_i に対して $E(u_i) = 0$ 以下3つの条件を仮定しているためです. この条件下では, 最小二乗推定量は, 他の推定量にない優れた性質をもっています. なお, 本書のレベルをこえていますので詳細は省略しますが, 最小絶対偏差法は代表値として中央値を考え, u_i の中央値 = 0 としたモデルに対応しています. 最小絶対偏差推定量は最小二乗推定量に比べて計算が難しいことが問題とされてきましたが, コンピュータや数値計算法の進歩によって現在では比較的簡単に計算が可能となっています.

まず, $\hat{\beta}_1, \hat{\beta}_2$ は,

$$E(\hat{\beta}_1) = \beta_1, \qquad E(\hat{\beta}_2) = \beta_2$$

で不偏推定量となります (s^2 も $E(s^2) = \sigma^2$ で σ^2 の不偏推定量です). さらに, 分散は,

$$V(\hat{\beta}_1) = \frac{\sigma^2 \sum X_i^2}{n \sum (X_i - \bar{X})^2} \qquad (2.16)$$

$$V(\hat{\beta}_2) = \frac{\sigma^2}{\sum (X_i - \bar{X})^2}$$

となります．実際には，σ^2 は未知ですのでこれを s^2 で置きかえて推定します．

$\hat{\beta}_1$, $\hat{\beta}_2$ は，ガウス・マルコフの定理（Gauss-Markov theorem）によって，線形不偏推定量のなかで最も分散の小さい推定量，最良線形不偏推定量（best linear unbiased estimator, BLUE）であることが知られています（線形不偏推定量は，$\tilde{\beta}_j = \sum c_{ij} Y_i$, $E(\tilde{\beta}_j) = \beta_j$, $j = 1, 2$ を満足する推定量です．Y_i の線形推定量であることは，コンピュータによる数値計算法が発達した現在ではあまり意味があることとはいえませんが，あるクラスでの最適性を表していることに間違いありません）．

とくに，u_i が互いに独立で正規分布に従うことが仮定された場合は，クラメル・ラオの不等式（Cramér-Rao's inequality）から，不偏推定量のなかで分散が最も小さくなる最良不偏推定量（best unbiased estimator, BUE）となります．

2.2.3 あてはまりのよさと決定係数 R^2

回帰方程式がどの程度よくあてはまっているか，すなわち，X が Y をどの程度よく説明しているかは，モデルの妥当性・有効性を考える上で重要な要素です．X が Y の変動の大きな部分を説明できれば価値が高いといえるし，逆にほとんど説明できなければ価値は低いといえるでしょう．あてはまりのよさを計る基準として，一般に使われるのが，決定係数（coefficient of determination）R^2 です．

Y_i の変動の総和は $\sum (Y_i - \bar{Y})^2$ ですが，このうち，回帰方程式で説明できる部分は $\sum (\hat{Y}_i - \bar{Y})^2$，説明できない部分は $\sum e_i^2$ で

$$\sum (Y_i - \bar{Y})^2 = \sum (\hat{Y}_i - \bar{Y})^2 + \sum e_i^2$$

となります．

R^2 は，Y_i の変動のうち，説明できる部分の割合で，

$$R^2 = 1 - \frac{\sum e_i^2}{\sum (Y_i - \bar{Y})^2} = \frac{\sum (\hat{Y}_i - \bar{Y})^2}{\sum (Y_i - \bar{Y})^2} \qquad (2.17)$$

となります．R^2 は $0 \leq R^2 \leq 1$ を満足し，X_i が完全に Y_i の変動を説明している場合 1，まったく説明していない場合 0 となります．r を X_i と Y_i の標本相関係数とすると，この場合，$R^2 = r^2$ となります．

2.3　回帰係数の標本分布と検定

　母回帰係数の推定以外にも，回帰分析では β_1, β_2 について検定を行うことも目的としています．そのためには，$\hat{\beta}_1$, $\hat{\beta}_2$ の標本分布を知る必要があります．ここでは，いままでの条件に加えて，$u_1, u_2, ..., u_n$ が独立で正規分布に従うとします（なお，$u_1, u_2, ..., u_n$ が正規分布に従わない場合でも中心極限定理によって，ここでの結果は漸近的に，すなわち，n が大きい場合，近似的に成り立ちます）．

2.3.1　回帰係数の標本分布

　まず，$\hat{\beta}_2$ について考えますと $\sum(X_i-\bar{X})=0$ より

$$\hat{\beta}_2 = \frac{\sum(X_i-\bar{X})Y_i}{\sum(X_i-\bar{X})^2} = \frac{\sum(X_i-\bar{X})(\beta_1+\beta_2 X_i+u_i)}{\sum(X_i-\bar{X})^2} = \beta_2 + \frac{\sum(X_i-\bar{X})u_i}{\sum(X_i-\bar{X})^2} \quad (2.18)$$

ですので，$\hat{\beta}_2$ は独立な正規分布に従う確率変数の和となります．したがって，$\hat{\beta}_2$ の分布は

$$N\left(\beta_2, \frac{\sigma^2}{\sum(X_i-\bar{X})^2}\right) \quad (2.19)$$

の正規分布で，$(\hat{\beta}_2-\beta_2)\sqrt{\sum(X_i-\bar{X})^2}/\sigma$ は標準正規分布に従うことになります．ここで，$\hat{\beta}_2$ の標準偏差の推定量（$\hat{\beta}_2$ の標準誤差（standard error））を

$$s.e.(\hat{\beta}_2) = \frac{s}{\sqrt{\sum(X_i-\bar{X})^2}} \quad (2.20)$$

とすると，$(\hat{\beta}_2-\beta_2)\sqrt{\sum(X_i-\bar{X})^2}/\sigma$ の σ を s で置きかえた

$$t_2 = (\hat{\beta}_2-\beta_2)/s.e.(\hat{\beta}_2) \quad (2.21)$$

は，自由度 $n-2$ の t 分布 $t(n-2)$ に従うことが知られています．

　また，$\hat{\beta}_1$ の分布は，

$$N\left(\beta_1, \frac{\sigma^2 \sum X_i^2}{n\sum(X_i-\bar{X})^2}\right) \quad (2.22)$$

となります．標準誤差は

$$s.e.(\hat{\beta}_1) = s\sqrt{\frac{\sum X_i^2}{n\sum(X_i-\bar{X})^2}} \quad (2.23)$$

で求めますが，

$$t_1 = (\hat{\beta}_1-\beta_1)/s.e.(\hat{\beta}_1) \quad (2.24)$$

は，$\hat{\beta}_2$ の場合と同様，自由度 $n-2$ の t 分布 $t(n-2)$ に従います．

2.3.2 回帰係数の t 検定

β_2 は，回帰モデルにおいて X が Y をどのように説明しているかを表す重要なパラメータです．β_2 についての検定を行ってみましょう．帰無仮説を

$$H_0 : \beta_2 = a$$

とします．a は指定された定数です．対立仮説として
$H_1 : \beta_2 \neq a$（両側検定），$H_1 : \beta_2 > a$（右片側検定），$H_1 : \beta_2 < a$（左片側検定）から適当なものを選びます．どのタイプの検定とするかは，検定の目的や事前の情報によって決まります．

まず，$\hat{\beta}_2$ と $s.e.(\hat{\beta}_2)$ を計算し，検定統計量

$$t_2 = (\hat{\beta}_2 - a)/s.e.(\hat{\beta}_2) \tag{2.25}$$

を求めます．帰無仮説を棄却するかどうかの臨界値は，自由度 $n-2$ の t 分布の上側確率が，$\alpha/2$, α に対応するパーセント点，$t_{\alpha/2}(n-2)$, $t_\alpha(n-2)$ から求められます．検定は t_2 と，$t_{\alpha/2}(n-2)$, $t_\alpha(n-2)$ を比較し，次のように行います．

i) $H_1 : \beta_2 \neq a$ では，$|t_2| > t_{\alpha/2}(n-2)$ の場合，帰無仮説を棄却し，それ以外は採択する．

ii) $H_1 : \beta_2 > a$ では，$t_2 > t_\alpha(n-2)$ の場合，帰無仮説を棄却し，それ以外は採択する．

iii) $H_1 : \beta_2 < a$ では，$t_2 < -t_\alpha(n-2)$ の場合，帰無仮説を棄却し，それ以外は採択する．

なお，帰無仮説が「棄却されない」ことを「採択された」といいますが，これは帰無仮説がデータと矛盾していないということで，正しいことが積極的に証明されたのでないことに注意して下さい．

ところで，回帰方程式は X で Y を説明する分析方法ですので，X が Y を説明できるかどうか，すなわち，$H_0 : \beta_2 = 0$ の検定がとくに重要となります．この検定の結果，帰無仮説が棄却された場合，回帰方程式は有意であるといいます．また，このために計算された検定統計量 $t_2 = \hat{\beta}_2/s.e.(\hat{\beta}_2)$ は t 比，t 値，t 検定量（t-ratio, t-value, t-statistic）などと呼ばれています．なお，β_2 に比べ使われることは少ないのですが，β_1 についても，t_1 を使って同様の検定を行うことができます．

2.4 回帰モデルにおける最尤法

検定の場合と同様に，$u_1, u_2, ..., u_n$ が独立で期待値 0，分散 σ^2 の正規分布 N

2.4 回帰モデルにおける最尤法

$(0, \sigma^2)$ に従うとします．最尤法（maximum likelihood method,「さいゆうほう」と読みます）と呼ばれる，最小二乗法と異なった推定原理によって，回帰係数 β_1，β_2 や u_i の分散 σ^2 を推定することが可能です．最尤法によって得られた推定量は最尤推定量（maximum likelihood estimator, MLE）と呼ばれています．最尤法は，非常に重要な推定方法であり，これから学習する多くのモデルはこの方法を使って推定します．

ここでは，一般的な最尤法の基礎について説明し，次いで回帰モデルにおける最尤法について説明します．

2.4.1 最尤法とは

表が出る確率が p，裏が出る確率が $q=1-p$ のコインがあり，p は未知であったとします．表が出た場合 1，裏が出た場合 0 とし，このコインを 5 回投げたところ，$(1, 1, 0, 1, 1)$ という結果が出たとします．いま，p の可能性として $p=0.2$ と $p=0.8$ があったとします．では，$p=0.2$ と $p=0.8$ のどちらがもっとも（尤も）らしいでしょうか．p が与えられた場合，このような標本が得られる確率は，

$$L(p) = p^4(1-p) \tag{2.26}$$

です．したがって，$p=0.2$ の場合，$L(p) = 0.2^4 \cdot 0.8 = 0.00128$，$p=0.8$ の場合，$L(p) = 0.8^4 \cdot 0.2 = 0.08192$ となり，$p=0.8$ の方が大きくもっともらしいといえます．このもっともらしさ $L(p)$ を尤度（likelihood）と呼びます．尤度 $L(p)$ は p の関数ですので，尤度関数（likelihood function）とも呼ばれます．最尤法は，尤度関数を最大にするものを推定量とする方法で，この結果得られた推定量を最尤推定量と呼びます．なお，一般の推定量と同様，最尤推定量に具体的なデータの値を代入して得られた数値は，最尤推定値（maximum likelihood estimate）と呼ばれます．

この例では，p のとりうる値は，0 から 1 までです．$L(p)$ は掛け算の形なので，対数をとって和の形にした対数尤度（log of likelihood）を考えますと，

$$\log L(p) = 4\log p + \log(1-p) \tag{2.27}$$

となります．

$$\frac{d\log L(p)}{dp} = \frac{4}{p} - \frac{1}{1-p}$$

ですので，$d\log L/dp = 0$ を解くと，この例では $p=0.8$ が最尤推定値となります．

一般に，標本 $X_1, X_2, ..., X_n$ が独立で未知のパラメータ θ を含む分布 $f(x, \theta)$ に

従う場合，尤度は n 個の関数の積として，

$$L(\theta) = \prod_{i=1}^{n} f(X_i, \theta) \tag{2.28}$$

となります．$\prod$ は積を示す記号です．θ が既知とすると，これは，$(X_1, X_2, ..., X_n)$ の同時確率関数（X_i が離散型の変数の場合）または同時確率密度関数（X_i が連続型の変数の場合）となっています．現実には，θ は未知ですので，対数をとって和の形にした対数尤度，

$$\log L(\theta) = \sum_{i=1}^{n} \log f(X_i, \theta) \tag{2.29}$$

を最大にして，最尤推定量，最尤推定値を求めます．多くの場合，解析的に最尤推定量を求めることはできませんので，数値計算によって解を求めます．最尤推定量 $\hat{\theta}$ を対数尤度に代入した $\log L(\hat{\theta})$ は対数最大尤度（log of maximum likelihood）と呼ばれますが，これは検定やモデル選択において重要な働きをします．EViews では対数最大尤度が，「Log likelihood」として出力されます．

最尤推定量は，漸近有効性など，n が十分大きい場合には大変優れた性質を有しています（なお，すでに述べたように，n が十分大きい場合に近似的に成り立つことを漸近的（asymptotic）と呼びます）．

2.4.2　回帰モデルの最尤法による推定

$u_1, u_2, ..., u_n$ が独立で同一の正規分布 $N(0, \sigma^2)$ に従うとします．回帰モデルは，

$$u_i = Y_i - (\beta_1 + \beta_2 X_i) \tag{2.30}$$

ですので，$\beta_1, \beta_2, \sigma^2$ が既知の場合，$Y_i - (\beta_1 + \beta_2 X_i)$ は，$N(0, \sigma^2)$ に従い，その確率密度関数は，

$$f(X_i, Y_i, \beta_1, \beta_2, \sigma^2) = \frac{1}{\sqrt{2\pi}\sigma} \exp\left\{\frac{(Y_i - \beta_1 - \beta_2 X_i)^2}{2\sigma^2}\right\} \tag{2.31}$$

となります．

$\beta_1, \beta_2, \sigma^2$ は当然未知ですので，尤度関数，対数尤度は $\beta_1, \beta_2, \sigma^2$ の関数で，

$$L(\beta_1, \beta_2, \sigma^2) = \prod_{i=1}^{n} \frac{1}{\sqrt{2\pi}\sigma} \exp\left\{\frac{(Y_i - \beta_1 - \beta_2 X_i)^2}{2\sigma^2}\right\} \tag{2.32}$$

$$\log L(\beta_1, \beta_2, \sigma^2) = -n \cdot (\log\sqrt{2\pi} + \log\sigma) - \sum_{i=1}^{n}\left\{\frac{(Y_i - \beta_1 - \beta_2 X_i)^2}{2\sigma^2}\right\}$$

となります．

詳細は省略しますが，$\beta_1, \beta_2, \sigma^2$ の最尤推定量は，

$$\hat{\beta}_2 = \frac{\sum (X_i - \bar{X})(Y_i - \bar{Y})}{\sum (X_i - \bar{X})^2} \tag{2.33}$$

$$\hat{\beta}_1 = \bar{Y} - \hat{\beta}_2 \bar{X}$$
$$\hat{\sigma}^2 = \frac{\sum e_i^2}{n}$$

また，対数最大尤度は，

$$\log L(\hat{\beta}_1, \hat{\beta}_2, \hat{\sigma}^2) = \frac{n}{2}\left\{1 + \log(2\pi) + \log\left(\frac{\sum e_i^2}{n}\right)\right\} \tag{2.34}$$

となります．

$\hat{\beta}_1$, $\hat{\beta}_2$ は最小二乗推定量と一致していますが，これは特別な例で，最小二乗法と最尤法は，異なった原理に基づく，違った推定方法であることに注意して下さい．また，$\hat{\sigma}^2$ は，σ^2 の不偏推定量とはなっていません．

2.5 銅消費量データを使った回帰分析

2.5.1 データの入力

表 2.1 のデータを使って，日本の銅消費量と実質 GDP の関係を分析し，銅消

表 2.2　日本の銅消費量と実質 GDP の入力データ

YEAR	COPPER	GDP	YEAR	COPPER	GDP
1970	821	194	1987	1,277	374
1971	806	203	1988	1,331	400
1972	951	221	1989	1,447	421
1973	1,202	238	1990	1,577	443
1974	881	235	1991	1,613	458
1975	827	243	1992	1,411	462
1976	1,050	252	1993	1,384	463
1977	1,127	263	1994	1,375	468
1978	1,241	277	1995	1,415	477
1979	1,330	293	1996	1,480	494
1980	1,158	301	1997	1,441	503
1981	1,254	310	1998	1,255	497
1982	1,243	318	1999	1,293	497
1983	1,216	323	2000	1,349	511
1984	1,368	333	2001	1,145	514
1985	1,226	350	2002	1,164	512
1986	1,211	361	2003	1,202	525

費量の実質 GDP に対する弾性値の推定や検定を行ってみましょう．まず，表 2.1 のデータを **A1** から順に表 2.2 のように Excel ファイル（97～2003 形式）で入力して下さい．

CUDATA と名前をつけて，「ドキュメント」に保存して下さい．EViews を起動して下さい．このデータは，データの期間が 1970～2003 年の年次データですので，コマンドウィンドウに

Workfile CuEX1 A 1970 2003

と入力します（入力後，[Enter] キーを押すことを忘れないで下さい）．データを読み込みますので

Read(A2) CUDATA.XLS 3

とします．データが正しく入力されているかどうかを

Show Year Copper GDP

と入力して確認して下さい．確認後は，このウィンドウは必要ありませんので，[閉じる] ボタン（図 1.11）をクリックして閉じて下さい．

2.5.2　銅消費量の伸び率の推定

銅消費量が 1970 年から 2003 年までどのように変化してきたかをグラフ（散布図）に書いて調べてみましょう．

Scat Year Copper

と入力して下さい．銅消費量の変化のグラフのウィンドウが表示され，銅消費量は増加傾向にあるものの，各年ごとのバラツキがかなり大きいことがわかります．折れ線グラフで表示するには，

Line Copper

とします．表示されたグラフを印刷・保存するには，「Graph：UNTITLED」のウィンドウの [Print] をクリックします（図 2.2）．そのまま印刷する場合はプリンタが正しく選択されていることを確認して，[OK] をクリックします．保存するには，[Redirect (R)] をクリックして，適当なファイル名，たとえば **CuGR1** をつけて [OK] をクリックします（図 2.3）．このファイルは Word などでも開くことができます（しかしながら，グラフはあまりきれいではありませんし，そのレイアウトなどを変えるには適当なオプション（Option）を指定する必要があります．これらについては，ここではふれませんので，詳細についてはマニュアルまたはメインメニューの [Help] などを参考にして下さい．操作の簡便性や

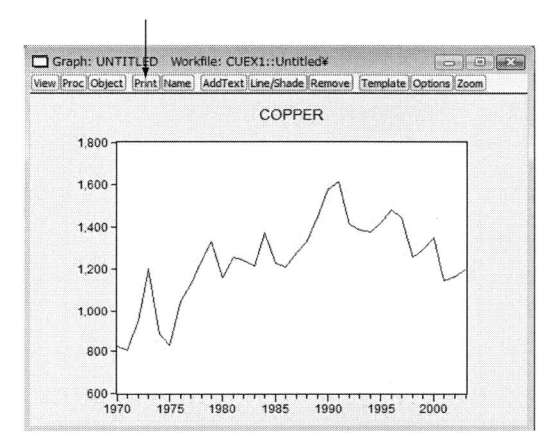

2.5 銅消費量データを使った回帰分析

図 2.2 表示されたグラフを印刷・保存するには,「Graph：UNTITLED」のウィンドウの [Print] をクリックする.

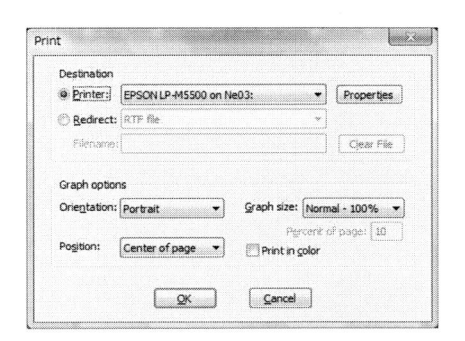

図 2.3 そのまま印刷する場合はプリンタが正しく選択されていることを確認して, [OK] をクリックする. 保存するには, [Redirect (R)] をクリックして, 適当なファイル名, たとえば **CuGR1** をつけて [OK] をクリックする.

グラフのきれいさなどを考えるとグラフは Excel など他のソフトを使って作成・印刷する方がよいでしょう).

　銅消費量の年あたりの伸び率を回帰分析によって求めてみましょう. 2.1.2 項で説明したように, 時刻 t の銅消費量を $Copper_t$ とします.

$$\log(Copper_t) = \beta_1 + \beta_2 \cdot t + u_t \tag{2.35}$$

という線形回帰モデルを考えると β_2 が伸び率となりますので, これをデータから推定すればよいことになります (なお, ここでは, 時系列データを扱ってい

すので，一般の表記方法に従い，添え字には t を使います）．

銅消費量の対数値，$\log(Copper_t)$ を計算します．

Series LogCu=@Log(Copper)

と入力して下さい．**LogCu** に銅消費量の対数値が計算されます．次に，時間経過を表す変数 **Time** を作ります．これには **@Trend** という関数を使い，

Series Time=@Trend

と入力します．**Time** は，データの最初の年（1970年）を0とし，以後1ずつ33まで（2003年まで）増加する変数となります．

数式の推定を行うコマンド **Equation** を使い，

Equation Eq1. LS LogCu C Time

と入力します．**Eq1** は推定された結果を保存するためのオブジェクトで，**LS** は最小二乗法（least squares method）によって推定することを示しています（**LS** は least squares の頭文字からきています）．**C**（constantの頭文字を取っています）は定数項を表す変数で，EViewsによって自動的に使用されています．このため，**C** をその他の変数やパラメータ名として使うことはできません．**Equation** では，まず，推定結果を保存しておくオブジェクト名（**Eq1**）を書き，その直後にピリオド．を打ち，使われる推定方法（**LS**）を指定します．スペースを1つ以上あけて，その後，具体的な数式の記述を行います．最小二乗法では最初に従属変数（**LogCu**）を指定し，その後，説明変数（**C** も説明変数とみなされます）をスペースで区切って指定します．［Enter］キーを押すと推定結果は「Workfile：CUEX1」のウィンドウに **Eq1** が現れ，結果はそこに保存されています．

Show Eq1

と入力するか，**Eq1** をダブルクリックするかすると，推定結果のウィンドウが現れ，表2.3のような結果が出力されます．

まず，従属変数がLOGCU（Dependent Variable：LOGCU）であること，推定方法が最小二乗法であること（Method：Least Squares），推定を行った日時（Date：03/06/08 Time：20：23），サンプルが1970から2003まで（Sample：1970 2003），分析に用いられた観測値の数は34であること（Included observations：34）が表示されます．

次に，回帰モデルの推定結果として，変数（Variable）ごとの回帰係数の推定値（Coefficient），その標準誤差（Std. Error），t 値（t-Statistic），両側の p 値（Prob.）

2.5 銅消費量データを使った回帰分析

表 2.3 最小二乗法の推定結果

```
Dependent Variable: LOGCU
Method: Least Squares
Date: 01/02/09   Time: 17:27
Sample: 1970 2003
Included observations: 34


    Variable        Coefficient    Std. Error     t-Statistic     Prob.

       C             6.918254       0.046658       148.2764       0.0000
      TIME           0.011394       0.002431       4.687706       0.0000


R-squared            0.407128    Mean dependent var      7.106250
Adjusted R-squared   0.388601    S.D. dependent var      0.177821
S.E. of regression   0.139042    Akaike info criterion  -1.051061
Sum squared resid    0.618644    Schwarz criterion      -0.961275
Log likelihood      19.86804     Hannan-Quinn criter.   -1.020442
F-statistic         21.97458     Durbin-Watson stat      0.643607
Prob(F-statistic)    0.000049
```

が出力されます.

最後に,決定係数 R^2 (R-squared),修正 R^2 (Adjusted R-squared),回帰の標準誤差 s (S.E. of regression),残差の平方和 $\sum e_i^2$ (Sum squared resid),最大対数尤度 (Log likelihood), F 値 (F-statistic),その p 値 (Prob),従属変数の平均 (Mean dependent var),標準偏差 (S.D. dependent var),赤池の情報量基準 (Akaike info criterion),シュワルツのベイズ情報量基準 (Schwarz criterion),ハンナン・クィンの統計量 (Hannan-Quinn criter.),ダービン・ワトソンの統計量 (Durbin-Watson stat) が表示されます(修正 R^2, F 値,赤池の情報量基準,シュワルツのベイズ情報量基準,ダービン・ワトソンの統計量については第 3 章で説明します).

標本回帰方程式(カッコ内は標準誤差)は,

$$\log(Copper_t) = 6.907 + 0.0114 \cdot t \qquad (2.36)$$
$$(0.0488)\,(0.00243)$$

となります.この結果,銅消費量は年率 1.1% 程度増加してきたことになります.

なお，EViewsでは，7桁の有効数字で表示されますが（計算は倍精度で行われます），データの信頼性などの問題からあまり多くの桁数を表示することは意味がないばかりでなく，精度について誤った印象や情報を与えてしまいます．レポートなどとして提出する最終の結果は，データの精度・分析の目的に応じた適当な表示桁数を選んで下さい．

2.5.3 銅消費量のGDP弾性値の推定と検定
● 弾性値の推定

銅消費量と実質GDPの関係を調べ，銅消費量のGDPに対する弾性値を求めてみます．まず，銅消費量と実質GDPの関係をグラフに書いてみましょう．

Scat GDP Copper

と入力して下さい．x軸をGDP，y軸をCOPPERとする散布図が表示され，実質GDPの増加に伴って銅消費量も増加してきたことがわかります．

次に，回帰分析によって，銅消費量の実質GDPに対する弾性値 ε を求めてみましょう． ε は実質GDPが1％増加したときに，銅消費量が何パーセント度増加するかを示したものです．時刻 t における実質GDPを GDP_t とすると，すでに説明した通り（2.1.2項），

$$\log(Copper_t) = \beta_1 + \beta_2 \cdot \log(GDP_t) + u_t \tag{2.37}$$

という線形回帰モデルで β_2 が弾性値となります．

$\log(GDP_t)$ を計算しますので，

Series LogGDP=@Log(GDP)

として入力して下さい．次に，

Equation Eq2.LS LogCu C LogGDP

と入力してモデルの推定を行って下さい．

Show Eq2

と入力すると，表2.4のような分析結果が出力されます．

推定された標本回帰方程式は，

$$\log(Copper_t) = 4.581 + 0.429 \log(GDP_t) \tag{2.38}$$
$$\quad\quad\quad\quad (0.388)\ \ (0.0659)$$

となります．弾性値は $\varepsilon = 0.429$ で，今後の実質経済成長が2％/年程度であるとすると，銅消費量は，$2.0 \times 0.429 \approx 0.86$ ％/年程度の割合で増加することになります．

表 2.4 銅消費量の実質 GDP に対する弾性値の推定結果

```
Dependent Variable: LOGCU
Method: Least Squares
Date: 06/27/08   Time: 12:00
Sample: 1970 2003
Included observations: 34

    Variable       Coefficient    Std. Error   t-Statistic    Prob.

         C          4.580672      0.387821     11.81130      0.0000
     LOGGDP         0.429484      0.065860      6.521158     0.0000

R-squared           0.570617   Mean dependent var        7.106250
Adjusted R-squared  0.557199   S.D. dependent var        0.177821
S.E. of regression  0.118328   Akaike info criterion    -1.373689
Sum squared resid   0.448049   Schwarz criterion        -1.283903
Log likelihood     25.35272    Hannan-Quinn criter.     -1.343070
F-statistic        42.52551    Durbin-Watson stat        0.791887
Prob(F-statistic)   0.000000
```

● 弾性値の検定と区間推定

銅消費量の実質 GDP に対する弾性値 ε が 1 と等しいという仮説を検定してみましょう. 帰無仮説 H_0, 対立仮説 H_1 は,

$$H_0: \beta_2 = 1, \quad H_1: \beta_2 < 1$$

とします. 銅のような基本物資は, 実質 GDP の伸びほど需要が増加せず, 弾性値が 1 より小さいことが予測されますので, 対立仮説を不等号で与える (左) 片側検定を行ってみます. 有意水準 α は 5% とします.

まず, 検定統計量を計算します.

Scalar B2=@Coefs(2)
Scalar Seb2=@Stderrs(2)
Scalar Test1=(B2-1.0)/Seb2

と入力して下さい. **Scalar** は 1 つだけ数値を (スカラーとして) 計算するコマンドです. **Series B2=@Coefs(2)** とすると, **B2** は変数とみなされ, ベクトルとして扱われ, すべての期間 (1970〜2003 年の 34 期) にわたって同じものが計算されてしまいます. **@Coefs** には, 回帰係数の推定値が (自動的に) 保存さ

図 2.4 **Show Test1** と入力すると，検定統計量の値
TEST1=−8.6625…が画面左下に表示される．

れています．回帰モデルで **LogGDP** は2番目に指定した説明変数ですので（1番目は **C**），**@Coefs(2)** は β_2 の推定値 0.4295 となります．また，**@Stderrs** は標準誤差を保存していますので，**Seb2=@Stderrs(2)** は，$\hat{\beta}_2$ の標準誤差 $s.e.(\hat{\beta}_2)$ =0.06586 となります．

Show Test1

と入力すると，検定統計量の値 TEST 1 = −8.6625…が画面左下（図 1.2）に（やや見にくいですが）表示されます（図 2.4）．

なお，以前に推定した式の結果を使いたい場合は，

Scalar A2=Eq1.@Coefs(2)

のようにその数式の推定結果のオブジェクト名を指定し，ピリオド．を打ってから，**@Coefs(2)** とします．

次に，仮説検定の臨界値（critical value）を求めてみます．観測値の数は $T=$ 34（時系列データですので，観測値の数を T で表します），有意水準 α は 5% ですから，臨界値は，自由度 32 の t 分布の上側確率が 5% となるパーセント点 $t_{5\%}(32)$ から求めることができます．EViews には，主要な分布のパーセント点を計算する関数が組み込まれていますので，それを使います（t 分布表などは必要ありません）．

Scalar T1=@QTDist(0.95, 32)

Show T1

と入力して下さい．自由度 32 の t 分布のパーセント点の値 $t_{5\%}(32) = 1.694$ が画面左下に表示されます．左片側検定ですので，Test 1 = −2.247 < −$t_{5\%}(32)$ = −1.694 で帰無仮説は棄却され，弾性値は 1 より小さいことが認められます．**@QTDist** ではカッコ内に確率 p および自由度 v を **@QTDist(p, v)** として指定します．なお，EViews の **@QTDist** では累積分布関数の逆関数が計算されますので，（**@QTDist(0.05, 32)** ではなく）**@QTDist(0.95, 32)** とすることに注意して下さい．

次に，弾性値の信頼係数 $1-\alpha=95\%$ の信頼区間を求めてみましょう．信頼区間の下限は $L=(\hat{\beta}_2)-t_{2.5\%}(32)\cdot s.e.(\hat{\beta}_2)$ で，上限は $U=\hat{\beta}_2+t_{2.5\%}(32)\cdot s.e.(\hat{\beta}_2)$ ですので，

Scalar T2 = @QTDist(0.975, 32)

と入力します．自由度 32 の t 分布の 2.5 パーセント点 $t_{2.5\%}(32)$ が計算され，その結果が **T2** という名前で保存されます（結果は，直接は出力されません．値を知るには **Show T2** と入力する必要があります）．

次に，

Scalar L=B2−T2*Seb2
Scalar U=B2+T2*Seb2
Show L
Show U

と入力して，信頼区間の [0.295, 0.563] を求めて下さい．本節の演習は，これで終了しますので，

Save CuEX1

と入力して，ワークファイルを保存して下さい（なお，すでにファイルが存在する場合は，EViews が既存のファイルを置き換えるかどうか尋ねてきますので [Yes] をクリックします．「Workfile Save」では「Series Storage」が「Double Precision (16 digit accuracy)」であることを確認して，[OK] をクリックします）．

2.6 演 習 問 題

表 2.5 は，1970～1993 年のアメリカ合衆国における実質 GDP と銅消費量のデータです．日本のデータと同様，銅消費量は World Metal Statistics, World Bureau of Metal Statistics，実質 GDP は世界銀行のデータ（World Table, World Bank）のものです．これを使って，次の演習を行って下さい．

1. 年次と銅消費量，実質 GDP と銅消費量のグラフの作成．
2. 回帰分析による銅消費量の年あたりの伸び率の推定．
3. 銅消費量の実質 GDP に対する弾性値の推定．

表 2.5　アメリカ合衆国の銅消費量と実質 GDP（2000 年価格）

年	銅消費量 （千トン）	実質 GDP （十億ドル）	年	銅消費量 （千トン）	実質 GDP （十億ドル）
1970	1,854	3,722	1987	2,127	6,425
1971	1,833	3,851	1988	2,206	6,690
1972	2,030	4,066	1989	2,204	6,926
1973	2,221	4,305	1990	2,150	7,055
1974	1,995	4,284	1991	2,058	7,041
1975	1,397	4,277	1992	2,176	7,276
1976	1,808	4,507	1993	2,359	7,472
1977	1,986	4,717	1994	2,678	7,776
1978	2,193	4,982	1995	2,517	7,973
1979	2,165	5,140	1996	2,606	8,271
1980	1,868	5,128	1997	2,776	8,648
1981	2,030	5,257	1998	2,871	9,013
1982	1,658	5,154	1999	2,985	9,417
1983	1,804	5,386	2000	3,026	9,765
1984	2,123	5,774	2001	2,619	9,815
1985	1,958	6,011	2002	2,371	10,032
1986	2,100	6,217	2003	2,290	10,343

3. 重回帰分析

3.1 重回帰モデル

　第2章では，説明変数がただ1つのモデルを考えてきました．この場合を単回帰分析または単純回帰分析と呼びます．しかしながら，複数の説明変数が被説明変数に影響すると考えられる場合が数多く存在します．たとえば，ある商品の消費量を考えた場合，説明変数としては，収入，資産保有高，性別，年齢などいくつかのものが考えられます．このように，2つ以上の説明変数がある場合を重回帰分析（multiple regression analysis）と呼びます．

　重回帰方程式は，複数の説明変数 $X_2, X_3, ..., X_k$ を含み，母集団において

$$Y_i = \beta_1 + \beta_2 X_{2i} + \beta_3 X_{3i} + \cdots + \beta_k X_{ki} + u_i, \quad i = 1, 2, ..., n \tag{3.1}$$

となります．$\beta_2, \beta_3, ..., \beta_k$ は未知のパラメータで，他の説明変数の影響をとりのぞいた純粋の影響を表しています．u_i は誤差項で，説明変数および誤差項は次の標準的な仮定を満足するものとします．

- **仮定 1**

　$X_{2i}, X_{3i}, ..., X_{ki}$ は確率変数でなく，すでに確定した値をとる．

- **仮定 2**

　u_i は確率変数で期待値が0，すなわち，$E(u_i) = 0, \ i = 1, 2, ..., n$．

- **仮定 3**

　異なった誤差項は無相関，すなわち，$i \neq j$ であれば，$Cov(u_i, u_j) = E(u_i u_j) = 0$．

- **仮定 4**

　誤差項の分散が一定で σ^2，すなわち，$V(u_i) = E(u_i^2) = \sigma^2, \ i = 1, 2, ..., n$（これを分散の均一性（homoskedasticity）と呼びます）．

- **仮定 5**

　説明変数は他の説明変数の線形関数では表されない，すなわち，

$$\alpha_1 + \alpha_2 \cdot X_{2i} + \alpha_3 \cdot X_{3i} + \cdots + \alpha_k X_{ki} = 0, \quad i = 1, 2, \ldots, n$$

となる $\alpha_1, \alpha_2, \ldots, \alpha_k$ は $\alpha_1 = \alpha_2 = \cdots = \alpha_k = 0$ 以外，存在しない（これを説明変数間に完全な多重共線性（multicollinearity）がないといいます）．

3.2 重回帰方程式の推定

3.2.1 最小二乗法

重回帰方程式は，k 個の未知の母（偏）回帰係数 $\beta_1, \beta_2, \ldots, \beta_k$ を含んでいますので，これを標本から推定します．これには，単回帰分析の場合と同様，最小二乗法が用いられます．すなわち，

$$u_i = Y_i - (\beta_1 + \beta_2 X_{2i} + \beta_3 X_{3i} + \cdots + \beta_k X_{ki}) \tag{3.2}$$

ですが，その二乗和

$$S = \sum u_i^2 = \sum \{Y_i - (\beta_1 + \beta_2 X_{2i} + \cdots + \beta_k X_{ki})\}^2 \tag{3.3}$$

を最小にする $\beta_1, \beta_2, \ldots, \beta_k$ の値を求めます．このために S をそれぞれの β_j で偏微分して 0 と置いた k 個の連立方程式

$$\partial S/\partial \beta_1 = 0, \ \partial S/\partial \beta_2 = 0, \ \ldots, \ \partial S/\partial \beta_k = 0$$

を考えます．この連立方程式は $\beta_1, \beta_2, \ldots, \beta_k$ の線形の連立方程式となりますので，解くことができます．最小二乗推定量 $\hat{\beta}_1, \hat{\beta}_2, \ldots, \hat{\beta}_k$ は，この連立方程式の解で，標本（偏）回帰係数と呼ばれます（仮定5は解が存在することを保証しています．具体的な公式などについては, 拙著『Excelによる回帰分析入門』（朝倉書店，1998）などを参照して下さい）．$\hat{\beta}_1, \hat{\beta}_2, \ldots, \hat{\beta}_k$ は，単回帰分析の場合と同様，ガウス・マルコフの定理によって最良線形不偏推定量となっています．

この結果得られた

$$Y = \hat{\beta}_1 + \hat{\beta}_2 X_2 + \hat{\beta}_3 X_3 + \cdots + \hat{\beta}_k X_k$$

および，$E(Y_i)$ の推定量

$$\hat{Y}_i = \hat{\beta}_1 + \hat{\beta}_2 X_{2i} + \hat{\beta}_3 X_{3i} + \cdots + \hat{\beta}_k X_{ki} \tag{3.4}$$

は，単回帰分析の場合と同様，それぞれ，回帰方程式，あてはめ値と呼ばれます．

誤差項 u_i の分散 σ^2 は，回帰残差 $e_i = Y_i - \hat{Y}_i$ から

$$s^2 = \frac{\sum e_i^2}{n-k} \tag{3.5}$$

で推定します．残差の平方和を $n-k$ で割るのは，e_i を k 個の推定量 $\hat{\beta}_1, \hat{\beta}_2, \ldots, \hat{\beta}_k$ を使って求めているため，$\sum e_i = 0, \ \sum e_i X_{2i} = 0, \ \sum e_i X_{3i} = 0, \ \ldots, \ \sum e_i X_{ki} = 0$ が成り立ち

自由度が k 失われてしまうためです．s^2 は σ^2 の不偏推定量となっています．

3.2.2 最尤推定量

単回帰分析の場合と同様に，$u_1, u_2, ..., u_n$ は独立で，期待値 0，分散 σ^2 の正規分布 $N(0, \sigma^2)$ に従うとします．この場合，対数尤度は，

$$\log L(\beta_1, \beta_2, ..., \beta_k, \sigma^2) = -n(\log\sqrt{2\pi} + \log\sigma) \qquad (3.6)$$
$$-\sum_{i=1}^{n}\frac{(Y_i - \beta_1 - \beta_2 X_{2i} - \cdots - \beta_k X_{ki})^2}{2\sigma^2}$$

となります．対数尤度を最大にすることによって，最尤推定量 $\hat{\beta}_1, \hat{\beta}_2, ..., \hat{\beta}_k$ および $\hat{\sigma}^2$ を求めることができます．この場合，$\hat{\beta}_1, \hat{\beta}_2, ..., \hat{\beta}_k$ は最小二乗推定量と一致します（単回帰分析でも述べましたが，これは特別な例で，最小二乗法と最尤法は異なった原理に基づく，違った推定方法です）．

$\hat{\sigma}^2$ および対数最大尤度は，

$$\hat{\sigma}^2 = \frac{\sum e_i^2}{n} \qquad (3.7)$$

$$\log L(\hat{\beta}_1, \hat{\beta}_2, ..., \hat{\beta}_k, \hat{\sigma}^2) = -\frac{n}{2}\left\{1 + \log(2\pi) + \log\left(\frac{\sum e_i^2}{n}\right)\right\}$$

となります．単回帰分析の場合と同様，$\hat{\sigma}^2$ は σ^2 の不偏推定量とはなっていません．

3.3 重回帰分析における検定

3.3.1 t 検 定

$\hat{\sigma}^2$ の推定量 s^2 を使って，標本回帰係数 $\hat{\beta}_j$ の標準誤差 $s.e.(\hat{\beta}_j)$ を求めることができます（推定量，分散，標準偏差などを簡単な形で表現するには行列の知識が必要ですので，詳細は省略します．詳細は拙著『Excel による回帰分析入門』（朝倉書店，1998）などを参照して下さい）．単回帰分析の場合と同様，EViews ではこの値が推定値とともに出力されます．

ここで

$$t_j = \frac{\hat{\beta}_j - \beta_j}{s.e.(\hat{\beta}_j)} \qquad (3.8)$$

は，自由度 $n-k$ の分布 $t(n-k)$ に従いますので，1つの回帰係数に関する仮説 $H_0 : \beta_j = a$ については，単回帰分析の場合と同様に検定を行えます．

3.3.2 F 検 定

重回帰分析の場合,複数の説明変数がありますので,いくつかの回帰係数についての仮説を同時に検定したい場合があります.たとえば,実験用のラットに2つの薬 A, B を与えその影響を調べる場合,ラットの体重を Y, A, B の投与量を X_2, X_3 とすると,「どちらの薬にも影響がない」という帰無仮説は,

$$H_0 : \beta_2 = 0 \text{ かつ } \beta_3 = 0$$

となり,「少なくともどちらかの影響がある」という対立仮説は,

$$H_1 : \beta_2 \neq 0 \text{ または } \beta_3 \neq 0$$

となります.

このように帰無仮説が複数の制約式からなる場合,個々の回帰係数についての t 検定だけでは不十分で,次の手順に従って F 検定を行います.

 i) H_0 が正しいとして,重回帰方程式(上の例では,X_2, X_3 を含まない式)を推定し,残差の平方和 S_0 を求める.

 ii) すべての説明変数を加えて(H_0 が成立しないとして H_1 のもとで)重回帰方程式を推定し,残差の平方和 S_1 を求める.

 iii) H_0 に含まれる式の数を p とすると,

$$F = \frac{(S_0 - S_1)/p}{S_1/(n-k)} \tag{3.9}$$

は,帰無仮説のもとで,自由度 $(p, n-k)$ の F 分布 $F(p, n-k)$ に従います.検定の臨界値は,$F(p, n-k)$ の有意水準 α に対応するパーセント点 $F_\alpha(p, n-k)$ となります.検定統計量 F と $F_\alpha(p, n-k)$ を比較し,$F > F_\alpha(p, n-k)$ の場合,帰無仮説を棄却し,それ以外では帰無仮説を採択します.

とくに,説明変数のすべてが Y を説明しないという帰無仮説,

$$H_0 : \beta_2 = \beta_3 = \cdots = \beta_k = 0$$

と,対立仮説,

$$H_1 : \beta_2, \beta_3, ..., \beta_k \text{ の少なくとも1つは0でない}$$

を検定する場合は $p = k-1$, $S_0 = \sum(Y_i - \bar{Y})^2$, $S_1 = \sum e_i^2$, $S_0 - S_1 = \sum(\hat{Y}_i - \bar{Y})^2$ として F 値を計算します.EViews の回帰分析ではこの値が「F-statistic」として出力されます.

なお,帰無仮説の制約式がただ1つの場合,$F = t^2$ となり,F 検定は t 検定の両側検定の結果と完全に一致します.F 検定では片側検定で行ったような対立仮説を不等号で与えることはで

きませんので，1つの回帰係数についての検定は t 検定を使って下さい．

3.3.3 構造変化に関するチョウ検定

F 検定の応用として，時系列データの構造変化に関するチョウ検定（Chow test）と呼ばれる検定方法があります．いま，$t = 1, 2, ..., T$ の期間の時系列データがあり，

$$Y_t = \beta_1 + \beta_2 X_{2t} + \beta_3 X_{3t} + \cdots + \beta_k X_{kt} + u_t \tag{3.10}$$

というモデルを考えたとします．このような場合，観測期間中に構造変化が起こったかどうか，すなわち，回帰係数 $\beta_1, \beta_2, ..., \beta_k$ が期間を通して一定かどうかを検定します．

この検定は，F 検定を使って，次のような手順で行うことができ，チョウ検定と呼ばれています．帰無仮説は，「構造変化がなく，回帰係数 $\beta_1, \beta_2, ..., \beta_k$ が期間を通して一定である」です．

ⅰ）構造変化がないとし，すべての期間（$t = 1, 2, ..., T$）のデータを使って（3.10）の回帰モデルを推定し，その残差の平方和 S_0 を計算する．

ⅱ）データを1から T_1 までと，$T_1 + 1$ から T までの2つの期間に分け，それぞれの期間で回帰モデルの推定し（期間を変えて2回推定を行います），それぞれの残差の平方和を求める．さらに2つサンプル期間の残差の平方和を加え，残差の平方和の合計 S_1 を求める．

ⅲ）$F = \dfrac{(S_0 - S_1)/k}{S_1/(T - 2k)}$ とすると，帰無仮説のもとで F は自由度 $(k, T-2k)$ の F 分布，$F(k, T-2k)$ に従う．F と有意水準 α に対応するパーセント点 $F_\alpha(k, T-2k)$ とを比較し，$F > F_\alpha(k, T-2k)$ の場合，帰無仮説を棄却し，それ以外は採択する．

ⅰ)では1回，ⅱ)では2回モデルの推定を行っていますので，F 検定で回帰係数の数 k だけ制約条件の式がある仮説を検定することになります．

3.3.4 尤度比検定

F 検定で述べたことと同様に，いくつかの回帰係数についての仮説を同時に検定したい場合，すなわち，帰無仮説，対立仮説が

$$H_0 : \beta_2 = 0 \text{ かつ } \beta_3 = 0, \quad H_1 : \beta_2 \neq 0 \text{ または } \beta_3 \neq 0$$

で与えられるような場合，F 検定以外にも，尤度比検定（likelihood ratio test）と呼ばれる検定方法を使うことができます．尤度比検定は，次のような手順で行

います.

i) H_0 が正しいとして,重回帰方程式(上の例では,X_2, X_3 を含まない式)を推定し,対数最大尤度 $\log L_0$ を求める.

ii) すべての説明変数を加えて(H_0 が成立していないとして H_1 のもとで)重回帰方程式を推定し,対数最大尤度 $\log L_1$ を求める.

H_0 に含まれる式の数を p とすると,

$$\chi^2 = 2(\log L_1 - \log L_0) \tag{3.11}$$

は,帰無仮説のもとで漸近的に(n が十分大きければ近似的に)自由度 p の χ^2 分布 $\chi^2(p)$ に従うことが知られています.検定における臨界値は,$\chi^2(p)$ の有意水準 α に対応するパーセント点 $\chi_\alpha^2(p)$ となりますので,検定統計量 χ^2 と $\chi_\alpha^2(p)$ を比較し,$\chi^2 > \chi_\alpha^2(p)$ の場合帰無仮説を棄却し,それ以外は採択します.

尤度比検定は,t 検定や F 検定と異なり漸近的にしか成り立ちませんが,線形回帰モデル以外の複雑なモデルや帰無仮説が非線形の場合にも使うことができ,幅広く使われている検定方法です.

3.4 モデル選択とモデルのあてはまりのよさの基準

3.4.1 決定係数と修正決定係数

Y_i の変動 $\sum(Y_i - \bar{Y})^2$ は $X_2, X_3, ..., X_k$ で説明できる部分と,説明できない部分の和として,

$$\sum(Y_i - \bar{Y})^2 = \sum(\hat{Y}_i - \bar{Y})^2 + \sum e_i^2 \tag{3.12}$$

となります.モデルのあてはまりのよさを表す決定係数 R^2 は,

$$R^2 = 1 - \frac{\sum e_i^2}{\sum(Y_i - \bar{Y})^2} = \frac{\sum(\hat{Y}_i - \bar{Y})^2}{\sum(Y_i - \bar{Y})^2} \tag{3.13}$$

となります.R^2 の正の平方根は重相関係数(multiple regression coefficient)と呼ばれ,R で表されます.

ところで,R^2 は説明変数の数の増加に従って増加します.$k=n$ とすると $R^2=1$ となってしまいます($k>n$ では仮定5が満足されず推定ができません).ところが,説明変数の数を多くしすぎると,かえってモデルが悪くなってしまうことが知られています.説明変数の数が違う場合,単純に R^2 でモデルのあてはまりを比較することはできません.修正 R^2(adjusted R^2;$\bar{R}^2$)は,説明変数の数の違いを考慮したもので,Y_i の変動と残差の平方和をその自由度で割った

$$\bar{R}^2 = 1 - \frac{\sum e_i^2/(n-k)}{\sum(Y_i-\bar{Y})^2/(n-1)} \tag{3.14}$$

で定義されます．$\bar{R}^2$ は k が増加しても必ずしも増加するとは限りません．$\bar{R}^2$ を最大にすることは，s^2 を最小にするのと同一のことになります．

3.4.2 モデル選択と AIC, BIC

重回帰分析において，最適な説明変数の組み合わせを選ぶことは，モデル選択と呼ばれる分野の問題となりますが，$\bar{R}^2$ では説明変数を増やすことに対するペナルティーが十分でないとされています．一般に広く使われているのは AIC（赤池の情報量基準，Akaike information criterion）と BIC（シュワルツのベイズ情報量基準，Schwarz Bayes information criterion）と呼ばれる基準です．

$\log L$ を対数最大尤度とします．最適なモデルとして，AIC は，

$$\mathrm{AIC} = \frac{-2\log L + 2\nu}{n} \tag{3.15}$$

BIC は，

$$\mathrm{BIC} = \log \hat{\sigma}^2 + (\nu/n)\log n \tag{3.16}$$

をそれぞれを最小にするものを選択します．ν はモデルに含まれる未知のパラメータの数です．AIC, BIC は回帰分析以外のモデル選択にも利用可能です．AIC は，真のモデルと今考察しているモデルの間の距離を表すカルバック・ライブラー情報量（Kullback-Leibler information）を使って説明することができます．また，BIC は，ベイズ統計学の事後確率の議論から導かれます．

初等的な統計学・計量経済学の枠組みでは AIC の方が一貫性があるので，AIC をモデル選択の基準として使います．いずれにしろ，重回帰分析では不必要な説明変数の数を増やしすぎないようにして下さい．AIC については，章末で簡単に説明を加えましたので参照して下さい．

3.5 ダミー変数

回帰分析では，量的データばかりでなく，ダミー変数（dummy variable）と呼ばれる変数を使うことによって，質的データを説明変数として使って分析を行うことができます．

ダミー変数は，0 または 1 をとる変数で，たとえば，性別を表す場合，女性の場合 0，男性の場合 1 とし，

$$D_i = \begin{cases} 0 : \text{女性} \\ 1 : \text{男性} \end{cases} \tag{3.17}$$

とします．例として，Y を賃金，X を勤続年数とし，男女の間に賃金の格差があるかどうかを考えてみましょう．いま，男女の賃金差が勤続年数にかかわらず一定で

女性：$Y_i = \beta_1 + \beta_2 X_i + u_i$

男性：$Y_i = \beta_1^* + \beta_2 X_i + u_i$

であるとします．この場合，ダミー変数を使うと，男女の賃金を単一の式

$$Y_i = \beta_1 + \beta_2 X_i + \beta_3 D_i + u_i \tag{3.18}$$

で表すことができます．ダミー変数は通常の変数とまったく同一に取り扱うことができ，男女間に賃金格差があるかどうかは，$H_0 : \beta_3 = 0$ として検定を行えばよいことになります．

ダミー変数は，上記の例のように使用されることが多いのですが，初任給は男女とも同一であるが，その後の賃金上昇率が異なり

女性：$Y_i = \beta_1 + \beta_2 X_i + u_i$

男性：$Y_i = \beta_1 + \beta_2^* X_i + u_i$

であるケースにも利用することができます．この場合は $Z_i = D_i X_i$ として，

$$Y_i = \beta_1 + \beta_2 X_i + \beta_3 Z_i + u_i \tag{3.19}$$

を考えればよく，男女間に賃金上昇率に差があるかどうかは，$H_0 : \beta_3 = 0$ の検定を行います．また，初任給，賃金上昇率ともに異なる場合は，

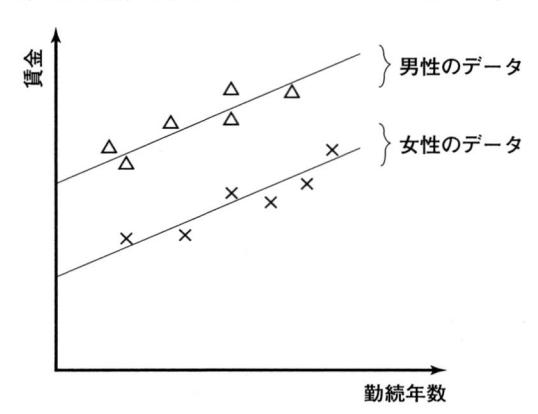

図 3.1　ダミー変数によって男女間の賃金の格差などを分析することが可能となる．

$$Y_i = \beta_1 + \beta_2 X_i + \beta_3 D_i + \beta_4 Z_i + u_i \tag{3.20}$$

とします．男女間に差があるかどうかの検定は，$H_0 : \beta_3 = \beta_4 = 0$ の F 検定を行います（ただし初任給，賃金上昇率ともに異なる場合は，男女別に回帰方程式を推定するのと同一の結果になります）．

性別の場合は，とりうる状態が2つでしたが，質的データのとりうる状態が $A_1, A_2, ..., A_s$ で s 個である場合は，$s-1$ のダミー変数，$D_{1i}, D_{2i}, ..., D_{(s-1)i}$ を

$$D_{1i} = \begin{cases} 1 & A_1 \text{の場合} \\ 0 & \text{それ以外} \end{cases} \quad D_{2i} = \begin{cases} 1 & A_2 \text{の場合} \\ 0 & \text{それ以外} \end{cases} \cdots \cdots \tag{3.21}$$

$$D_{s-1,i} = \begin{cases} 1 & A_{s-1} \text{の場合} \\ 0 & \text{それ以外} \end{cases}$$

として，分析を行います．なお，ダミー変数の数は $s-1$ 個で十分ですので，s 個目のダミー変数は使わないで下さい．s 個のダミー変数を使うと完全な多重共線性（multicollinearity）と呼ばれる問題のため，回帰方程式の推定ができなくなります．

3.6 銅消費量のデータを使った重回帰分析

3.6.1 2つの説明変数を含む重回帰モデル
● モデルの推定

表2.1の日本の銅消費量のデータを使い，重回帰分析を行ってみます．銅消費量のデータのワークファイルは **CuEX1** というファイル名で「ドキュメント」に保存されていますので，EViewsを起動し，メインメニューの［File］→［Open］→［EViews Workfile］をクリックし，CuEX1を選択するか，

Open CuEX1

と入力します．前章では，銅消費量の実質GDPに対する弾性値を求めるのに，

$$\log(Copper_t) = \beta_1 + \beta_2 \cdot \log(GDP_t) + u_t, \ t = 1, 2, ..., T \tag{3.22}$$

という回帰モデルを推定しました．$Copper_t$, GDP_t は，時刻 t における銅消費量および実質GDPです（時系列データですので，これまでと同様，添え字は t, 観測値の数（標本の大きさ）は T で表します）．このモデルは，銅消費量の実質GDPに対する弾性値を一定としています．この仮定が妥当かどうかをグラフを使って調べてみましょう．$\log(GDP_t)$ と $\log(Copper_t)$ を

Scat LogGDP LogCu

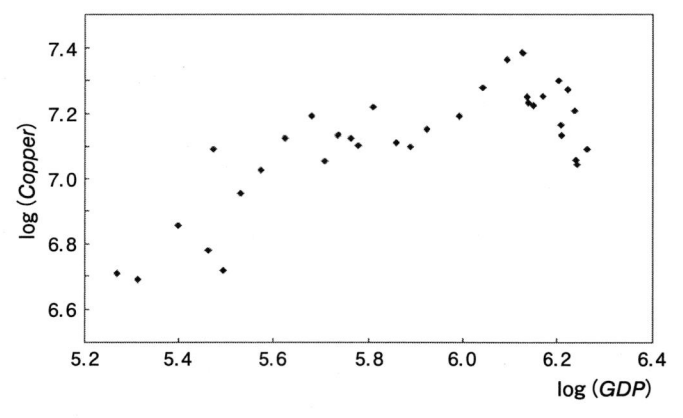

図 3.2 $\log(GDP)$ と $\log(Copper)$ のグラフ

として散布図に書いて下さい．傾きがだんだんゆるやかになり，銅消費量は実質GDPが増加するに従って，伸び率が小さくなっていく傾向が認められ，弾性値が一定であるというモデルは適当でない可能性が考えられます（図3.2）．

なお，本章の演習では多くのウィンドウが開かれますので，不要となったものは［閉じる］ボタン（図1.11）をクリックして閉じて下さい．

ここでは，$\log(Copper_t)$ の二乗の項を加えて，

$$\log(Copper_t) = \beta_1 + \beta_2 \cdot \log(GDP_t) + \beta_3 \cdot \{\log(GDP_t)\}^2 + u_t \tag{3.23}$$

という重回帰モデルを使って分析を行ってみましょう．これは，テーラー展開（Taylor expansion）で2次の項まで加えたと考えられますが，弾性値は，

$$\varepsilon = \frac{d \log E(Copper_t)}{d \log(GDP_t)} = \beta_2 + 2 \cdot \beta_3 \cdot \log(GDP_t) \tag{3.24}$$

で与えられます．$\beta_2 < 0$ の場合，弾性値は GDP_t が増加するに従って減少することになります．

このモデルの推定を行ってみます．

Serires LogGDP2=LogGDP^2

として，$\log(GDP_t)$ の二乗項を計算します．＾はべき乗を計算する記号です．

Equation Eq3.LS LogCu C LogGDP LogGDP2

Show Eq3

と入力して下さい．表3.1のような推定結果が得られます．

3.6 銅消費量のデータを使った重回帰分析

表 3.1 $\log(GDP_t)$, $\{\log(GDP_t)\}^2$ を説明変数とする重回帰モデルの推定結果

```
Dependent Variable: LOGCU
Method: Least Squares
Date: 06/29/08   Time: 10:14
Sample: 1970 2003
Included observations: 34

     Variable      Coefficient   Std. Error   t-Statistic    Prob.

        C           -27.51519     6.903328    -3.985787     0.0004
     LOGGDP          11.49094     2.377422     4.833363     0.0000
     LOGGDP2         -0.950276    0.204194    -4.653797     0.0001

R-squared              0.747219   Mean dependent var       7.106250
Adjusted R-squared     0.730911   S.D. dependent var       0.177821
S.E. of regression     0.092243   Akaike info criterion   -1.844693
Sum squared resid      0.263769   Schwarz criterion       -1.710015
Log likelihood        34.35979    Hannan-Quinn criter.    -1.798764
F-statistic           45.81799    Durbin-Watson stat       1.230874
Prob(F-statistic)      0.000000
```

すでに説明したとおり，まず，従属変数名（Dependent Variable：LOGCU），推定方法（Method：Least Squares），推定を行った日時（Date：06/29/08 Time：10：14），サンプルの期間（Sample：1970 2003），分析に用いられた観測値の数（Included observations：34）が表示されます．次に，従属変数名（Variable），変数ごとの回帰係数の推定値（Coefficient），その標準誤差（Std. Error），t 値（t-Statistic），両側の p 値（Prob）が表示されます．最後に，決定係数 R^2（R-squared），修正 R^2（Adjusted R-squared）回帰の標準誤差 s （S.E. of regression），残差の平方和 $\sum e_i^2$（Sum squared resid），最大対数尤度（Log Likelihood），F 値（F-statistic），その p 値（Prob），従属変数の平均（Mean dependent var），標準偏差（S.D. dependent var），赤池の情報量基準（Akaike info criterion），シュワルツのベイズ情報量基準（Schwarz criterion），ハンナン・クィンの統計量（Hannan-Quinn criter.），ダービン・ワトソンの統計量（Durbin-Watson stat）が表示されます．

標本回帰方程式（カッコ内は標準誤差）は，

$$\log(Copper_t) = -27.515 + 11.491 \cdot \log(GDP_t) - 0.9503 \cdot \{\log(GDP_t)\}^2 \quad (3.25)$$
$$(6.903)(2.377)(0.2042)$$

となります.

● 係数の検定と弾性値の計算

β_2, β_3 について係数が 0 かどうかの有意性検定を，有意水準 α を 5% として行ってみます．β_2 は正，β_3 は負であることが予想されますので，片側検定を行います．t 値は，

$$t_2 = 4.833, t_3 = -4.654$$

です．仮説検定の臨界値は，自由度 $T-k=31$ の t 分布のパーセント点 $t_\alpha(T-k)$ = 1.696 から求められますが，

Scalar T3=@QTDist(0.95, 31)

Show T3

として，$t_\alpha(T-k) = 1.696$ を求めて下さい．これと比較すると，いずれの場合も回帰係数が 0 であるという帰無仮説は棄却され，それぞれの変数は有効な説明変数であることになります．

この場合，弾性値は，

$$\varepsilon = \hat{\beta}_2 + 2\hat{\beta}_2 \cdot \log(GDP_t) \tag{3.26}$$

で推定されますが，実質 GDP が 200 兆円 (1971 年頃)，300 兆円 (1980 年頃)，400 兆円 (1988 年頃) の弾性値を求めてみましょう．回帰係数の推定値は，$\hat{\beta}_2$ が @Coefs(2)，$\hat{\beta}_3$ が @Coefs(3) に保存されていますので，それを使います．次のステートメントを入力して下さい．

Scalar C1=@Coefs(2)
Scalar C2=2*@Coefs(3)
Vector(3) E
E(1)=C1+C2*@Log(200)
E(2)=C1+C2*@Log(300)
E(3)=C1+C2*@Log(400)
Show E

Vector(3) E は E を 3 次元のベクトルとするコマンドで，E には 3 つの値を **E(1), E(2), E(3)** として保存することができます（なお，Vector の代わりに Coef を使って，**Coef(3) E** とすることもできます）．E はベクトルですので，Show コマンドによってすべての値が「Vector：E」とウィンドウに表示されます．弾性値は，1.421, 0.651, 0.104 となり，実質 GDP が向上するに従って，低下し

ています.近年では,弾性値はかなり小さな値となっており,実質GDPが増加しても銅消費量はあまり増加しなくなっていることがわかります.

3.6.2 実質GDPの三乗の項を含む重回帰モデルの推定と検定

● モデルの推定

ここでは,3つ以上のデータを含む重回帰モデルを使い分析を行ってみます.前項では,銅消費量を説明するのに $\log(GDP_t)$ の二乗の項を加えたモデルを使いましたが,ここでは,さらに三乗の項を加えたモデルを考えてみます.モデルを

$$\log(Copper_t) = \beta_1 + \beta_2 \cdot \log(GDP_t) + \beta_3 \cdot \{\log(GDP_t)\}^2 + \beta_4 \cdot \{\log(GDP_t)\}^3 + u_t \tag{3.27}$$

とし,推定を行ってみます.

Series LogGDP3=LogGDP^3
Equation Eq4.LS LogCu C LogGDP LogGDP2 LogGDP3
Show Eq4

と入力して下さい.表3.2のような推定結果が得られます.

表 3.2 $\log(GDP_t)$ の三乗までの項を含む重回帰モデルの推定結果

```
Dependent Variable: LOGCU
Method: Least Squares
Date: 06/29/08   Time: 10:21
Sample: 1970 2003
Included observations: 34


     Variable       Coefficient  Std. Error   t-Statistic    Prob.


        C            195.2367    154.1380      1.266636     0.2150
     LOGGDP         -104.5020     80.22007    -1.302692     0.2026
     LOGGDP2          19.14981    13.89665     1.378016     0.1784
     LOGGDP3          -1.159099    0.801286   -1.446548     0.1584


R-squared             0.763701   Mean dependent var       7.106250
Adjusted R-squared    0.740071   S.D. dependent var       0.177821
S.E. of regression    0.090659   Akaike info criterion   -1.853295
Sum squared resid     0.246571   Schwarz criterion       -1.673723
Log likelihood       35.50601    Hannan-Quinn criter.    -1.792056
F-statistic          32.31930    Durbin-Watson stat       1.377323
Prob(F-statistic)     0
```

標本回帰方程式（カッコ内は標準誤差）は，

$$\log(Copper_t) = 195.236 + 104.502 \log(GDP_t) + 19.150\{\log(GDP_t)\}^2$$
$$(154.137) \quad (80.220) \qquad\qquad (13.898)$$
$$- 1.1591\{\log(GDP_t)\}^3 \qquad\qquad (3.28)$$
$$(0.8013)$$

となります．

● 回帰係数の検定

回帰係数 β_2, β_3, β_4 について係数が 0 であるかどうかの検定を行ってみます．先ほど説明したように，β_2, β_3 については，β_2 が正，β_3 が負であると予想されますので片側検定を行います．β_4 についてはとくに情報がありませんので，両側検定を行います．有意水準 α を5%とします．t 値は，

$$t_2 = -1.303, \; t_3 = 1.378, \; t_4 = -1.447$$

ですが，自由度 $T-k=30$ のパーセント点，$t_\alpha(T-k)=1.697$, $t_{\alpha/2}(T-k)=2.042$ から求められる臨界値と比較すると（$t_\alpha(T-k)$ は **Scalar T4=@QTDist(0.95, 30)** で求めます），いずれの場合も係数が 0 であるという帰無仮説は採択（棄却されない）されます．すなわち，いずれも有効な説明変数であるとはいえません．

では，これらは本当に有効な説明変数といえないのでしょうか．ここで，すべての説明変数の係数が 0 であるという帰無仮説，

$$H_0 : \beta_2 = \beta_3 = \beta_4 = 0$$

を F 検定で検定してみましょう．対立仮説は「少なくとも 1 つが 0 でない」です．この場合の F 値は F-statistic で計算されていますので，$F=32.319$ となります．F は自由度 $(k-1, T-k)=(3, 30)$ の F 分布 $F(k-1, T-k)$ に従います．有意水準 α を 1%とします．検定の臨界値は $F(k-1, T-k)$ のパーセント点 $F_\alpha(k-1, T-k)$ で与えられます．

Scalar F1=@QFDist(0.99, 3, 30)

Show F1

と入力して，$F_\alpha(k-1, T-k)=4.510$ を求めて下さい．$F>F_\alpha(k-1, T-k)$ で帰無仮説は棄却されます．F 値は 32.319 と非常に大きいため，常識的な有意水準を使う限り帰無仮説は棄却されます．したがって，説明変数全体では有効であることになります（このようなことが起こるのは，次章で説明する多重共線性のためと考えられます）．

次に，$\log(GDP_t)$ の二乗と三乗の項の係数が 0，すなわち，
$$H_0: \beta_3 = \beta_4 = 0$$
を検定してみます．対立仮説は「少なくともどちらか一方が0でない」です．まず，帰無仮説のもとで，すなわち，$\log(GDP_t)$ の二乗と三乗の項を含まない，前章で推定したモデルを考えます．これは Eq2 という数式オブジェクトに保存されていますので，

Scalar S0=Eq2.@SSR

と入力して下さい（Eq2 がない場合は，**Equation Eq2.LS LogCu C LogGDP** と入力して推定を行って下さい）．残差の平方和 0.44805 は，@SSR（sum of squared residuals の頭文字を取ったものです）に計算されていますので，S0 という名前で保存されます．@ で始まる変数は，推定を行う度に新しい値と置き換えられてしまいますので，後で使う場合は，数式オブジェクト名を指定する必要があります．

対立仮説のもとで，すなわち，すべての説明変数を含むモデルは，Eq4 で推定したものですが，

Scalar S1=Eq4.@SSR

として，残差の平方和 $S_1 = 0.24657$ を S1 に保存しておきます．

検定統計量 F は，
$$F = \frac{(S_0 - S_1)/p}{S_1/(T-k)} \tag{3.29}$$
で，$T=34$，$k=4$，$p=2$ ですので，

Scalar F=((S0-S1)/2)/(S1/(34-4))

Show F

として $F=12.257$ を求めます．有意水準 α を 5% とします．検定の臨界値は F 分布パーセント点 $F_\alpha(p, T-k)$ となりますので，これを

Scalar F2=QFDist(0.95, 2, 30)

Show F2

と入力して求めます．$F=12.257 > F_\alpha(p, T-k) = 3.316$ ですので，帰無仮説は棄却され，これらは有効な説明変数であることになります．

同じ帰無仮説 $H_0: \beta_3 = \beta_4 = 0$ を今度は，尤度比検定を使って検定してみましょう．対数最大尤度（Log likelihood）の値は，@LogL に計算されていますので，

Scalar LogL1=Eq4.@LogL

として，対数最大尤度を **LogL1** に保存して下さい．

次に，帰無仮説のもとでの対数最大尤度を

Scalar LogL0=Eq2.@LogL

と入力して下さい．検定統計量 χ^2 は $\chi^2 = 2(\log L_1 - \log L_0)$ ですので，

Scalar Chi2=2*(Log L1−Log L0)

Show Chi2

と入力して，$\chi^2 = 20.307$ を求めます．なお，Chi は χ の英語読みです．有意水準 α を 5% とします．検定の臨界値は，自由度 $p=2$ の χ^2 分布 $\chi^2(p)$ のパーセント点 $\chi_\alpha^2(p)$ ですので，この値を

Scalar Chi2A=@QChiSq(0.95, 2)

Show Chi2A

と入力して求めます．$\chi^2 = 20.307 > \chi_\alpha^2(p) = 5.991$ ですので，F 検定の場合と同様，帰無仮説は棄却され，これらは有効な説明変数であることになります．

なお，すでに述べたように，尤度比検定の結果は漸近的（T が大きい場合に近似的）にしか成り立ちません．F 検定は（誤差項の正規性などを仮定すれば）正確に成り立ちますので，回帰分析で線形の仮説を検定する場合は，尤度比検定を行う必要はあまりありません．しかしながら，尤度比検定は，複雑なモデルや非線形の仮説検定にも使うことができ，応用範囲が広く頻繁に使われている検定方法です．

● **EViews の機能を使った検定**

i) ［Wald-Coefficient Restrictions］を使った検定

EViews には自動的にこの検定を行う機能があります．Eq4 のウィンドウが開いていることを確認して下さい（開いていない場合は，「Workfile：CUEX1」の Eq4 をダブルクリックするか，**Show Eq4** と入力して下さい）．このウィンドウの［View］→［Coefficient Tests］→［Wald-Coefficient Restrictions］をクリックします（図3.3）．［Wald Test］のボックスが現れますので，

C(3)=0, C(4)=0

と入力して［OK］をクリックして下さい（図3.4）．表3.3の結果が得られます．

F 検定における検定統計量 $F = 12.257$，その自由度 (2, 30)，p 値 0.0001 が出力され，帰無仮説が棄却されることがわかります（この段階では，他の部分は必

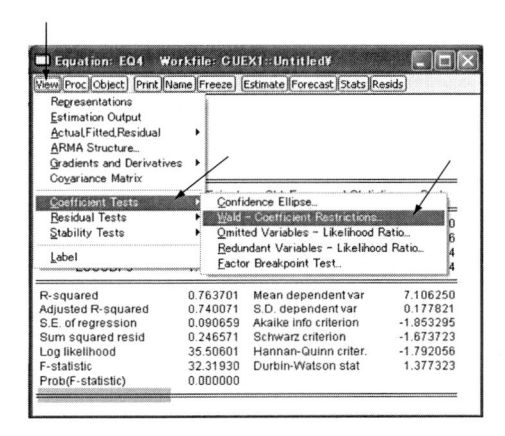

3.6 銅消費量のデータを使った重回帰分析

図 3.3 Eq4 ウィンドウの [View] → [Coefficient Tests] → [Wald-Coefficient Restrictions] をクリックする．

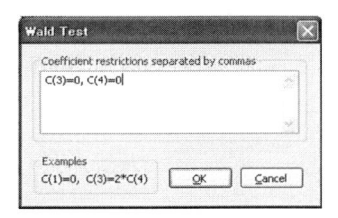

図 3.4 「Wald Test」のボックスが現れるので，**C(3)=0, C(4)=0** と入力して [OK] をクリックする．

表 3.3 [Wald-Coefficient Restrictions] の結果

```
Wald Test:
Equation: EQ4


Test Statistic        Value       df        Probability


F-statistic          12.25680    (2, 30)       0.0001
Chi-square           24.51360       2          0.0000


Null Hypothesis Summary:


Normalized Restriction (= 0)       Value      Std. Err.


C(3)                              19.14981    13.89665
C(4)                              -1.159099    0.801286


Restrictions are linear in coefficients.
```

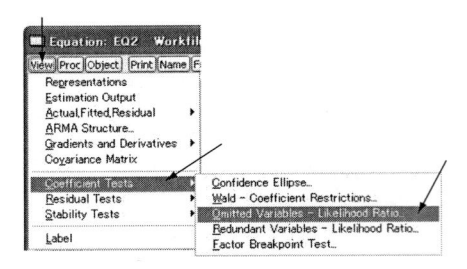

図 3.5 Eq2のウィンドウを開き，[View]→[Coefficient Tests]→[Omitted Variables-Likelihood Ratio] をクリックする．

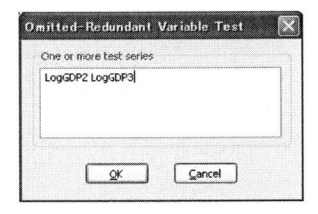

図 3.6 「Omitted-Redundant Variable Test」のボックスに変数名 **LogGDP2 LogGDP3**を入力し，[OK]をクリックする．

表 3.4 [Omitted-Redundant Variable Test] の結果

```
Omitted Variables: LOGGDP2 LOGGDP3


F-statistic                  12.25680   Prob. F(2,30)              0.0001
Log likelihood ratio         20.30659   Prob. Chi-Square(2)        0.0000


Test Equation:
Dependent Variable: LOGCU
Method: Least Squares
Date: 06/29/08   Time: 11:10
Sample: 1970 2003
Included observations: 34


      Variable           Coefficient   Std. Error   t-Statistic     Prob.


            C             195.2367     154.1380      1.266636      0.2150
       LOGGDP            -104.5020      80.22007    -1.302692      0.2026
      LOGGDP2              19.14981     13.89665     1.378016      0.1784
      LOGGDP3              -1.159099     0.801286   -1.446548      0.1584


R-squared              0.763701   Mean dependent var      7.106250
Adjusted R-squared     0.740071   S.D. dependent var      0.177821
S.E. of regression     0.090659   Akaike info criterion  -1.853295
Sum squared resid      0.246571   Schwarz criterion      -1.673723
Log likelihood        35.50601    Hannan-Quinn criter.   -1.792056
F-statistic           32.31930    Durbin-Watson stat      1.377323
Prob(F-statistic)      0.000000
```

要ありませんので無視して下さい）．

ⅱ）［Omitted-Redundant Variable Test］を使った検定

［閉じる］ボタンをクリックして Eq4 のウィンドウを閉じて下さい．「Workfile：CUEX1」の eq2 をダブルクリックするか，

Show Eq2

と入力して，Eq2 のウィンドウを開いて下さい．［View］→［Coefficient Tests］→［Omitted Variables-Likelihood Ratio］をクリックし（図 3.5），「Omitted-Redundant Variable Test」のボックスに変数名

LogGDP2 LogGDP3

を入力し，［OK］をクリックします（図 3.6）．表 3.4 の結果が出力されます．

のぞかれた変数が **LogGDP2**，**LogGDP3** であること（Omitted Variables：LOGGDP2 LOGGDP3），F 検定の結果（F 統計量およびその p 値（F-statistic 12.25680, Prob.F(2, 30) 0.0001））の結果および尤度比検定の結果（検定統計量 $\chi^2 = 20.307$ および自由度 2 の χ^2 分布における p 値 0.0000 （Log likelihood ratio 20.30659 Prob. Chi-Square(2) 0.0000））が出力されます．

3.6.3 構造変化の検定

● チョウ検定

ここでは，1990 年のバブル崩壊を境に，モデルに構造変化が起こったかどうかをチョウ検定（Chow test）とダミー変数を使って検定してみます．分析対象とするモデルは，

$$\log(Copper_t) = \beta_1 + \beta_2 \cdot \log(GDP_t) + u_t \tag{3.30}$$

とします．前節では，弾性値が小さくなっていることを表すのに，$\log(GDP_t)$ の二乗項を説明変数に加えたモデルを使いましたが，構造変化がバブル崩壊によって起こり，後半では回帰係数の値が小さくなったということが別の可能性として考えられます．帰無仮説は，「構造変化がなく，β_1, β_2 の値がデータの全期間を通して一定である」です．対立仮説は，「構造変化があり，β_1, β_2 の値が変化している」です．

すべての期間（1970〜2003 年）のデータを使った推定における残差の平方和は S0（$S_0 = 0.4480$）に保存されています．1970〜1989 年のデータを使って推定を行いますので

SMPL 1970 1989

と入力して下さい．分析には，1970〜1989年のデータが使われますので，

Equation Eq5.LS LogCu C LogGDP

Scalar S11=@SSR

として残差の平方和をS11に保存します．同様に，1990〜2003年のデータを使って推定を行います．

SMPL 1990 2003
Equation Eq6.LS LogCu C LogGDP
Scalar S12=@SSR

として，後半の期間の残差の平方和をS12に保存します．

Scalar S1=S11+S12

として，2つに期間を分けた場合の残差の平方和 $S_1 = 0.2280$ を求めます．チョウ検定における検定統計量 F は，

$$F = \frac{(S_0 - S_1)/p}{S_1/(T-k)}$$

で，$T=34$, $k=2$ ですので，

Scalar F3=((S0-S1)/2)/(S1/30)

Show F3

として検定統計量 $F = 14.481$ を求めます．有意水準 α を1%とします．検定の臨界値は，$F_\alpha(k, T-2k)$ですので，

Scalar F4=@QFDist(0.99, 2, 30)

Show F4

として，$F_\alpha(k, T-2k)$ を求めます．$F = 14.481 > F_\alpha(k, T-2k) = 5.390$ ですので，帰無仮説は棄却され，構造変化が認められることになります．

表 3.5 [Chow Breakpoint Test] の結果

```
Chow Breakpoint Test: 1990
Null Hypothesis: No breaks at specified breakpoints
Varying regressors: All equation variables
Equation Sample: 1970 2003


F-statistic            14.48148    Prob. F(2,30)          0.0000
Log likelihood ratio   22.97421    Prob. Chi-Square(2)    0.0000
Wald Statistic         28.96295    Prob. Chi-Square(2)    0.0000
```

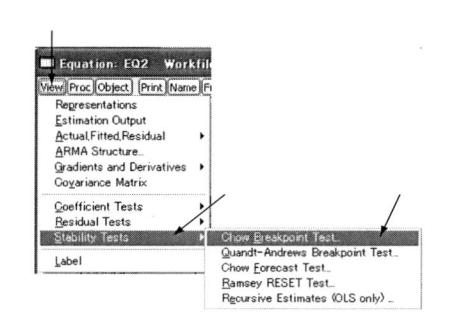

3.6 銅消費量のデータを使った重回帰分析

図 3.7 Eq2の[View]→[Stability Test]→[Chow Breakpoint Test]をクリックする.

図 3.8 [Chow Tests]のボックスが現れるので,**1990**を入力し,[OK]をクリックする.

なお，EViewsには自動的にこの検定を行う機能があります．「Workfile：CUEX1」のEq2をダブルクリックするか，

Show Eq2

と入力して，Eq2のウィンドウを開いて下さい．このウィンドウの[View]→[Stability Test]→[Chow Breakpoint Test]をクリックします（図3.7）．[Chow Tests]のボックスが現れますので,**1990**を入力します（図3.8）．[OK]をクリックすると，表3.5の結果が出力されます．検定統計量$F=14.481$およびそのp値は0.0000で，構造変化があったことが認められます．

● ダミー変数を使った推定と検定

ここでは，ダミー変数を使って，構造変化の検定を行ってみます．まず，定数項のみが前期（1960～1973年）と後期（1974～1993年）で異なるモデル，

$$\log(Copper_t) = \beta_1 + \beta_2 \cdot D_t + \beta_3 \cdot \log(GDP_t) + u_t \tag{3.31}$$

を考えます．D_tは前期が0，後期が1となるダミー変数です．帰無仮説，対立仮説を

$$H_0 : \beta_2 = 0, \quad H_1 : \beta_2 \neq 0$$

とします．

すべての期間のデータを使うように

SMPL @ALL

と入力して下さい．次に，前期が0，後期が1となるダミー変数**D**を作成します．前期は，1970～1989年の20年間ですので，トレンドを表す変数**Time**を使います（この変数は第2章で使った変数ですが，この変数が存在しない場合は，

Series Time=@Trend と入力して下さい).

Series D1=Time>=20

と入力して下さい．**Time>=20** という条件が満たされる場合（1990年以後）は1，満たされない場合は0のダミー変数が作成されます（**Show D1 Time** と入力して確認して下さい).

Equation Eq7.LS LogCu C D1 LogGDP

と入力して下さい．推定結果（カッコ内は標準誤差）は，
$$\log(Copper_t) = 3.550 - 0.1387 \cdot D_t + 0.6144 \cdot \log(GDP_t) \quad (3.32)$$
$$(0.6508)\ (0.0719) \quad\quad (0.1148)$$

となります．D_t の係数の t 値は -1.930 となります．有意水準を5%とすると $T=34$, $k=3$ ですので $t_{\alpha/2}(T-k)=2.040$ となります（**Scalar T4=@QTDist(0.975, 31)** と入力します）．したがって，$|t|<t_{\alpha/2}(T-k)$ となり，帰無仮説は採択され，構造変化が起こったとはいえないことになります（なお，このことは，構造変化が起こらなかったことが積極的に証明されたのではないことに注意して下さい).

次に，モデルの定数項は一定で，弾性値のみが変化するモデル，
$$\log(Copper_t) = \beta_1 + \beta_2 \cdot \log(GDP_t) + \beta_3 \cdot \{D_t \cdot \log(GDP_t)\} + u_t \quad (3.33)$$
を考えてみます．弾性値は，後期の方が小さくなっていることが予想されますので，帰無仮説，対立仮説を
$$H_0: \beta_3=0, \quad H_1: \beta_2<0$$
とします．

Series DLogGDP=D1*LlogGDP
Equation Eq8.LS LogCu C LogGDP DLogGDP
Show Eq8

と入力して下さい．

推定結果（カッコ内は標準誤差）は，
$$\log(Copper_t) = 3.509 + 0.6218 \cdot \log(GDP_t) - 0.0233 \cdot \{D_t \cdot \log(GDP_t)\}$$
$$(0.6498)\ (0.1146) \quad\quad (0.0116)$$
$$(3.34)$$

で $D_t \cdot \log(GDP_t)$ の係数の t 値は，-2.008 となります．有意水準 α を5%とすると $T=34$, $k=3$ ですので

Scalar T5=@QTDist(0.95, 31)

Show T5

3.6 銅消費量のデータを使った重回帰分析

と入力して $t_\alpha(T-k)=1.696$ を求めます. $t<-t_\alpha(T-k)$ で, 帰無仮説は棄却され, 弾性値は低下傾向にあるということが認められます.

最後に, 定数項, 弾性値ともに変化しているというモデル,

$$\log(Copper_t) = \beta_1 + \beta_2 \cdot D_t + \beta_3 \cdot \log(GDP_t) + \beta_4\{D_t \log(GDP_t)\} + u_t \quad (3.35)$$

を考えて構造変化の検定を行ってみます. 帰無仮説, 対立仮説は,

$$H_0: \beta_2 = \beta_4 = 0, \quad H_1: 少なくともどちらか一方は 0 でない$$

です.

検定統計量 F は,

$$F = \frac{(S_0 - S_1)/k}{S_1/(T-2k)} \quad (3.36)$$

で, $T=34$, $k=2$ ですので

Equation Eq9.LS LogCu C D1 LogGDP DLogGDP
Scalar S1=@SSR
Scalar F5=((S0-S1)/2)/(S1/30)
Show F5

と入力して下さい. $S_0=0.4481$, $S_1=0.2280$, $F=14.481$ となり, チョウ検定の場合とまったく同一の結果が得られます. 有意水準 α を 1% としますと, $F=14.481 < F_\alpha(k, T-2k) = 5.390$ ですので, 帰無仮説は棄却され, 構造変化が認められることになります.

なお, すでに述べたように計算結果のウィンドウの [View]→[Coefficient Tests]→[Wald-Coefficient Restrictions] をクリックし, [Wald Test] のボックスに制約式を入力することによっても検定が可能ですので, 試してみて下さい.

3.6.4 AIC によるモデル選択

ここまでで, いくつかのモデルを考えてきましたが, ここでは, AIC を使って, 最適なモデルの選択をしてみます. 対象とするモデルは,

- **モデル 1**

  $\log(Copper_t) = \beta_1 + \beta_2 \cdot \log(GDP_t) + u_t$

- **モデル 2**

  $\log(Copper_t) = \beta_1 + \beta_2 \cdot \log(GDP_t) + \beta_3 \cdot \{\log(GDP_t)\}^2 + u_t$

- **モデル 3**

  $\log(Copper_t) = \beta_1 + \beta_2 \cdot \log(GDP_t) + \beta_3 \cdot \{\log(GDP_t)\}^2 + \beta_4 \cdot \{\log(GDP_t)\}^3 + u_t$

- **モデル 4**

$$\log(Copper_t) = \beta_1 + \beta_2 \cdot D_t + \beta_3 \cdot \log(GDP_t) + u_t$$

● モデル 5
$$\log(Copper_t) = \beta_1 + \beta_2 \cdot \log(GDP_t) + \beta_3 \cdot \{D_t \cdot \log(GDP_t)\} + u_t$$

● モデル 6
$$\log(Copper_t) = \beta_1 + \beta_2 \cdot D_t + \beta_3 \cdot \log(GDP_t) + \beta_4 \cdot \{D_t \cdot \log(GDP_t)\} + u_t$$

の6つとします.

最尤法では,回帰係数 $\beta_1, \beta_2, ..., \beta_k$ 以外に σ^2 も同時に推定していますので,推定される未知のパラメータの数は $\nu = k+1$ ですが,すべてのモデルで σ^2 を推定しているので,異なるのは,説明変数の数だけです. EViews では, AIC を $AIC_i = (-2 \cdot \log L_i + 2k_i)/T$ で計算しています. また, AIC は **@AIC** に保存されていますので,

Vector(6)AICTest
AICTest(1)=Eq2.@AIC
AICTest(2)=Eq3.@AIC
AICTest(3)=Eq4.@AIC
AICTest(4)=Eq7.@AIC
AICTest(5)=Eq8.@AIC
AICTest(6)=Eq9.@AIC
Show AICTest

と入力すると,表 3.6 のようになります.

モデル 6 の AIC の値が最も小さくなっており,選択されます. これで本章の演習を終了しますので

Save CuEX2

と入力してワークファイルを保存し, EViews を終了して下さい (ワークファイルの **CuEX1** がすでに存在していますので,ファイル名を変更する必要があります).

表 3.6 AIC によるモデル選択の結果

モデル	AIC	AIC による順位
1	-1.373689	6
2	-1.844693	3
3	-1.853295	2
4	-1.437154	4
5	-1.437154	5
6	-1.931754	1

3.7 AIC とカルバック・ライブラー情報量

AIC は，モデル選択に最も広く使われている基準の 1 つですが，ここでは，その理論的な意味についてカルバック・ライブラー（Kullback-Leibler）情報量を使って簡単に説明します．ここでの内容は，やや高度ですので完全に理解する必要はありません．本書のレベルでは，カルバック・ライブラー情報量と呼ばれる真のモデルと分析対象モデルとの「ずれ」を表すものと AIC が，密接に関連していると理解しておけば十分です．

いま，f を分析対象としているモデル，g を真のモデルとします．カルバック・ライブラー情報量（以下 KL とする）は，

$$KL = E \log(g/f) \tag{3.37}$$

で与えられます．ここで，E は期待値を表す記号です．KL は負にならず，$f \equiv g$ の場合 0 で最小となり，真のモデルと分析対象とするモデルとの「ずれ」を表していると考えられます．したがって，モデル選択には，KL を最小にするものが好ましいことになります．g は未知ですので，KL は直接計算することはできませんが，$E \log(g)$ は真のモデルだけに依存して一定ですので，

$$KL \text{ を最小にする} \longleftrightarrow E \log(f) \text{ を最大にする} \tag{3.38}$$

となります．$E \log(f)$ は平均対数尤度と呼ばれています．

ここで，f が重回帰モデルのように ν 個のパラメータ $\theta_1, \theta_2, ..., \theta_\nu$ で決まるモデル（一般性をもたせるため未知のパラメータを θ で表します）であり，真のモデル g もこの中に含まれるとします．選択すべきモデルは $E \log(f)$ を最大にするものですが，これは KL と同様，直接推定できませんので，対数最大尤度を観測値の数で割った

$$h = \log L / n \tag{3.39}$$

で置き換えることが考えられます．しかしながら，h にはバイアスがあり，このままでは $E \log(f)$ の代わりに用いることはできません．

詳細は省略しますが，統計理論からこのバイアスを近似的に計算すると，ν/n となり，

$$E \log(f) \approx (\log L - \nu)/n \tag{3.40}$$

とみなすことができます．AIC は，(3.40) 式の両辺に -2 を掛けたものとして定義しました．結局，AIC を最小にするモデルを選択することは，近似的にで

すがカルバック・ライブラー情報量を最小にするモデルを選択することになっています．

3.8 演習問題

第 2 章演習問題の，アメリカ合衆国における実質 GDP と銅消費量のデータ（表 2.5）を使い，次の演習を行って下さい．

1. $\log(GDP_t)$, $\{\log(GDP_t)\}^2$, $\{\log(GDP_t)\}^3$ を説明変数に含むモデルの推定および各説明変数の係数の有意性の t 検定．
2. $\{\log(GDP_t)\}^2$, $\{\log(GDP_t)\}^3$ の係数が同時に 0 であるという帰無仮説の F 検定および尤度比検定．
3. 期間を第 2 次オイルショックの前後で，前期（1970～1979 年）と後期（1980～2003 年）に分けた，チョウ検定（Chow test）による構造変化の検定．
4. 前期が 0，後期が 1 に分けるダミー変数を使ったモデルの推定と構造変化の検定．
5. AIC による最適なモデルの選択．

4. 系列相関，不均一分散および多重共線性

4.1 標準的な仮定

第2, 3章では，回帰モデル，
$$Y_i = \beta_1 + \beta_2 X_{2i} + \beta_3 X_{3i} + \cdots + \beta_k X_{ki} + u_i, \quad i=1, 2, \ldots, n \tag{4.1}$$
について説明しましたが，このモデルにおいて，説明変数 $X_{2i}, X_{3i}, \ldots, X_{ki}$ と誤差項 u_i について次の5つの標準的な仮定をおきました．

- **仮定1**

  $X_{2i}, X_{3i}, \ldots, X_{ki}$ は確率変数でなく，すでに確定した値をとる．

- **仮定2**

  u_i は確率変数で期待値が 0．

- **仮定3**

  異なった誤差項は無相関．

- **仮定4**

  分散の均一性．すなわち，分散が一定で σ^2．

- **仮定5**

  説明変数間に完全な多重共線性がない．

しかしながら，データによってはこれらの仮定が満足されているとは限りません．ここでは，仮定が満足されないケースとして，誤差項の系列相関（serial correlation），誤差項の不均一分散性（heteroskedasticity），および，説明変数間の多重共線性の問題について説明します（仮定2は，モデルが正しく選択されていることで，すでに説明した回帰係数の検定・モデル選択の問題と関連しています．仮定1が満足されない場合については，第5章で説明します）．

4.2 誤差項の系列相関

4.2.1 1次の自己相関

標準的な仮定（仮定3）では，誤差項が無相関であることを仮定していますが，誤差項間に相関関係（系列相関）があると考えざるをえない場合も多くあります．誤差項の系列相関が問題となるのは，ほとんどの場合，時系列データです．これまでと同様，時系列データであることを明確にするため，添え字を t, 観測値の数を T とし，モデルを

$$Y_t = \beta_1 + \beta_2 X_{2t} + \beta_3 X_{3t} + \cdots + \beta_k X_{kt} + u_t, \quad t = 1, 2, \ldots, T \tag{4.2}$$

とします．

誤差項の系列相関には，いろいろなタイプのものが考えられますが，最も基本的でかつ応用上も重要なものは，1次の自己回帰（autoregression）と呼ばれるものです．これは，誤差項間に

$$u_t = \rho u_{t-1} + \varepsilon_t, \quad |\rho| < 1 \tag{4.3}$$

という関係があり，ε_t は，

$$\begin{aligned} E\varepsilon_t &= 0 \\ V\varepsilon_t &= \sigma_\varepsilon^2 \\ Cov(\varepsilon_s, \varepsilon_t) &= E(\varepsilon_s, \varepsilon_t) = 0, \quad s \neq t \end{aligned} \tag{4.4}$$

を満足するものです．自己回帰は AR と略され，1次の自己回帰は AR1 と表されます．

誤差項の分散・共分散は，

$$V(u_t) = \sigma_\varepsilon^2 / (1 - \rho^2), \quad Cov(u_t, u_{t-s}) = \rho^s V(u_t) \tag{4.5}$$

となります．したがって，誤差項間の相関係数（自己相関係数, autocorrelation coefficient）は，

$$\begin{aligned} r_s &= \frac{Cov(u_t, u_{t-s})}{\sqrt{V(u_t), V(u_{t-s})}} \\ &= \frac{Cov(u_t, u_{t-s})}{V(u_i)} \\ &= \rho^s \end{aligned} \tag{4.6}$$

となり，s が大きくなるほど（2つの時期が大きく離れるほど）自己相関係数は小さくなっていくことがわかります．

4.2.2 系列相関の検出
● 回帰残差のグラフ
誤差項間の1次の自己回帰は,

$$u_t = \rho u_{t-1} + \varepsilon_t \tag{4.7}$$

と表されます.このタイプでは,系列相関が存在するかどうかは,$\rho=0$であるかどうかによって決定されます.このためには,$H_0: \rho=0$の検定を行うことになります.当然のことながら,誤差項u_tの値を知ることはできませんので,u_tの代わりに最小二乗法から求めた残差e_tを使います.詳細は省略しますが,誤差項に系列相関があっても,最小二乗推定量$\hat{\beta}_1, \hat{\beta}_2, ..., \hat{\beta}_k$は,不偏・一致推定量ですので,$u_t \approx e_t$と考えることができます.

系列相関の有無を調べるには,まず,e_tをグラフに書いてみます.系列相関があり$\rho>0$の場合は図4.1(a),$\rho<0$の場合は図4.1(b),系列相関がない場合は図4.1(c)のようになります.

● ダービン・ワトソンの検定
誤差項の自己相関の強さを表すような統計量を考え,それを使い検定を行います.ε_tは独立で正規分布に従うと仮定します.計量経済学で広く使われているものにダービン・ワトソンのd統計量(Durbin-Watson d-statistic)があります.いま,

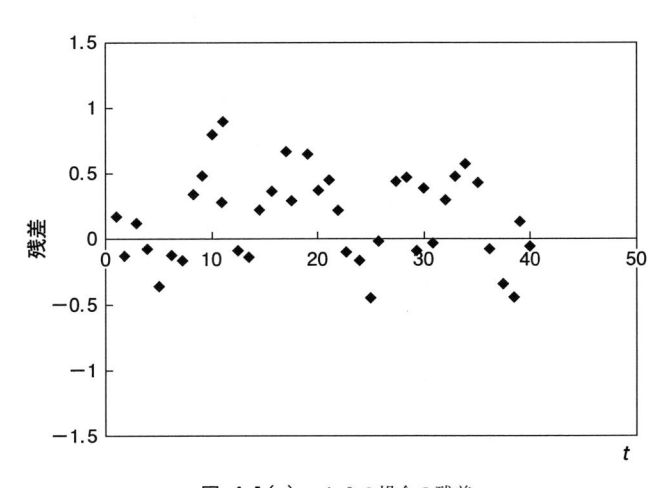

図 4.1(a)　$\rho>0$の場合の残差

図 4.1(b) $\rho<0$ の場合の残差

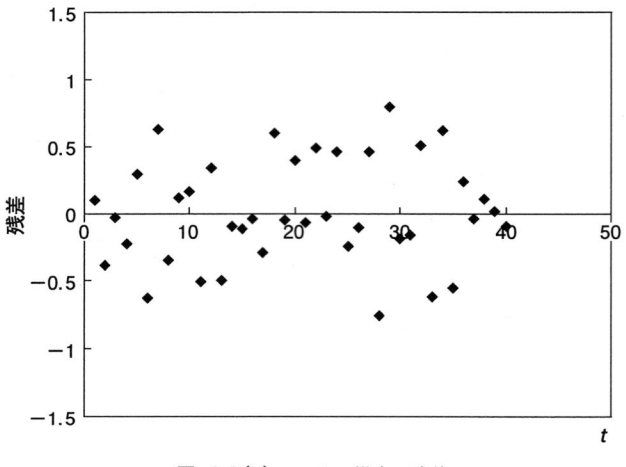

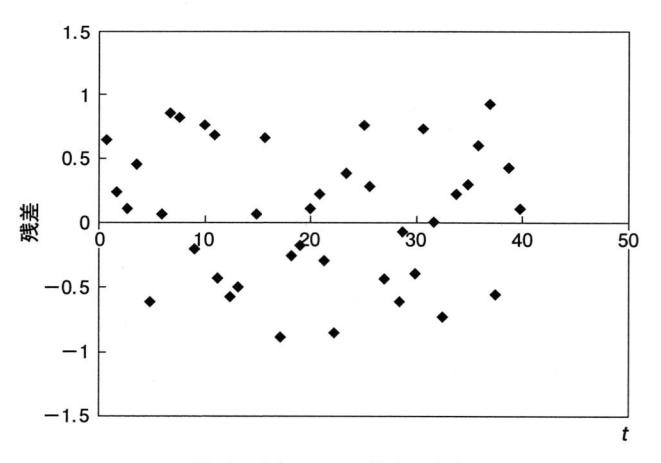

図 4.1(c) $\rho=0$ の場合の残差

$$d=\frac{\sum_{t=2}^{T}(e_t-e_{t-1})^2}{\sum_{t=1}^{T}e_t^2} \tag{4.8}$$

とします. d は0から4までの間の値をとり, 負になったり, 4をこえたりすることはありません.

ところで，$\sum_{t=1}^{T}e_t^2$, $\sum_{t=2}^{T}e_t^2$, $\sum_{t=2}^{T}e_{t-1}^2$ は，1つの要素の差しかありませんから，Tが大きければ，ほぼ等しいとみなすことができます．したがって，

$$d \approx \frac{\sum e_t^2 + \sum e_{t-1}^2 - 2\sum e_t e_{t-1}}{\sum e_t^2} \approx 2 \cdot (1-\hat{\rho}) \qquad (4.9)$$

となります．$\hat{\rho}$は，e_tに関しての1次自己回帰モデル

$$e_t = \rho \cdot e_{t-1} + \varepsilon_t^* \qquad (4.10)$$

を考えた場合の最小二乗推定量です（このモデルは定数項を含まないことに注意してください）．$u_t \approx e_t$と考えることができますので，$\hat{\rho} \approx \rho$となり，結局，

$$d \approx 2 \cdot (1-\rho) \qquad (4.11)$$

とみなすことができます．

したがって，

$$\begin{aligned} d &\approx 0, & \rho &\approx 1 \\ d &\approx 2, & \rho &\approx 0 \\ d &\approx 4, & \rho &\approx -1 \end{aligned} \qquad (4.12)$$

となります．

これを使って系列相関の検定，すなわち，$H_0: \rho=0$の検定を行いますが，このためには，$\rho=0$の場合のdの分布を考える必要があります．dの値が2に近い場合H_0を採択し，0や4に近い場合棄却することになります．しかしながら，dの分布は説明変数$X_{2t}, X_{3t}, ..., X_{kt}$に依存してしまうため，$\rho=0$の場合に

$$P(d > d_\alpha) = \alpha, \quad P(d > d_{1-\alpha}) = 1-\alpha$$

となる正確なパーセント点d_α, $d_{1-\alpha}$をいままでのように簡単に求めることができません（なお，dは系列相関の正負についての情報を含んでいますので，通常片側検定を行います）．

ダービン・ワトソンは，d_α, $d_{1-\alpha}$には説明変数$X_{2t}, X_{3t}, ..., X_{kt}$に依存しない下限値$d_L$と上限値$d_U$が存在し，

$$d_L < d_{1-\alpha} < d_U, \quad 4-d_U < d_\alpha < 4-d_L \qquad (4.13)$$

となることを示しました．$\alpha=5\%$の場合のd_L, d_Uの値は表4.1に与えられています．t分布表などと異なり，データ数Tと説明変数の数k^*（定数項はのぞき，このモデルでは$k-1$となります）から値を求めます．

d_L, d_Uの値を使って誤差項の系列相関$H_0: \rho=0$の検定を行いますが，

表 4.1 ダービン・ワトソンの d 統計量：有意水準5%の場合の d_L と d_U

Durbin, J. and G. S. Watson, 1951, "Testing for Serial Correlation in Least Squares Regression, II" *Biometrika*, **38**, 150-178 ; Savin, N. E. and K. J. White, 1977, "The Durbin-Watson Test for Serial Correlation with Extreme Sample Sizes or Many Regressors," *Econometrica*, **45**, 1989〜1996 より作成.

T	$k^*=1$		$k^*=2$		$k^*=3$		$k^*=4$		$k^*=5$		$k^*=6$		$k^*=8$		$k^*=10$	
	d_L	d_U	d_L	d_U	d_L	d_U	d_L	d_U	d_L	d_U	d_L	d_U	d_L	d_U	d_L	d_U
15	1.08	1.36	0.95	1.54	0.82	1.75	0.69	2.00	0.56	2.22	0.45	2.47	0.25	2.98	0.11	3.44
16	1.12	1.37	0.98	1.54	0.86	1.73	0.73	1.94	0.62	2.16	0.50	2.39	0.30	2.86	0.16	3.30
17	1.13	1.38	1.02	1.54	0.90	1.71	0.78	1.90	0.66	2.10	0.55	2.32	0.36	2.76	0.20	3.18
18	1.16	1.39	1.05	1.54	0.93	1.70	0.82	1.87	0.71	2.06	0.60	2.26	0.41	2.67	0.24	3.07
19	1.18	1.40	1.07	1.54	0.97	1.69	0.86	1.85	0.75	2.02	0.65	2.21	0.46	2.59	0.29	2.97
20	1.20	1.41	1.10	1.54	1.00	1.68	0.89	1.83	0.79	1.99	0.69	2.16	0.50	2.52	0.34	2.89
21	1.22	1.42	1.13	1.54	1.03	1.67	0.93	1.81	0.83	1.96	0.73	2.12	0.55	2.46	0.38	2.81
22	1.24	1.43	1.15	1.54	1.05	1.66	0.96	1.80	0.86	1.94	0.77	2.09	0.59	2.41	0.42	2.73
23	1.26	1.44	1.17	1.54	1.08	1.66	0.99	1.79	0.90	1.92	0.80	2.06	0.63	2.36	0.47	2.67
24	1.27	1.45	1.19	1.55	1.10	1.66	1.01	1.78	0.93	1.90	0.84	2.04	0.67	2.32	0.51	2.61
25	1.29	1.45	1.21	1.55	1.12	1.65	1.04	1.77	0.95	1.89	0.87	2.01	0.70	2.28	0.54	2.56
26	1.30	1.46	1.22	1.55	1.14	1.65	1.06	1.76	0.98	1.87	0.90	1.99	0.74	2.25	0.58	2.51
27	1.32	1.47	1.24	1.56	1.16	1.65	1.08	1.75	1.00	1.86	0.93	1.98	0.77	2.22	0.62	2.47
28	1.33	1.48	1.26	1.56	1.18	1.65	1.10	1.75	1.03	1.85	0.95	1.96	0.80	2.19	0.65	2.43
29	1.34	1.48	1.27	1.56	1.20	1.65	1.12	1.74	1.05	1.84	0.98	1.94	0.83	2.16	0.68	2.40
30	1.35	1.49	1.28	1.57	1.21	1.65	1.14	1.74	1.07	1.83	1.00	1.93	0.85	2.14	0.71	2.36
31	1.36	1.50	1.30	1.57	1.23	1.65	1.16	1.74	1.09	1.83	1.02	1.92	0.88	2.12	0.74	2.33
32	1.37	1.50	1.31	1.57	1.24	1.65	1.18	1.73	1.11	1.82	1.04	1.91	0.90	2.12	0.77	2.31
33	1.38	1.51	1.32	1.58	1.26	1.65	1.19	1.73	1.13	1.81	1.06	1.90	0.93	2.09	0.80	2.28
34	1.39	1.51	1.33	1.58	1.27	1.65	1.21	1.73	1.14	1.81	1.08	1.89	0.95	2.07	0.82	2.26
35	1.40	1.52	1.34	1.58	1.28	1.65	1.22	1.73	1.16	1.80	1.10	1.88	0.97	2.05	0.85	2.24
36	1.41	1.53	1.35	1.59	1.30	1.65	1.24	1.72	1.18	1.80	1.11	1.88	0.99	2.04	0.87	2.22
37	1.42	1.53	1.36	1.59	1.31	1.66	1.25	1.72	1.19	1.80	1.13	1.87	1.01	2.03	0.89	2.20
38	1.43	1.54	1.37	1.59	1.32	1.66	1.26	1.72	1.20	1.79	1.15	1.86	1.03	2.02	0.91	2.18
39	1.44	1.54	1.38	1.60	1.33	1.66	1.27	1.72	1.22	1.79	1.16	1.86	1.05	2.01	0.93	2.16
40	1.44	1.54	1.39	1.60	1.34	1.66	1.29	1.72	1.23	1.79	1.18	1.85	1.06	2.00	0.95	2.15
45	1.48	1.57	1.43	1.62	1.38	1.67	1.34	1.72	1.29	1.78	1.24	1.84	1.14	1.96	1.04	2.09
50	1.50	1.59	1.46	1.63	1.42	1.67	1.38	1.72	1.34	1.77	1.29	1.82	1.20	1.93	1.11	2.04
55	1.53	1.60	1.49	1.64	1.45	1.68	1.41	1.72	1.37	1.77	1.33	1.81	1.25	1.91	1.17	2.01
60	1.55	1.62	1.51	1.65	1.48	1.69	1.44	1.73	1.41	1.77	1.37	1.81	1.30	1.89	1.22	1.98
65	1.57	1.63	1.54	1.66	1.50	1.70	1.47	1.73	1.44	1.77	1.40	1.81	1.34	1.88	1.27	1.96
70	1.58	1.64	1.55	1.67	1.53	1.70	1.49	1.74	1.46	1.77	1.43	1.80	1.37	1.87	1.31	1.95
80	1.61	1.66	1.59	1.69	1.56	1.72	1.53	1.74	1.51	1.77	1.48	1.80	1.43	1.86	1.37	1.93
90	1.64	1.68	1.61	1.70	1.59	1.73	1.57	1.75	1.54	1.78	1.52	1.80	1.47	1.85	1.42	1.91
100	1.65	1.69	1.63	1.72	1.61	1.74	1.59	1.76	1.57	1.78	1.55	1.80	1.51	1.85	1.46	1.90
150	1.72	1.75	1.71	1.76	1.69	1.77	1.68	1.79	1.67	1.80	1.65	1.82	1.62	1.85	1.59	1.90
200	1.76	1.78	1.75	1.79	1.74	1.80	1.73	1.81	1.72	1.82	1.71	1.83	1.69	1.85	1.67	1.87

i) d が0に近く，$d \leq d_L$ ならば H_0 を棄却し，正の系列相関があり $\rho > 0$ とする．

ii) d が2に近く，$d_U \leq d \leq 4 - d_U$ ならば H_0 を採択し，相関関係がなく $\rho = 0$ とする．

iii) d が4に近く，$d \geq 4 - d_L$ ならば H_0 を棄却し，負の系列相関があり $\rho < 0$ とする．

iv) (i)～(iii) のいずれの場合でもない，すなわち，$d_L < d < d_U$，$4 - d_U < d < 4 - d_L$ ならば，判断を保留する（H_0 を棄却も採択もしない）．

この検定は，ダービン・ワトソンの検定（Durbin-Watson test）と呼ばれますが，これまでの検定と異なり，判断を保留する部分があることに注意して下さい（図4.2）．

● 漸近分布に基づく検定

ダービン・ワトソンの検定で判断が保留された場合は，漸近分布に基づく検定を行います．ダービン・ワトソンの検定は，T によらずに正確に成り立つ検定方法です．一方，ここで述べる漸近分布に基づく検定は漸近的（T が大きい場合には近似的）にしか成り立たない検定方法ですので，ダービン・ワトソンの検定で判断可能な場合は，ここで述べる検定を行う必要はありません．いくつかの検定方法がありますが，ここでは回帰残差 e_t を使った t 検定と尤度比検定について説明します．

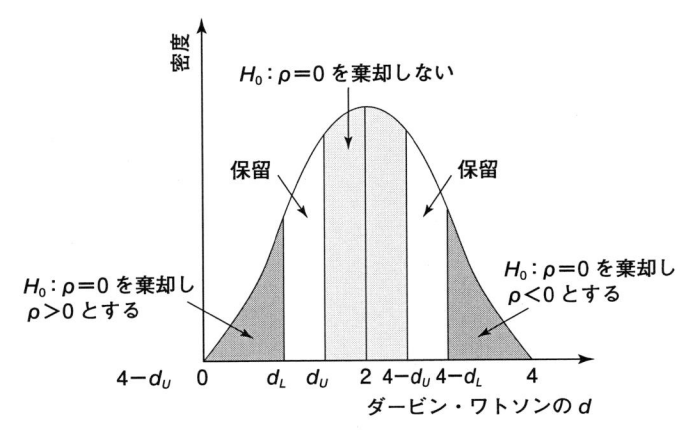

図 4.2 ダービン・ワトソンの検定．通常の検定と異なりこの検定には判断を保留する部分がある．

回帰残差を使った t 検定は，回帰残差 e_t に対して
$$e_t = \rho e_{t-1} + \varepsilon_t^* \qquad (4.14)$$
というモデルを考えて，$H_0: \rho = 0$ の t 検定を通常の回帰係数の検定と同様に行う方法です．しかしながら，(4.14) は回帰分析の標準的な仮定を漸近的にしか満足しませんので，検定は漸近的なものとなります．なお，このモデルは定数項を含まないことに注意して下さい．

$H_0: \rho = 0$ の検定を尤度比検定を使って行うことも可能です．帰無仮説のもとでは，最尤法は最小二乗法となりますので，その推定結果から，対数最大尤度 $\log L_0$ を求めます．次に，誤差項間に 1 次の自己相関があるとして，モデルを推定し（詳細は次項において説明します）対立仮説 $H_1: \rho \neq 0$ のもとでの対数最大尤度 $\log L_1$ を計算します．
$$\chi^2 = 2 \cdot (\log L_1 - \log L_0)$$
は，自由度 1 の χ^2 分布 $\chi^2(1)$ に漸近的に従いますので，検定統計量 χ^2 と $\chi^2(1)$ の自由度 α に対応するパーセント点 $\chi_\alpha^2(1)$ とを比較し，$\chi^2 > \chi_\alpha^2(1)$ の場合，帰無仮説を棄却し，その他の場合，採択します．なお，この検定では対立仮説を不等号で与える片側検定を行うことはできませんので，注意して下さい．

4.2.3　誤差項が 1 次の自己相関に従う場合の推定
● コクラン・オーカット法
誤差項間に 1 次の自己相関
$$u_t = \rho u_{t-1} + \varepsilon_t, \quad \rho \neq 0$$
がある場合の回帰モデル
$$Y_i = \beta_1 + \beta_2 X_{2t} + \beta_3 X_{3t} + \cdots + \beta_k X_{kt} + u_t, \quad t = 1, 2, \ldots, T$$
の推定について説明します．この場合，最小二乗推定量は，不偏・一致推定量ですが，最良線形不偏推定量（BLUE）ではなく，（少なくとも漸近的には）よりよい推定量が存在します．また，推定量の分散や共分散は，最小二乗法で使った公式で求めることはできません．

いま，説明を簡単にするため，ρ の値が既知であるとします．$t = 2, 3, \ldots, T$ に対して
$$Y_t^* = Y_t - \rho Y_{t-1}, \quad X_{jt}^* = X_{jt} - \rho X_{jt-1}, \quad j = 2, 3, \ldots, k \qquad (4.15)$$
とすると，

$$Y_t^* = \beta_1(1-\rho) + \beta_2 X_{2t}^* + \beta_3 X_{3t}^* + \cdots + \beta_k X_{kt}^* + \varepsilon_t \quad (4.16)$$
$$t = 2, 3, \ldots, T$$

となります．この式は，回帰モデルの標準的な仮定を満足しますから，この式を使って最小二乗法によって推定を行えばよいことになります．実際は ρ は未知ですので，

$$e_t = \rho e_{t-1} + \varepsilon_t^*, \quad t = 2, 3, \ldots, T \quad (4.17)$$

から求めた推定量 $\hat{\rho}$ を使って推定を行います．この方法をコクラン・オーカット法（Cochrane-Orcutt method）と呼びます．

● 一般化最小二乗法

コクラン・オーカット法では，推定に使われるデータ数が $T-1$ で，1つ減ってしまい，最初のデータのもつ情報が完全には使われていません．最初のデータのもつ情報を補うために，

$$Y_1^* = \sqrt{1-\rho^2}\, Y_1, \quad X_{j1}^* = \sqrt{1-\rho^2}\, X_{j1}, \quad j = 2, 3, \ldots, k \quad (4.18)$$

としますと，

$$Y_t^* = \beta_1 X_{1t}^* + \beta_2 X_{2t}^* + \beta_3 X_{3t}^* + \cdots + \beta_k X_{kt}^* + \varepsilon_t^* \quad (4.19)$$
$$t = 1, 2, \ldots, T$$

$$X_{1t}^* = \begin{cases} \sqrt{1-\rho^2}, & t = 1 \\ 1-\rho, & t = 2, 3, \ldots, T \end{cases}$$

$$\varepsilon_t^* = \begin{cases} \sqrt{1-\rho^2}\, u_1, & t = 1 \\ \varepsilon_t, & t = 2, 3, \ldots, T \end{cases}$$

となります．ε_t^* は互いに独立で $t = 1, 2, \ldots, T$ に対して分散が σ_ε^2 となっています．

(4.17)式を使って，コクラン・オーカット法と同様に回帰残差から $\hat{\rho}$ を求め，それを ρ に代入することによって推定を行うことができますが，この方法は，推定可能な（estimable）一般化最小二乗法（generalized least squares, GLS）と呼ばれます．

● 最 尤 法

u_t, ε_t が正規分布に従うと仮定しますと，最尤法による推定を行うことができます．

$$Q = \sum_{t=1}^{T} \{Y_t^* - (\beta_1 X_{1t}^* + \beta_2 X_{2t}^* + \beta_3 X_{3t}^* + \cdots + \beta_k X_{kt}^*)\}^2 \quad (4.20)$$

とすると，この場合の尤度関数は，

$$\log L = -\frac{T}{2}\log 2\pi - \frac{T}{2}\log \sigma_\varepsilon^2 + \frac{1}{2}\log(1-\rho^2) - \frac{Q}{2\sigma_\varepsilon^2} \tag{4.21}$$

となります．$\partial \log L / \partial \sigma_\varepsilon^2 = 0$ とすると，

$$\sigma_\varepsilon^2 = \frac{Q}{T} \tag{4.22}$$

となりますので，最尤推定量 $\hat{\beta}_1, \hat{\beta}_2, ..., \hat{\beta}_k, \hat{\rho}$ は，

$$\log L^* = -\frac{T}{2}\log Q + \frac{1}{2}\log(1-\rho^2) \tag{4.23}$$

を最大にすることによって求めます（コクラン・オーカット法などと異なり，ρ は回帰係数 $\beta_1, \beta_2, ..., \beta_k$ と同時に推定します）．

$\log L^*$ は ρ に関しては複雑な関数となっており解析的に求めることができませんので，推定には数値計算法を使います．なお，$\log L^*$ を最大にすることは，Q を最小にすることとは同じではありませんが，T が大きい場合は，$\log(1-\rho^2)$ の項の影響は小さく，両者はほとんど同じ結果となります．

● 非線形最小二乗法

コクラン・オーカット法と同様，$Y_t - \rho Y_{t-1}$ を考えると

$$Y_t = \rho Y_{t-1} + \beta_1(1-\rho) + \beta_2(X_{2t}-\rho X_{2t-1}) + \beta_3(X_{3t}-\rho X_{3t-1}) + \cdots + \beta_k(X_{kt}-\rho X_{kt-1}) + \varepsilon_t,$$
$$t = 1, 2, ..., T \tag{4.24}$$

となります．これは $\beta_1, \beta_2, ..., \beta_k, \rho$ の非線形関数となっています．このモデルを非線形最小二乗法によって推定することができます．EViews では，この方法が使われています．

なお，この誤差項に 1 次の自己相関がある場合は（誤差項にも情報がありますので），Y_t のあてはめ値 $\hat{Y}_t$ は，

$$\hat{Y}_t^* = \hat{\beta}_1 + \hat{\beta}_2 X_{2t} + \cdots + \hat{\beta}_k X_{kt} \tag{4.25}$$
$$e_0 = 0, \quad e_t = Y_t - \hat{Y}_t^*, \quad t = 1, 2, ..., T$$
$$\hat{Y}_t = \hat{Y}_t^* + \hat{\rho} e_{t-1}$$

で求めます．また，回帰残差は，

$$\hat{\varepsilon}_t = Y_t - \hat{Y}_t \tag{4.26}$$

となります．

4.2.4 銅消費量データを使った系列相関の分析

● 系列相関の検定

銅消費量のデータを使って誤差項の系列相関の分析を行ってみましょう．

EViews を起動して下さい．メインメニューの［File］→［Open］→［EViews Workfile］をクリックするか，

Open CuEX2

とコマンドウィンドウに入力してワークファイルを呼び出して下さい．次に，銅消費量を説明する回帰モデルを

$$\log(Copper_t) = \beta_1 + \beta_2 \cdot \log(GDP_t) + u_t \tag{4.27}$$

とします（第 3 章のモデル選択では，$\log(GDP_t)$ の二乗，三乗の項を含んだモデルが選ばれましたが，ここでは，誤差項の系列相関の説明をわかりやすくするため，このモデルを使います）．このモデルの推定結果は **Eq2** に保存されていますので，ワークファイルのウィンドウにこのオブジェクトが存在することを確認して下さい（存在しない場合は，推定をしなおして下さい）．eq2 をダブルクリックするか，コマンドウィンドウに

Show Eq2

と入力して下さい．「Equation：EQ2」のウィンドウが現れます．

まず，回帰残差 e_t をグラフ表示してみましょう．「Equation：EQ2」のウィンドウの［View］→［Actual, Fitted, Residual］→［Residual Graph］をクリックして下さい（図 4.3）．ウインドウの表示が e_t のグラフに変わります（図 4.4）．e_t は大きく波を打って変動しており，系列相関がありそうです．次に e_t を **Res1** と名前をつけて保存しておきます．「Equation：EQ2」の［Proc］→［Make Residual Series］をクリックして下さい（図 4.5）．「Make Residuals」のボックスが現れ

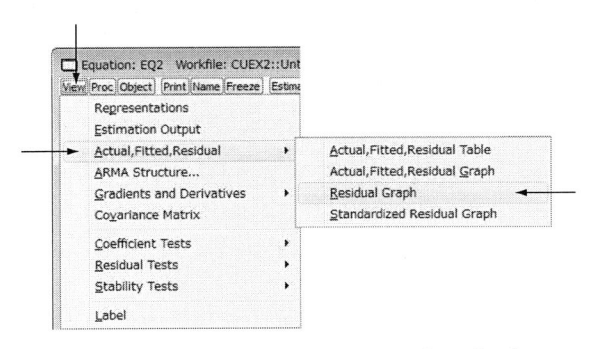

図 4.3 「Equation：EQ2」のウィンドウの［View］→［Actual, Fitted, Residual］→［Residual Graph］をクリックする．

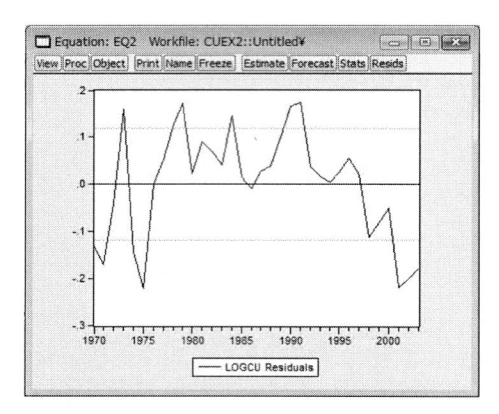

図 4.4 ウィンドウの表示が e_t のグラフに変わる.

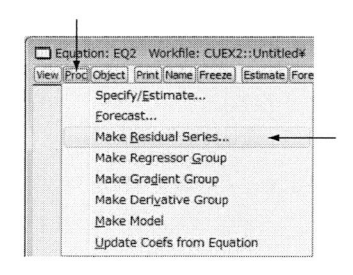

図 4.5 [Proc]→[Make Residual Series] をクリックする.

図 4.6 「Make Residuals」のボックスが現れるので,「Name for resid series」を **Res1** として[OK] をクリックする.

るので,「Name for resid series」を **Res1** として[OK]をクリックして下さい (図 4.6). **Res1** という変数名で保存されます(「Series RES1」のウィンドウが現れますが,これは必要ないので[閉じる]ボタンをクリックして閉じて下さい).

「Equation:EQ2」の[View]→[Estimation Output]をクリックして,ウィンドウの表示を推定結果に戻して下さい(図 4.7). ダービン・ワトソンの検定統計量(Durbin-Watson statistic)は「Durbin-Watson stat」で与えられていますので, $d=0.7919$ が得られます. 有意水準 α を 5% とすると, $T=34$, $k^*=1$ ですので, $d_L=1.39$, $d_U=1.51$ となります. $d<d_L$ ですので, 正の系列相関が認められることになります.

演習のため

4.2 誤差項の系列相関

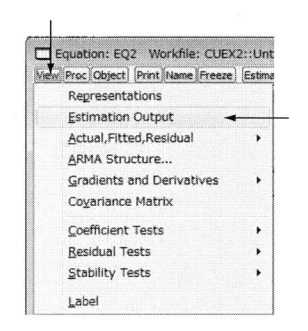

図 4.7 「Equation：EQ2」の [View] → [Estimation Output] をクリックして，ウィンドウの表示を推定結果に戻す．

$$e_t = \rho \cdot e_{t-1} + \varepsilon_t^*, \quad t = 2, 3, ..., T$$

として，回帰残差から ρ を推定し検定を求めてみましょう．コマンドウィンドウに

Equation ResEq.LS Res1 Res1(-1)

Show ResEq

と入力して下さい．**Res1(-1)** は，1つラグをとった e_t の1期前のデータ e_{t-1} を意味します（EViews では，2期前のデータは **Res1(-2)**，3期前のデータは **Res1(-3)** のように，ラグをとったデータを簡単に使うことができます．また，**Res1(1)** とすると1期先のデータ，**Res1(2)** とすると2期先のデータとなります）．このモデルは定数項を含みませんので，**C** を説明変数に加えません．1960年には前期の値 e_{t-1} がありませんので，欠損値となり，分析には 1961～1993 年の 33 年間のデータが使われます．

推定結果は（カッコ内は標準誤差），

$$e_t = 0.5909 \cdot e_{t-1}$$
$$(0.1464)$$

で，t 値は 4.037 です．有意水準 α を 5% とし，両側検定を行います．自由度を 32 とします（この検定は，漸近的にしか成り立ちませんので，正確な自由度を求めることはできません．ここでは，最小二乗法において一般的に使われるルールを使うことにします）．

Scalar T6=@QDist(0.975, 32)

Show T6

として，t 分布のパーセント点 $t_{\alpha/2}(32) = 2.037$ を求めます．$4.037 = |t| > t_{\alpha/2}(32) = 2.037$ ですので，帰無仮説は棄却され，誤差項の系列相関が認められることになります．

なお，定数項を含まないモデルの場合，R^2（R-squared）は第 3 章での定義ではあてはまりのよさを正しく表現することができません．被説明変数とそのあてはめ値の相関係数を求め，それを二乗したものを R^2 とします．

● 誤差項に 1 次の自己相関が存在する場合の推定

この場合の推定では，EViews では，**AR(1)** を説明変数の最後に加えます．

Equation EqAR1.LS LogCu C LogGDP AR(1)

Show EqAR1

表 4.2 誤差項の 1 次の自己相関を考慮した推定結果

```
Dependent Variable: LOGCU
Method: Least Squares
Date: 07/01/08   Time: 13:22
Sample (adjusted): 1971 2003
Included observations: 33 after adjustments
Convergence achieved after 8 iterations


    Variable       Coefficient  Std. Error  t-Statistic    Prob.


       C            4.912823    0.876973    5.602025     0.0000
     LOGGDP         0.373923    0.147455    2.535841     0.0167
     AR(1)          0.580262    0.150995    3.842915     0.0006


R-squared            0.678265  Mean dependent var       7.118242
Adjusted R-squared   0.656816  S.D. dependent var       0.166031
S.E. of regression   0.097264  Akaike info criterion   -1.736260
Sum squared resid    0.283811  Schwarz criterion       -1.600214
Log likelihood      31.64829   Hannan-Quinn criter.    -1.690485
F-statistic         31.62221   Durbin-Watson stat       1.875701
Prob(F-statistic)    0.000000


Inverted AR Roots      .58
```

と入力して下さい．最尤法による推定が行われ，表4.2のような結果が出力されます．

EViewsでは，非線形最小二乗法（non-linear least squares method）によって推計が行われます．1期前のデータを含みますので，使われている観測値の数は33となっていること（Included observations：33 after adjustments）に注意して下さい．非線形最小二乗法では解析的に解を求めることができませんので，数値計算法が使われますが，この例では，8回の繰り返し後に収束（Convergence achieved after 8 iterations）しています．

各種の統計量の値は，最小二乗法で説明したとおりですが，$\hat{\varepsilon}_t$に基づいて計算されています．$\hat{\rho}$の値（**AR(1)**）は 0.580，その標準誤差は 0.151，t値は 3.843 となります．検定の項で説明しませんでしたが，このt値を使って，誤差項に系列相関があるかどうか，すなわち，$H_0: \rho = 0$（対立仮説は$H_1: \rho \neq 0$とします）の検定を行うことができます．残差を求めるには，3つのパラメータ，β_1, β_2, ρ を推定する必要がありますので，自由度を，（観測値の数）−（残差を求めるのに推定する必要のあるパラメータの数）の 30 とします．有意水準αを 5%とすると，

Scalar T7=@QTDist(0.975, 30)

Show T7

と入力して，t分布のパーセント点$t_{\alpha/2}(30) = 2.042$を求めます．$|t| < t_{\alpha/2}$ですので，帰無仮説は棄却され，誤差項に系列相関が認められることになります（なお，この検定も漸近的にしか成り立ちませんので，正確なt分布の自由度を求めることはできません．ここでは，自由度 =（観測値の数）−（残差を求めるのに推定する必要のあるパラメータの数）としました）．

誤差項の 1 次の自己相関を考慮した回帰モデルの推定結果（カッコ内は標準誤差）は，

$$\log(Copper_t) = 4.913 + 0.374 \cdot \log(GDP_t) + 0.580 \cdot u_{t-1} \qquad (4.28)$$
$$(0.877)(0.147)(0.151)$$

となります．この結果を使って，最小二乗推定の場合と同様に各回帰係数についてt検定（たとえば，$H_0: \beta_2 = 0$ や $H_0: \beta_2 = 1$ などの検定）を行うことができます．しかしながら，この場合のt検定は漸近的にしか成り立ちません．また，検定の自由度は，残差を求めるのにβ_1, β_2, ρの3つのパラメータを推定しているので，$33 - 3 = 30$とします．

ρ に関する検定を含め t 検定は漸近的にしか成り立ちません．したがって，当然，正確な自由度を求めることはできません．漸近分布は標準正規分布ですが，検定統計量の分布は標準正規分布より裾の広い分布になり，t 分布の方があてはまりがよくなります．t 分布では，自由度を決める必要があります．ここでは，すでに述べたように，最小二乗法の考え方を拡張して，(観測値の数) − (残差を求めるのに推定する必要のあるパラメータの数) で決めることにします．

これで，誤差項の系列相関に関する演習を終了しますので，ファイルを保存し，EViews を一度終了して下さい．

4.3 不均一分散

4.3.1 不均一分散とは

線形回帰モデルにおける標準的な仮定では，誤差項の分散が一定と仮定しました．すなわち，$\sigma_i^2 = V(u_i)$ とすると，

$$\sigma_i^2 = \sigma^2, \quad i = 1, 2, ..., n \tag{4.29}$$

となります．これを分散の均一性 (homoskedasticity) と呼びます．しかしながら，実際のデータでは，この仮定が満足されず分散が一定でない場合があります．図 4.8 は，x の値が大きくなるに従って，データのばらつきが大きくなっていますが，このような場合は分散が一定ではなく，均一分散の仮定は満たされていません．これを，分散の不均一性 (heteroskedasticity) と呼びます．ここでは，分散の不均一性について説明します (なお，分散の不均一性は，時系列，非時系列

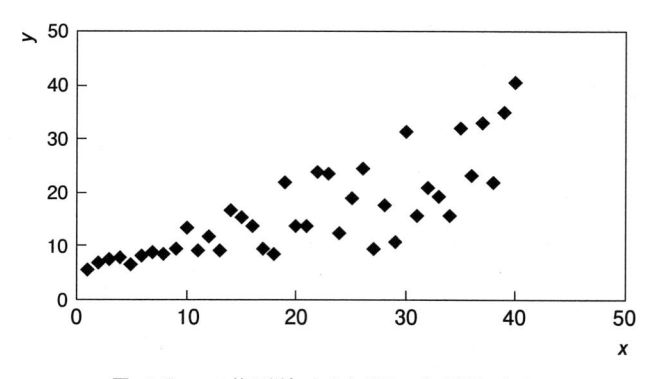

図 4.8　x の値が増加するとばらつきが増加する．

データのどちらの場合でも問題となりますので，一般性をもたせるため，添え字は i，観測値の数は n で表すこととします）．

4.3.2 不均一分散の検出
● 回帰残差のグラフ

分散が不均一であるかどうかを調べるには，まず，最小二乗法による回帰残差 e_i や $|e_i|$，e_i^2 をグラフに書いてみます（分散が不均一であっても回帰係数の最小二乗推定量は，不偏・一致推定量です．したがって，$u_i \approx e_i$ とみなすことができます）．この場合，x 軸には適当な説明変数やあてはめ値 $\hat{Y}_i$ の値などを用います．時系列データの場合は，（回帰モデルの説明変数に含まれていなくとも）x 軸に時間を使うことができます．分散が不均一の場合は図 4.9(a) など，均一の場合は図 4.9(b) のようになります．

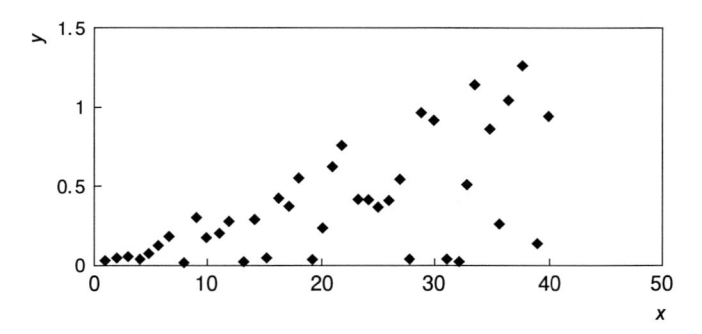

図 4.9(a) 残差の二乗のグラフ．x が増加するに従い大きくなる．

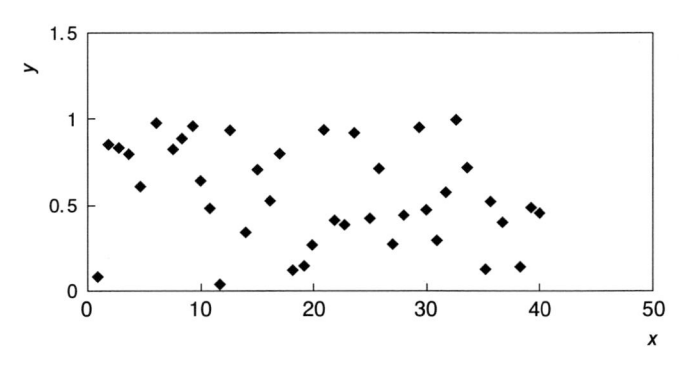

図 4.9(b) 残差の二乗のグラフ．大きさが x の値によって変化しない．

● ゴールドフェルド・クォントの検定

不均一分散性を発見するためには，いくつかの検定方法が提案されています．ここでは，これらのうち，最も広く使われているものとして，ゴールドフェルド・クォントの検定（Goldfeld-Quant's test）について説明します．検定における帰無仮説は，「分散が均一である」こと，すなわち，

$$H_0 : \sigma_i^2 = \sigma^2, \quad i = 1, 2, ..., n \tag{4.30}$$

です（なお，帰無仮説は「分散が均一である」ですので「均一分散の検定」と呼ぶべきなのですが，計量経済学での慣例に従い「不均一分散の検定」とします）．

検定は，次のような手順で行われます．

i) データを適当な説明変数，あてはめ値 $\hat{Y}_i$ の値などの大きさに基づいて，I, II, III の3つのグループに分ける（なお，時系列データの場合は，たとえ説明変数に時間が含まれていなくとも，時間によってグループ分けすることが可能です．また，$\hat{Y}_i$ に基づいてグループ分けを行った場合，検定の結果は漸近的なものとなります）．各グループに含まれる観測値の数は，通常，II が m，I と III はともに $(n-m)/2$ となるようにする．

ii) I と III のグループで個別に回帰モデルの推定を行い，標本分散 s_I^2, s_III^2 を求める．グループ II は使わない．

iii) 帰無仮説が正しく，分散が均一であれば，

$$F = s_\text{I}^2 / s_\text{III}^2 \tag{4.31}$$

は自由度が (v, v)，$v = (n-m)/2 - k$ の F 分布 $F(v, v)$ に従い，F は1の近くの値をとるはずである．したがって，$F(v, v)$ の有意水準 α に対応する2つのパーセント点，$F_{1-\alpha/2}(v, v)$, $F_{\alpha/2}(v, v)$ と F の値を比較する．$F_{1-\alpha/2}(v, v) < F < F_{\alpha/2}(v, v)$ の場合，帰無仮説を採択し分散は均一であるとする．その他の場合，棄却し，不均一分散であるとする（分散の大きさが予測される場合は片側検定を行います）．

m の値ですが，検出力（帰無仮説が誤りの場合，これを棄却する確率）がこれに依存します．いろいろなケースがありますので厳密にいうことはできませんが，全体の2割弱程度が適当でしょう．また，n が小さい場合などは，$m=0$ として2つのグループに分け，すべての観測値を使って検定を行うこともあります．

● ブルーシュ・ペイガン・ゴッドフレイの検定

標準化された回帰残差に関するモデル，

$$e_i^2/\hat{\sigma}^2 = \gamma_0 + \gamma_1 \cdot Z_{1i} + \cdots + \gamma_J \cdot Z_{Ji} + \omega_i, \ \hat{\sigma}^2 = \sum e_i^2/n \quad (4.32)$$

を考えてみます. 分散が均一である, すなわち, $H_0: \gamma_1 = \gamma_2 = \cdots = \gamma_J = 0$ のもとで (i) 説明可能な部分の平方和 (ESS)/2 および (ii) $\chi^2 = nR^2$ は, 漸近的に自由度 J の χ^2 分布, $\chi^2(J)$ に従います. また, この帰無仮説に対して, (漸近的にですが) F 検定を行うことができます. $Z_{1i}, ..., Z_{Ji}$ は分散に影響を与えると考えられる変数です. ブルーシュ・ペイガン・ゴッドフレイの検定 (Breusch-Pagan-Godfrey test) はこれを利用したものです.

4.3.3 不均一分散の修正

分散が不均一である場合の推定について考えてみましょう. いま, 回帰モデル

$$Y_i = \beta_1 + \beta_2 X_{2i} + \cdots + \beta_k X_{ki} + u_i \quad (4.33)$$

において, 分散が不均一であり,

$$\sigma_i^2 = V(u_i) = \sigma^2 z_i, \ z > 0$$

であるとします. z_i は, 説明変数, Y_i の期待値 $E(Y_i)$, その他の分散に影響する変数 (時系列分析における時間や説明変数の関数など) とします.

(4.33) 式の両辺を z_i で割り

$$Y_i^* = \beta_1 X_{1i}^* + \beta_2 X_{2i}^* + \cdots + \beta_k X_{ki}^* + u_i^* \quad (4.34)$$
$$Y_i^* = Y_i/\sqrt{z_i}$$
$$Y_{1i}^* = 1/\sqrt{z_i}, \ X_{ji}^* = X_{ji}/\sqrt{z_i}, \quad j = 2, 3, ..., k$$
$$u_i^* = u_i/\sqrt{z_i}$$

とします. この式においては, $V(u_i^*) = V(u_i)/z_i = \sigma^2$ ですので, 分散は均一となります. したがって, この式に基づいて回帰係数の推定を行えばよいことになります (この式は定数項を含まないことに注意して下さい).

ところで, (4.34) 式の最小二乗法による推定は

$$S_w = \sum w_i (Y_i - \beta_1 - \beta_2 X_{2i} - \cdots - \beta_k X_{ki})^2 \quad (4.35)$$
$$w_i = 1/z_i$$

を最小にすることになります. これは, $1/z_i$ を重みとした, 加重最小二乗法 (weighted least squares method, WLS) による推定となっています. 加重最小二乗法は, 不均一分散における一般化最小二乗法となっています.

$1/z_i$ は分散の逆数に比例していますので, 分散が大きなところには小さな重みが, 分散が小さなところには大きな重みが与えられています. EViews では, LS コマンドのオプションで加重最小二乗法による推定を行うことができます. なお,

z_i が $E(Y_i)$ の場合は $E(Y_i)$ の代わりにあてはめ値 $\hat{Y}_i$ を使って重みを求めます（ただし，この場合，推定量のいろいろな性質は漸近的にしか成り立ちません）．

一般的には，分散 σ_i^2 が z_i の関数として，

$$\sigma_i^2 = \sigma^2 g(z_i), \quad g(z_i) > 0 \qquad (4.36)$$

として与えられるとします（たとえば，$g(z_i) = z_i^2$ などがよく使われます）．(4.33)式の両辺を $\sqrt{g(z_i)}$ で割り

$$Y_i^* = \beta_1 X_{1i}^* + \beta_2 X_{2i}^* + \cdots + \beta_k X_{ki}^* + u_i^* \qquad (4.37)$$
$$Y_i^* = Y_i / \sqrt{g(z_i)},$$
$$X_{1i}^* = 1/\sqrt{g(z_i)}, \; X_{ji}^* = X_{ji}/\sqrt{g(z_i)}, \quad j = 2, 3, \ldots, k$$
$$u_i^* = u_i / \sqrt{g(z_i)}$$

とします．$V(u_i^*) = V(u_i)/g(z_i) = \sigma^2$ で均一分散となりますから，この式を最小二乗法で推定すればよいことになります．これは

$$S_w = \sum w_i \cdot (Y_i - \beta_1 - \beta_2 X_{2i} - \cdots - \beta_k X_{ki})^2 \qquad (4.38)$$
$$w_i = 1/g(z_i)$$

を最小にすることになり，$1/g(z_i)$ を重みとする，加重最小二乗法による推定となっています．

実際の推定においては，z_i や $g(z_i)$ をどのように選ぶかが問題となります．残念ながら，誤差項の系列相関における1次の自己相関のように決まった方式はありません．これらの選択は，e_t，$|e_t|$，e_t^2 などのグラフの形状や候補となる関数のあてはまりのよさなどから適当なものを選ぶことになります．

ところで，グラフなどから考察した結果，分散が z_i の線形関数であり，

$$\sigma_i^2 = g(z_i) = \alpha_1 + \alpha_2 z_i \qquad (4.39)$$

と表されたとします（σ_i^2 がただ単に z_i に比例する場合より，この方が多いと思われます）．この場合，この式が未知のパラメータ α_1, α_2 を含んでいますので，それを推定する必要が生じます．ここでは，回帰残差の二乗 e_t^2 から α_1, α_2 を推定する雨宮の方法（Amemiya's method）について簡単に説明します．

$$e_i^2 = \alpha_1 + \alpha_2 z_i + v_i \qquad (4.40)$$

としますと，詳細は省略しますが，漸近的に v_i の分散が $2 \cdot (\alpha_1 + \alpha_2 z_i)^2$ である回帰モデルとみなすことができます．

したがって，α_1, α_2 を次の二段階の方法で推定します．

ⅰ) 最小二乗法によって (4.40) 式を推定し，一段階目の推定量 $\hat{\alpha_1}$, $\hat{\alpha_2}$ を求める．

ii) $\hat{\alpha_1}$, $\hat{\alpha_2}$ を使って重み $w_{1i} = 1/(\hat{\alpha_1} + \hat{\alpha_2} z_i)^2$ を計算し，$S_\alpha = \sum w_{1i} \cdot (e_t^2 - \alpha_1 - \alpha_2 z_i)^2$ を最小にする加重最小二乗推定量を求め，二段階目の推定量 $\hat{\alpha_1}^*$, $\hat{\alpha_2}^*$ を求める．

$\hat{\alpha_1}^*$, $\hat{\alpha_2}^*$ を使って，重み $w_{2i} = 1/(\hat{\alpha_1}^* + \hat{\alpha_2}^* z_i)$ を求め加重最小二乗法によって $\beta_1, \beta_2, ..., \beta_k$ を推定することになります．

なお，多くのデータでは，説明変数や被説明変数の値が大きくなると，分散が大きくなる傾向があります．このような場合，被説明変数の対数をとって不均一分散を修正することが考えられます（多くの計量経済学の教科書では，不均一分散の修正方法としてこの方法についてふれています）．しかしながら，第2章で述べたように，対数をとるなどの関数変換を行うと，回帰係数の意味など，モデル自体が変わってきてしまいますので，十分注意して下さい．

4.3.4 不均一分散における最小二乗推定量

前項で述べた加重最小二乗法による誤差項の不均一分散の修正では，分散の具体的な形を求める必要があります．しかしながら，系列相関の場合と異なり，決まった標準的な方法があるわけではないので，e_t, $|e_t|$, e_t^2 などのグラフの形状や候補となる関数のあてはまりのよさなどから $g(z_i)$ を推定することになります．このため，実際の分析においては，適当な $g(z_i)$ を見つけて修正を行うのが難しい場合がしばしば起こります．

このような場合，不均一分散の修正を行わずに最小二乗推定量を使うことが考えられます．不均一分散の場合の最小二乗推定量の性質は，

- 不偏・一致推定量である．
- 最良線形不偏推定量ではなく，（少なくとも漸近的には）よりよい推定量が存在する（分散の関数形を正しく選んだ場合の加重最小二乗推定量がこれにあたります）．
- 推定量の分散・標準誤差は最小二乗法で得られた結果を使うことができない．

となります．

しかしながら，詳細は省略しますが，ホワイトの方法（White's method）を使うことによって，e_t^2 から最小二乗推定量の正しい分散・標準誤差を（漸近的にですが）求めることができます．EViews では，LS コマンドのオプションによって，これを計算することができます．この結果を使えば，回帰係数の t 検定などをこれまでと同様に行うことが可能となります．

4.4 銅消費量データを使った不均一分散の分析

4.4.1 不均一分散の検定
● e_t^2 のグラフ

銅消費量データを使って，誤差項の不均一分散の分析を行ってみます．説明を簡単にするため，誤差項の系列相関の場合と同様，モデルを

$$\log(Copper_t) = \beta_1 + \beta_2 \cdot \log(GDP_t) + u_t$$

とします．時系列データですので，添え字は t とします．また，煩雑さをさけるため，誤差項の系列相関の問題はここでは考慮しないこととします．

EViews を起動し，

Open CuEX2

と入力して下さい．まず，$\log(GDP_t)$ と回帰残差の二乗 e_t^2 を散布図に書いてみましょう．残差は **Res1** に保存してありますので

Series Res1SQ=Res1^2

Scat LogGDP Res1SQ

と入力して下さい．$\log(GDP_t)$ を x 軸，e_t^2 を y 軸とするグラフが現れますが，全体としては，それほどはっきりした傾向があるとはいえないようです（図 4.10）．

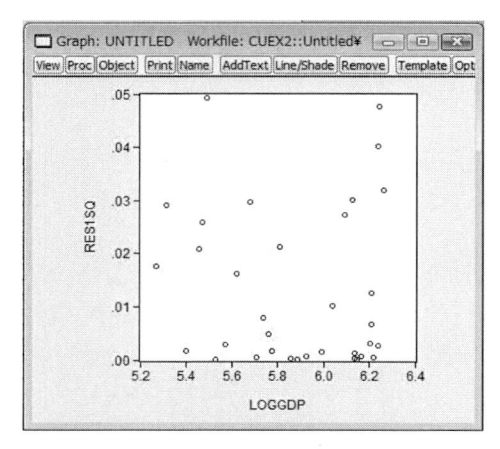

図 4.10　$\log(GDP_t)$ を x 軸，e_t^2 を y 軸とするグラフ．全体としては，それほどはっきりした傾向があるとはいえない．

● ゴールドフェルド・クォントの検定

ゴールドフェルド・クォントの検定を行ってみます．データを GDP によって，3つのグループに分けますが，グループ I は GDP が 320 兆円以下（1970〜1982 年），グループ II は GDP が 320 兆〜450 兆円（1983〜1990 年），グループ III は GDP が 450 兆円以上（1991〜2003 年）とします．

SMPL IF GDP<=320

Equation EqHet1.LS LogCu C LogGDP

と入力し，グループ I のデータで回帰モデルを推定して下さい．$s_I^2 = 0.01068$ となりますが，

Scalar SI2=@SE^2

として，この値を SI2 に保存しておきます．同様に，

SMPL IF GDP>=450

Equation EqHet2.LS LogCu C LogGDP

と入力しグループ III のデータで推定を行って下さい．$s_{III}^2 = 0.00528$ ですが，

Scalar SIII2=@SE^2
Scalar F=SI2/SIII2
Show F

と入力して $F = 2.004$ を計算して下さい．有意水準 α を 5% とすると，自由度は (11, 11) ですので，F 分布のパーセント点は $F_{1-\alpha/2}(11, 11) = 0.288$, $F_{\alpha/2}(11, 11) = 3.473$ となります（F 分布のパーセント点は，**@QFDist**（数値，自由度 1，自由度 2）で求めます）．$F_{1-\alpha/2}(11, 11) < F < F_{\alpha/2}(11, 11)$ となり，（分散が均一であるという）帰無仮説は採択され，分散が不均一であるとは認められないことになります．

● ブルーシュ・ペイガン・ゴッドフレイの検定

ブルーシュ・ペイガン・ゴッドフレイの検定を行ってみます．「Workfile: CUEX2」の eq2 をダブルクリックするか，**Show Eq2** と入力して，Eq2 を開いて下さい．Eq2 の [View]→[Residual Tests]→[Heteroskedasticity tests] をクリックして下さい（図 4.11）．「Heteroskedasticity Tests」のボックスが現れるので，[Breusch-Pagan-Godfrey] を選択し，変数が **c loggdp** であることを確認し，[OK] をクリックして下さい（図 4.12）．表 4.3 のような結果が出力されます．検定統計量（F 統計量（F-statistic），nR^2（Obs*R-squared），ESS/2（Scaled explained SS））の値は，それぞれ，0.2292, 0.2418, 0.1343, その p 値は 0.6354,

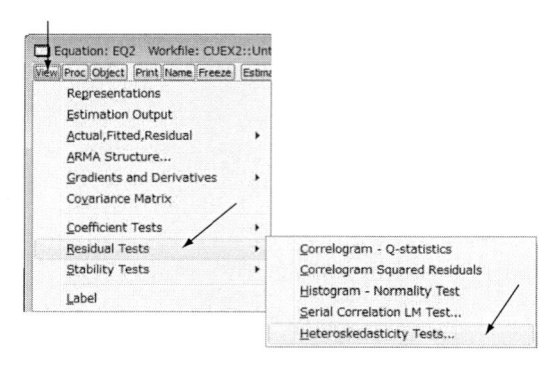

図 4.11 [View]→[Residual Tests]→[Heteroskedasticity Tests] をクリックする.

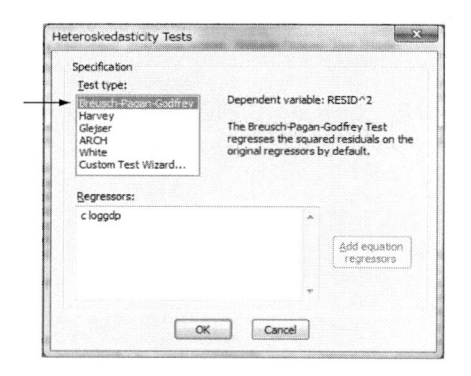

図 4.12 「Heteroskedasticity Tests」のボックスが現れるので, [Breusch-Pagan-Godfrey] を選択し, 変数が **c loggdp** であることを確認し, [OK] をクリックする.

0.6229, 0.7140 となり, この場合は不均一性は認められないことになります（なお, EViews 5.1 には, [Breusch-Pagan-Godfrey] 検定はありませんので, [White] を選択して下さい. 不均一分散を検定する変数に $\log(GDP_t)^2$ が加わった結果が出力されます）.

4.4.2 不均一分散の修正

検定の結果からは不均一分散の修正を行う必要はありませんが, ここでは, 演習のために不均一分散が存在するとして, 加重最小二乗法と雨宮の方法を使ってその修正を行ってみます. すべてのデータが使われるように,

SMPL @ALL

として下さい. ここでは,

4.4 銅消費量データを使った不均一分散の分析

表 4.3 ブルーシュ・ペイガン・ゴッドフレイの検定の結果

```
Heteroskedasticity Test: Breusch-Pagan-Godfrey


F-statistic            0.229231    Prob. F(1,32)         0.6354
Obs*R-squared          0.241825    Prob. Chi-Square(1)   0.6229
Scaled explained SS    0.134324    Prob. Chi-Square(1)   0.7140



Test Equation:
Dependent Variable: RESID^2
Method: Least Squares
Date: 07/01/08   Time: 14:12
Sample: 1970 2003
Included observations: 34


      Variable       coefficient   Std. Error  t-Statistic    Prob.


         C            0.036931     0.049679     0.743385     0.4627
      LOGGDP         -0.004039     0.008437    -0.478781     0.6354


R-squared              0.007113   Mean dependent var      0.013178
Adjusted R-squared    -0.023915   S.D. dependent var      0.014980
S.E. of regression     0.015158   Akaike info criterion  -5.483607
Sum squared resid      0.007352   Schwarz criterion      -5.393821
Log likelihood        95.22132    Hannan-Quinn criter.   -5.452988
F-statistic            0.229231   Durbin-Watson stat      1.420783
Prob(F-statistic)      0.635350
```

$$\sigma_t^2 = \alpha_1 + \alpha_2 \cdot \log(GDP_t) \tag{4.41}$$

とします。

α_1, α_2 を

$$e_t^2 = \alpha_1 + \alpha_2 \cdot \log(GDP_t) + \nu_t \tag{4.42}$$

から推定しますが,

Equation EqHet3.LS Res1SQ C LogGDP

と入力して, α_1, α_2 の第一段階の推定値, $\hat{\alpha_1} = 0.0369$, $\hat{\alpha_2} = -0.00404$ を求めます。$\hat{\alpha_1}$ の値は **@Coefs(1)** に, $\hat{\alpha_2}$ の値は **@Coefs(2)** に保存されていますので,

Series W1=@Sqrt(1/(EqHet3.@Coefs(1)+EqHet3.@Coefs(2)*LogGDP)^2)
として，重みを計算します．

Equation EqHet4.LS(W=W1) RE1SQ C LogGDP
LS の後のカッコ内の **W=W1** は W1 を重みとする加重最小二乗法を行うオプションです．二段階目の推定値 $\hat{\alpha}_1^* = 0.00220, \hat{\alpha}_2^* = -0.00150$ を求めて下さい．なお，W オプションを加えた場合，重みを与える変数が Weighting series：W1 と表示されます．EViews では各変数に W オプションで指定された変数を掛けて重みとして推定を行います．

二段階目の推定値を使って重みを計算し，加重最小二乗法による (4.40) 式の推定を行いますので，

Series W2=@Sqrt(1/(EqHet4.@Coefs(1)+EqHet4.@Coefs(2)*LogGDP))
Equation EqHhet5.LS(W=W2) LogCu C LogGDP
と入力して下さい．誤差項の不均一分散を修正した推定結果（カッコ内は標準誤差）は，

$$\log(Copper_t) = 4.621 + 0.423 \cdot \log(GDP_t) \qquad (4.43)$$
$$(0.391)\ \ (0.0663)$$

となります．

最後に，ホワイトの方法によって，分散が不均一である場合の最小二乗推定量の分散・標準誤差を求めてみましょう．このためには，H オプションを使いますが，

Equation EqHet6.LS(H) LogCu C LogGDP
と入力して下さい．推定結果（カッコ内は標準誤差）は，

$$\log(Copper_t) = 4.581 + 0.429 \cdot \log(GDP_t) \qquad (4.44)$$
$$(0.451)\ \ (0.0763)$$

回帰係数の推定値は，H オプションのない通常の最小二乗法の結果と同一ですが，標準誤差は，0.388→0.451，0.0659→0.0763 と変化しています．また，EViews の出力には，White Heteroskedasticity-Consistent Standard Errors & Covariance と表示され，誤差項の分散が不均一であっても最小二乗推定量の分散・標準誤差の一致推定量が求められていることを示しています．

ファイルを保存し，EViews を終了して下さい．

4.5 多重共線性

4.5.1 多重共線性とは

最小二乗法で回帰モデルの検定が可能になるためには，説明変数間に完全な多重共線性（multicollinearity）がない，すなわち，どの説明変数も他の説明変数の線形関数では表されず，

$$\alpha_1 + \alpha_2 X_{2i} + \alpha_3 X_{3i} + \cdots + \alpha_k X_{ki} = 0, \quad i = 1, 2, \ldots, n \qquad (4.45)$$

となる $\alpha_1, \alpha_2, \ldots, \alpha_k$ は $\alpha_1 = \alpha_2 = \cdots = \alpha_k = 0$ 以外，存在しないことが必要です．

もし，説明変数間に完全な多重共線性が存在する場合は，推定の途中で 0 で割る計算が生じ推定ができなくなります．EViews では完全な多重共線性を発見すると警告（warning）が表示されます（なお，コンピュータは有限の桁数しか扱うことができませんから，計算ごとにごくわずかですが誤差（まるめ誤差）が生じます．このため，たとえ完全な多重共線性が存在しても，警告が表示されずに，推定値が出力されることがあります．この場合，推定値や標準誤差は，非常におかしな値となりますので，簡単に問題を発見することが可能です）．

たとえば，ある年度の家計 i の耐久消費財への支出額を被説明変数 Y_i とし，説明変数として対象年度の家計の収入 I_i，消費額 C_i，貯蓄額 S_i を選んだとします．収入は消費されるか，貯蓄されるかのいずれかとします．すると，すべての i について $I_i = C_i + S_i$ となりますので，完全な多重共線性が成り立ってしまいます．したがって，これらすべてを説明変数としたモデルを推定することは（何か回帰係数についての条件がない限り）できません．このような場合は，説明変数の選択に注意する必要があります．

ところで，完全な多重共線性は，（説明変数の選択に注意している限り）ほとんど起こりませんし，もし，起こってもその発見は比較的容易です（推定がうまくいかなかったり，推定値や標準誤差が，非常におかしな値となります）．実際の分析では，完全ではないが，説明変数間に強い線形の関係がある場合，すなわち，

$$\alpha_1 + \alpha_2 X_{2i} + \alpha_3 X_{3i} + \cdots + \alpha_k X_{ki} = \omega_i, \quad i = 1, 2, \ldots, n \qquad (4.46)$$

が成り立ち，$|\omega_i|$ の値がすべての i について（説明変数の変動などに比較して）小さい場合が問題となります．これまでは，多重共線性を厳密には定義しませんでしたが，多重共線性は説明変数間の強い線形の関係を指し，以後この意味で使

います．経済データでは，同じような変動をする変数があるなど，しばしば，多重共線性の問題が起こります．

この場合，標準的な仮定は満足されていますので，モデルの推定は当然可能ですが，大きな問題が生じます．いま，説明変数を2つ含む，

$$Y_i = \beta_1 + \beta_2 X_{2i} + \beta_3 X_{3i} + u_i \tag{4.47}$$

をモデルとして考えてみましょう．X_{2i} と X_{3i} に強い相関関係があったとします（説明変数が2つの場合，変数間の相関関係と多重共線性は同一の問題となります）．X_{2i} と X_{3i} の相関係数を r_{23} とすると，詳細は省略しますが，最小二乗推定量 $\hat{\beta}_1, \hat{\beta}_2$ の分散は，

$$V(\hat{\beta}_j) = \frac{\sigma^2}{(1-r_{23}^2) \cdot \sum(X_{ji}-\bar{X}_j)^2}, \quad j=2,3 \tag{4.48}$$

となります．したがって，相関関係が強くなり，r_{23} が ±1 に近づくと分散は大きくなっていきます．$r_{23}=0.99$ の場合，$r_{23}=0$ の50倍の分散となることになります．このような場合，精度よく推定できないばかりでなく，推定値が非常に不安定となり，いくつかの観測値を加えたり除いたりしただけで大きく値が変わってしまうことになります．

多数の説明変数を含む一般の重回帰モデルでも，同様に，多重共線性が存在すると推定量の分散が大きくなってしまいます．多数の説明変数を含む場合，次のようなことが起こります．

- 2つの説明変数間に強い相関関係があれば多重共線性の問題を生じる．
- しかしながら，たとえ説明変数間に直接強い相関がなくとも，多重共線性の問題を生じることがある（どの2つの説明変数をとってもその相関係数の絶対値は1に近い大きな値とはなりません）．

4.5.2　多重共線性の尺度

説明変数間に多重共線性を判断する尺度を考えてみましょう．2変数間の相関係数の絶対値が1に近い大きな値とはならない，だけでは不十分です．たとえば，X_{2i} と X_{3i} は平均0で分散1, 相関係数0とします．$X_{2i}+X_{3i}=X_{4i}$ という関係があったとすると，3変数間には完全な多重共線性がありますが（$X_{2i}+X_{3i}$ と X_{4i} との相関係数は1），X_{4i} と X_{2i}, X_{3i} の相関係数は $1/\sqrt{2} \approx 0.707$ にしかなりません．

多重共線性の尺度としては，いくつかのものが提案されていますが，ここでは説明変数間の関係だけに注目します．説明変数を他の説明変数で回帰するモデル

を作り,その決定係数 R^2 に基づいて考えます(通常の回帰モデルと異なり,これは因果関係や説明関係などを考慮したものではなく,多重共線性の尺度を求める機械的な方法です).ここで,j 番目の説明変数を他の説明変数で回帰したモデルを考え,その決定係数 R^2 の値を R_j^2 とすると,

$$VIF_j = \frac{1}{1-R_j^2} \tag{4.49}$$

は,分散増幅因子(variance-inflation factor)と呼ばれています.VIF_j は,説明変数のうちどの2つの変数をとっても相関係数が0となる「完全な無相関」(この場合は3つ以上の変数を考えても相関は生じません)の場合に比べて,分散がどの程度大きくなっているかを示しています.

R_j^2(すなわち VIF_j)は,多重共線性が問題となるかどうかを決定する重要な尺度ではありますが,唯一の要因ではありません.仮説検定のように R_j^2 の値だけによって,多重共線性が問題となるかどうかを決めることはできません.R_j^2 がある値(たとえば 0.95 や 0.99)ならば多重共線性が問題となるといったような客観的で基準はなく,参考としての尺度であることを注意して下さい.

4.5.3 多重共線性がある場合の推定と検定

説明変数間に多重共線性の問題があっても(完全な多重共線性でない限り),モデルが正しく想定されていれば,最小二乗法の標準的な仮定はすべて満足されています.したがって,第2,3章で述べた最小二乗推定量の性質はすべて成り立ち,そのままの式を使って推定や検定を行うことができます.

多重共線性は,説明変数の情報が非常に似ていること,すなわち,説明変数の個別の影響を評価するだけの情報をデータがもっていないということを意味しています.したがって,誤差項の系列相関や不均一分散の場合と異なり本質的な解決方法はありません.リッジ回帰(Ridge regression)などいくつかの方法が提案されていますが,問題点が多く,少なくとも本書の枠組みでは推奨できるものではありません.

多重共線性の問題が起こった場合は,次のような点に留意して下さい.これらは一般の回帰モデルでも重要ですが,多重共線性の問題がある場合にはとくに注意する必要があります.

- モデルに不必要な説明変数を加えていないか.すなわち,不必要な説明変数をとりのぞくことによって,多重共線性の問題を解決できないかどうか

を点検する．また，変数の関数変換などが適当であるかどうかを点検する．
- さらに多くのデータを集め，観測値 n の数を増やすことによって全体の情報量を増加させる．
- 回帰係数間に経済理論や過去の経験などから得られる制約がないかどうかを調べ，制約がある場合は，その条件のもとで推定を行うことによって多重共線性の問題を解決できないかどうかを点検する．
- 多重共線性の問題点は推定量の分散・標準誤差が大きくなってしまうことであり，もし，多重共線性が存在しても t 検定などはそのまま使うことができる．したがって，仮説検定において目的の仮説が棄却された場合などは，多重共線性が存在しても重大な問題とはならないことになる．
- 一部の変数間のみに多重共線性の問題がある場合は，その他の回帰係数の推定量はその影響を受けない．たとえ，3つの説明変数を含むモデルで，X_{2i} と X_{3i} の間に強い相関関係があるが，X_{4i} は X_{2i}, X_{3i} と線形の強い関係がない（R_4^2, VIF_4 の値が小さい）とすると，$\hat{\beta}_4$ には多重共線性の問題は生じない．
- いくつかの回帰係数についての複数の制約式からなる仮説に対して F 検定を行う場合は，多重共線性が問題とならないケースがある．X_{2i} と X_{3i} の間に強い相関関係があったとしても，$H_0: \beta_2 = \beta_3 = 0$ を検定する場合は，X_{2i} と X_{3i} の多重共線性は，F 検定を行う上で問題とはならない．ある変数の被説明変数に対する効果を調べるのに，その変数だけでなく，二乗・三乗の項などを（高次のテーラー展開に基づき）説明変数に加えることがあるが，これらに多重共線性があることが多い．この場合，多重共線性のため個々の t 値は小さくなるが，その変数が効果があるかどうかの F 検定には問題を生じない．

4.6 銅消費量データを使った多重共線性の分析

銅消費量のデータを使い説明変数間の多重共線性の問題を分析してみます．EViews を起動し，

Open CuEX2

として，ワークファイルを呼び出して下さい．

まず，完全な多重共線性が存在する場合，モデルの推定ができないことを確認

4.6 銅消費量データを使った多重共線性の分析

してみましょう．第3章では，1973年以前が0，それ以後が1のダミー変数 D_t を作りましたが，ここでは，逆に1973年以前が1，それ以後が0のダミー変数 D_{2t} を作ってみることにします．1989年は20番目のデータですので，

Series D2=Time<20

と入力します．モデルを

$$\log(Copper_t) = \beta_1 + \beta_2 \cdot \log(GDP_t) + \beta_3 \cdot D_t + \beta_4 \cdot D_{2t} + u_t \tag{4.50}$$

とすると，$D_t + D_{2t} = 1$ がすべての t について満足されますので，完全な多重共線性が生じます．

Equation EqMult1.LS LogCu C LogGDP D1 D2

と入力すると，完全な多重共線性のため推定できないというエラーメッセージ "Near singular matrix." が現れ，推定は行われません．

次に，説明変数を $\log(GDP_t)$，$\{\log(GDP_t)\}^2$，$\{\log(GDP_t)\}^3$ としたモデル

$$\log(Copper_t) = \beta_1 + \beta_2 \cdot \log(GDP_t) + \beta_3 \cdot \{\log(GDP_t)\}^2 + \beta_4 \cdot \{\log(GDP_t)\}^3 + u_t \tag{4.51}$$

を考えてみましょう．このモデルの推定結果（カッコ内は標準誤差）は，

$$\log(Copper_t) = \underset{(154.137)}{195.236} + \underset{(80.220)}{104.502} \log(GDP_t) + \underset{(13.898)}{19.150} \{\log(GDP_t)\}^2$$
$$- \underset{(0.8013)}{1.1591} \{\log(GDP_t)\}^3 \tag{4.52}$$

で，t 値は $t_2 = -1.303$，$t_3 = 1.378$，$t_4 = -1.447$ とその絶対値が小さくなり，5%の有意水準ではいずれも有意とはなりません．

説明変数 $\log(GDP_t)$，$\{\log(GDP_t)\}^2$，$\{\log(GDP_t)\}^3$ の間の多重共線性を分析してみましょう．まず，説明変数をその他の説明変数で回帰してみます．

Equation EqMult2.LS LogGDP C LogGDP2 LogGDP3
Equation EqMult3.LS LogGDP2 C LogGDP LogGDP3
Equation EqMult4.LS LogGDP3 C LogGDP LogGDP2

と入力して，$R_j^2, j=2, 3, 4$ を求めて下さい．$R_2^2 = 0.999999604$，$R_3^2 = 0.99999902$，$R_4^2 = 0.999999617$ ですので，非常に強い多重共線性があり，このため分散・標準誤差が非常に大きくなっていることがわかります（EViewsの標準表示では1.000000となりますが，正確にはこの値です）．なお，第3章で分析したように，すべての説明変数の係数が0であるという帰無仮説，$H_0: \beta_2 = \beta_3 = \beta_4 = 0$ の F 検定を考えると，$F = 32.316$ で非常に大きな値となり，常識的な有意水準ならば，

帰無仮説は棄却されます．この F 検定は多重共線性の影響を受けていません（この場合は，$\{\log(GDP_t)\}^3$ は不要な変数であり，説明変数に加えるべきではないといえます）．

次に，説明変数を $\log(GDP_t)$，$\{\log(GDP_t)\}^2$ としたモデル，
$$\log(Copper_t) = \beta_1 + \beta_2 \cdot \log(GDP_t) + \beta_3 \cdot \{\log(GDP_t)\}^2 + u_t \quad (4.53)$$
における多重共線性について考えてみます．$\log(GDP_t)$，$\{\log(GDP_t)\}^2$ の相関係数を

Group G1 LogGDP LogGDP2
G1.Cor

として求めて下さい（この場合は，説明変数が2つですので回帰分析を行う必要はありません．$R_2^2 = R_3^2 = r_{23}^2$ となります）．$r_{23} = 0.99977$ ですので強い相関関係があるといえます．しかしながら，このモデルの推定結果（カッコ内は標準偏差）は，
$$\log(Copper_t) = \underset{(6.903)}{-27.515} + \underset{(2.377)}{11.491} \cdot \log(GDP_t) - \underset{(0.2042)}{0.9503} \cdot \{\log(GDP_t)\}^2 \quad (4.54)$$
ですので，t 値は，$t_2 = 4.833$, $t_3 = -4.654$ です．したがって，常識的な有意水準では，$\log(GDP_t)$ と $\{\log(GDP_t)\}^2$ は有効な変数であることになります．すなわち，説明変数間に多重共線性は存在しますが，あまり問題とならないケースといえるでしょう．

4.7 演習問題

第2章演習問題の，アメリカ合衆国の銅消費量のデータ（表2.5）を使って，本章で説明した手順に従って次の演習を行って下さい．

1. 次のモデルを使って誤差項の系列相関の検定を行って下さい．
$$\log(Copper_t) = \beta_1 + \beta_2 \cdot \log(GDP_t) + u_t$$
2. 1の検定の結果にかかわらず，系列相関の修正を行って下さい．
3. 1のモデルを使い，不均一分散の検定を行って下さい．
4. 3の検定結果にかかわらず，
$$\sigma_i^2 = \beta_1 + \beta_2 \cdot \log(GDP_t)$$
として，雨宮の方法によって不均一分散の修正を行って下さい．
5. モデルとして，

$$\log(Copper_t) = \beta_1 + \beta_2 \cdot \log(GDP_t) + \beta_3 \cdot \{\log(GDP_t)\}^2 + \beta_4 \cdot \{\log(GDP_t)\}^3 + u_t$$
を考え，説明変数間の多重共線性について分析して下さい．

6. モデルとして，
$$\log(Copper_t) = \beta_1 + \beta_2 \cdot \log(GDP_t) + \beta_3 \cdot \{\log(GDP_t)\}^2 + u_t$$
を考え，説明変数間の多重共線性について分析して下さい．

5. 同時方程式モデル

5.1 説明変数が確率変数の場合の最小二乗推定量

これまで，回帰モデル，
$$Y_i = \beta_1 + \beta_2 X_i + \beta_3 X_{3i} + \cdots + \beta_k X_{ki} + u_i, \qquad i = 1, 2, \ldots, n \qquad (5.1)$$
において，「説明変数 $X_{2i}, X_{3i}, \ldots, X_{ki}$ は確率変数でなく，すでに確定した値をとる」と仮定していました．しかしながら多くの経済データではこの仮定が満足されるとは考えられず，説明変数 $X_{2i}, X_{3i}, \ldots, X_{ki}$ を確率変数とみなす必要があります．

$X_{2i}, X_{3i}, \ldots, X_{ki}$ が確率変数である場合，最小二乗推定量（2.2 節参照）については次のことが知られています．

- u_i の $X_{2i}, X_{3i}, \ldots, X_{ki}$ を条件とする条件つき期待値 $E(u_i | X_{2i}, X_{3i}, \ldots, X_{ki})$ が，$E(u_i | X_{2i}, X_{3i}, \ldots, X_{ki}) = 0$ を満足するならば，最小二乗推定量は，不偏・一致推定量であり，分散・標準誤差は，これまでの公式を使って求めることができる．$X_{2i}, X_{3i}, \ldots, X_{ki}$ と u_i が独立ならば，回帰係数の検定などは，「すでに確定した値をとる」と仮定した場合と同様に行うことができる．

- $X_{2i}, X_{3i}, \ldots, X_{ki}$ と u_i が無相関，すなわち，$Cov(X_{ji}, u_i) = 0$, $j = 2, 3, \ldots, k$ ならば，最小二乗推定量の性質は，（少なくとも）漸近的に成り立つ（なお，$E(u_i | X_{2i}, X_{3i}, \ldots, X_{ki}) = 0$ ならば $Cov(X_{ji}, u_i) = 0$, $j = 2, 3, \ldots, k$ ですが，逆は必ずしも成り立ちません）．

- $X_{2i}, X_{3i}, \ldots, X_{ki}$ と u_i の間に相関関係があり，$Cov(X_{ji}, u_i) \neq 0$ となるような説明変数 X_{ji} が存在する場合，最小二乗推定量は，不偏推定量でないばかりか一致推定量でもない．観測値の数をいくら大きくしても真の値に近づかず（確率収束せず），偏り（bias）を生じる．

このことを，説明変数が X_i だけの単回帰モデル
$$Y_i = \beta_1 + \beta_2 X_i + u_i \qquad (5.2)$$

における最小二乗推定量 $\hat{\beta}_2$ を使って簡単に説明してみましょう．$\hat{\beta}_2$ の公式に (5.2) 式を代入すると，

$$\hat{\beta}_2 = \beta_2 + \frac{\sum (X_i - \bar{X}) u_i}{\sum (X_i - \bar{X})^2} = \beta_2 + \frac{\sum (X_i - \bar{X}) u_i / n}{\sum (X_i - \bar{X})^2 / n} \tag{5.3}$$

となります．通常の条件では，大数の法則から，$\sum (X_i - \bar{X}) u_i / n$ は $Cov(X_i, u_i)$ に，$\sum (X_i - \bar{X})^2 / n$ は $V(X_i)$ に確率収束して，$\hat{\beta}_2$ は，

$$\beta_2 + \frac{Cov(X_i, u_i)}{V(X_i)} \tag{5.4}$$

に確率収束します．したがって，$Cov(X_i, u_i) = 0$ の場合，$\hat{\beta}_2$ は真の値 β_2 に確率収束して，一致推定量となります．しかしながら，$Cov(X_i, u_i) \neq 0$ の場合，$\hat{\beta}_2$ は β_2 には確率収束せず，$Cov(X_i, u_i) / V(X_i)$ だけの偏りをもった値に近づいていくことになり，一致推定量となりません．

このように，$X_{2i}, X_{3i}, ..., X_{ki}$ と u_i の間に相関関係があり，$Cov(X_{ji}, u_i) \neq 0$ となるような説明変数 X_{ji} が存在する場合，最小二乗法をそのまま推定に使うことはできません．本章では，このような場合の例として，応用上も重要な同時方程式モデル（simultaneous equation model）について説明します．

5.2　需要・供給関数とマクロ経済モデル

ここでは，同時方程式モデルの重要な例として，需要関数と供給関数およびマクロ経済モデルについて述べ，これらのモデルでは最小二乗法による推定ができないことを説明します．これらのモデルでは，時系列データが使われますので，変数の添え字は t を使うこととします．

5.2.1　需要関数と供給関数

t 期における，ある財（たとえばリンゴ）への需要量 Q_t が，その期の価格 P_t の関数として，

$$Q_t = \alpha_1 + \alpha_2 P_t + u_t \tag{5.5}$$

で表されるとします．このように，需要量を価格などで表した式は需要関数（demand function）と呼ばれます．一方，供給関数（supply function）も価格 P_t の関数として，

$$Q_t = \beta_1 + \beta_2 P_t + v_t \tag{5.6}$$

で表されるとします．市場経済モデルでは，価格 P_t は需要量と供給量が一致す

る均衡水準で決定されますので，Q_t と P_t は同時に決定されることになります．このようなモデルは同時方程式モデルと呼ばれます．

(Q_t, P_t) の観測値から，(5.5) 式の需要関数を最小二乗法によって正しく推定することが可能でしょうか．(5.5) 式と (5.6) 式を連立させ P_t について解くと，

$$P_t = \frac{\alpha_1 - \beta_1}{\beta_2 - \alpha_2} + \frac{u_t - v_t}{\beta_2 - \alpha_2}$$

となりますので，u_t と v_t が無相関であっても，

$$Cov(P_t, u_t) = \frac{\sigma_u^2}{\beta_2 - \alpha_2} \neq 0$$

となってしまいます．すなわち，一見何の問題もないように思えますが，最小二乗法では（たとえ観測値の数を非常に多くしても）正しく推定することができません．この場合，供給関数も同じ関数形です．もし，最小二乗法で正しく推定することが可能であるとすると，需要関数と供給関数が同じということになってしまいますので，この点からも，正しく推定できないことが納得できます．

5.2.2 マクロ経済モデル

一国の経済全体を分析する場合，マクロ経済モデル（macroeconomic model）が使われています．マクロ経済モデルによって，経済成長率の予想や各種の政策・施策の影響の評価などが行われています（マクロ経済モデルの詳しい説明については，拙著『理工系のための経済学・ファイナンス理論』（東洋経済新報社，2003）などを参照して下さい）．

マクロ経済モデルの例として，最も簡単なケインズ型のモデルを考えてみましょう．Y_t を t 期における（一国全体の）所得（income），C_t を消費（consumption）とします．消費は所得の関数として，

$$C_t = \beta_1 + \beta_2 Y_t + u_t \tag{5.7}$$

で与えられるとします．β_2 は収入が1円増加した場合，消費が何円増加するかを表す限界消費性向（marginal propensity to consume）です．

ところで，経済全体を考えた場合，ある人の消費は他の人の収入となっているはずですので（簡単のため，政府や貿易などの対外要因は無視します），

$$Y_t = C_t + I_t \tag{5.8}$$

となります．I_t は投資（investment）でモデル外で決定されるとします．このモデルでは，Y_t と C_t は同時に決定されることになります．

(5.7), (5.8) 式を Y_t について解くと,
$$Y_t = \frac{\beta_1}{1-\beta_2} + \frac{1}{1-\beta_2} I_t + \frac{u_t}{1-\beta_2} \tag{5.9}$$
となります. したがって, $\sigma^2 = V(u_t)$ とすると,
$$Cov(Y_t, u_t) = \frac{\sigma^2}{1-\beta_2} \neq 0$$
となり, 最小二乗法によっては, (5.7) 式, すなわち, 限界消費性向 β_2 を正しく推定できないことになります.

5.3 モデルが推定可能であるための条件

5.3.1 モデルの識別性

前節では, 簡単な同時方程式モデルの例として, 需要・供給関数や2つの式からなるケインズ型のモデルについて説明しましたが, 実際の経済分析に使われるモデルははるかに複雑で, 多数の式から成り立っています. モデルに使われている変数は2つに分類することができます. 1つは, モデル外で決定されて誤差項と独立とみなせる変数で外生変数 (exogenous variable) と呼ばれ, 他の1つは, モデル内で決定される変数で内生変数 (endogenous variable) と呼ばれます. マクロ経済分析に広く用いられている IS-LM モデルでは, 所得や利子率が内生変数, 政府支出や通貨供給量が外生変数とされています.

モデルが推定可能であるためには, 内生変数と外生変数がある条件を満たす必要があります. いま, モデルが M 個の内生変数と K 個の外生変数を含んでいるとします. モデル内で M 個の内生変数が決定されるわけですから, モデルは全体で M 個の方程式から成り立っていることになります. このうち, j 番目の式を考えてみます. j 番目の式は, 常に推定可能であるとは限りません. 推定可能であるためには, その式に含まれている内生変数と外生変数がある条件を満足し, 識別可能 (identified, identifiable) である必要があります.

識別可能であるかどうかを決めるものとしては, オーダー条件 (order condition) とランク条件 (rank condition) があります. オーダー条件は, 各式ごとに簡単に確かめることができます. j 番目のものについては,

$$j \text{ 番目の式に含まれる内生変数の数} - 1$$
$$\leq j \text{ 番目の式に含まれない外生変数の数} \tag{5.10}$$

を満足することです．(5.10) 式で等号が成り立つとき適度識別可能（just-identified），不等号が成り立つとき過剰識別可能（over-identified）と呼ばれます．この条件式が，満足されないときは識別可能でなく（under-identified）この式の推定を行うことはできません．

なお，多くのモデルで，前期や前々期の内生変数など，時間的に遅れのある内生変数が使われています．そのような変数は，ラグつき内生変数（lagged endogenous variable）と呼ばれていますが，その値は t 期までにすでに確定していますので，識別性や推定の問題については，外生変数と同様に扱います．外生変数およびラグつき内生変数は先決変数（predetermined variable）と呼ばれます．

ランク条件は，M 個の方程式からなるモデル全体を考えた条件ですが，複雑なので，本章末にまとめておきます．オーダー条件は識別可能であるための必要条件で，ランク条件は必要十分条件です．したがって，オーダー条件が満足されるにもかかわらずランク条件が満足されず，識別可能でない場合も存在します．しかしながら，実用的なモデルではオーダー条件が満足されれば識別可能である場合がほとんどです．

5.3.2 需要・供給関数による識別性の例

ここでは，モデルの識別性の問題を需要関数，供給関数の例を使って説明します．需要関数は，

$$Q_t = \alpha_1 + \alpha_2 P_t + u_t \tag{5.11}$$

供給関数は，

$$Q_t = \beta_1 + \beta_2 P_t + v_t \tag{5.12}$$

であるとします．需要関数に含まれる内生変数の数は 2 個です．このモデルには，外生変数は 1 つもありませんので，需要関数に含まれない外生変数の数は 0 です．したがって，

含まれる内生変数の数 $-1 >$ 含まれない外生変数の数

となり，識別可能ではありません．また，同様に供給関数も識別可能でなく，これらを推定することはできません．このように，経済学では非常に広く使われているモデルであっても，推定できない場合があることに注意して下さい．

供給量に降水量 R_t が影響し，供給関数が

$$Q_t = \beta_t + \beta_2 P_t + \beta_3 R_t + v_t \tag{5.13}$$

である場合はどうでしょうか．R_t は外生変数となります．需要関数についてみると，内生変数は 2 個，含まれない外生変数は 1 個ですので，（適度）識別可能となり需要関数の推定を行うことができます．これは，R_t の値がかわることに

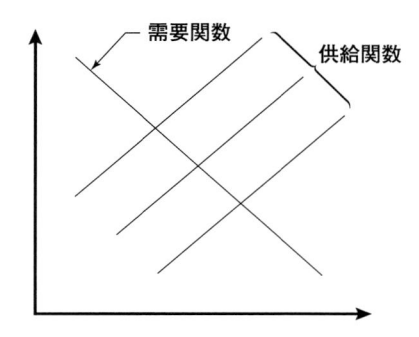

図 5.1 R_t の値が変わることによって供給関数がシフトし，2つの関数の交点が需要関数上をシフトする．

よって供給関数がシフトし，その結果2つの関数の交点が需要関数上を移動するためです（図 5.1）．なお，この場合でも供給関数は，識別可能ではありません．

需要関数に収入 W_t，供給関数に R_t の他に前期の価格 P_{t-1} が影響して，需要関数が

$$Q_t = \alpha_1 + \alpha_2 P_t + \alpha_3 W_t + u_t \tag{5.14}$$

供給関数が

$$Q_t = \beta_1 + \beta_2 P_t + \beta_3 R_t + \beta_4 P_{t-1} + v_t \tag{5.15}$$

である場合はどうでしょうか．この場合は，R_t，W_t および P_{t-1} が先決変数（外生変数とラグつき内生変数）ですので，需要関数は（過剰）識別可能，供給関数は（適度）識別可能となります．

5.4 同時方程式モデルの推定

同時方程式モデルが識別可能である場合，それを推定することができます．推定法には，単一方程式法（single equation method）とシステム法（system method）があります．単一方程式法は個別の式ごとに推定を行うもので，その式が識別可能であれば推定を行うことができます．一方，システム法はモデル全体をシステムとして同時に推定する方法で，モデルのすべての式が識別可能である必要があります．

単一方程式法には，2段階最小二乗法（2-stage least squares method, 2SLSと略されます）と制限情報最尤法（limited information maximum likelihood method, LIML）があります．また，システム法には，3段階最小二乗法（3-stage least squares method, 3SLS) と完全情報最尤法 (full information maximum likelihood method, FIML) があります．以下これらの方法について簡単に説明します．なお，これらの方法による推定量の性質はすべて漸近的なものとなります．

5.4.1 単一方程式法
● 2 段階最小二乗法
いま，モデルが，

$$Y_{1t} = \beta_{12} Y_{2t} + \gamma_{11} + \gamma_{12} X_{2t} + u_{1t} \tag{5.16}$$
$$Y_{2t} = \beta_{21} Y_{1t} + \gamma_{21} + \gamma_{23} X_{3t} + \gamma_{24} X_{4t} + u_{2t}$$

であり，Y_{1t}, Y_{2t} が内生変数，X_{2t}, X_{3t}, X_{4t} が外生変数（以後，ラグつきの内生変数を含むものとします）であったとします．モデルの構造を表す式は，構造方程式 (structural equation) と呼ばれています．この場合は，オーダー条件は満足され，また，ランク条件も満足されますので，識別可能となっています．

(5.16) の第 1 式の推定を考えてみましょう．$Cov(Y_{2t}, u_{1t}) \neq 0$ ですので，最小二乗法を推定に用いることはできません．そこで，Y_{2t} のあてはめ値 $\hat{Y}_{2t}$ で置きかえて推定を行います．Y_{2t} を X_{2t}, X_{3t}, X_{4t} について解くと，

$$Y_{2t} = a_{21} + a_{22} X_{2t} + a_{23} X_{3t} + a_{24} X_{4t} + v_{2t} \tag{5.17}$$

が得られます．このように，内生変数を外生変数の関数として表した式を誘導型 (reduced form) と呼びます（a と β, γ の間には関係式がありますが，単一方程式では考慮しません）．

この式を最小二乗法によって推定し，そのあてはめ値 $\hat{Y}_{2t}$ を

$$\hat{Y}_{2t} = \hat{a}_{21} + \hat{a}_{22} X_{2t} + \hat{a}_{23} X_{3t} + \hat{a}_{24} X_{4t}$$

から求めます．次に，$\hat{Y}_{2t}$ を (5.16) の第 1 式の Y_{2t} に代入した

$$Y_{1t} = \beta_{12} \hat{Y}_{2t} + \gamma_{11} + \gamma_{12} X_{2t} + u_{1i}^{*} \tag{5.18}$$

に最小二乗法を適用して，構造方程式の推定を行います．この推定法は 2 段階の最小二乗法によって推定量を求めますので，2 段階最小二乗法 (2SLS) と呼ばれ，推定量は一致推定量となります．(5.16) の第 2 式の推定も同様です．EViews の 2 段階最小二乗法のコマンドでは問題ありませんが，推定量の分散・標準誤差は，最小二乗法の公式からは正しく求めることができませんので注意して下さい．

M 個の内生変数を含む一般的なモデルで第 j 式の推定は，
  i) 第 j 式の右辺に含まれている内生変数をすべての外生変数で表す誘導型を考え，これを最小二乗法で推定してそのあてはめ値を求める．

ⅱ) 第 j 式の右辺に含まれている内生変数にⅰ)で求めたあてはめ値を代入し，最小二乗法による構造方程式の推定を行う．

という手順で行います．

なお，内生変数のあてはめ値を求めるのに使われる外生変数やラグつきの内生変数は，操作変数（instrumental variable）と呼ばれます．本書のレベルをこえるので詳細は省略しますが，2段階最小二乗法は操作変数法（instrumental variable method, IV 法）と呼ばれる推定方法の1つで，かつそのなかで最善のもの（推定量の漸近分散が最も小さい）であることが知られています．

● 制限情報最尤法

制限情報最尤法（LIML）は，

- 推定しようとする式の右辺に含まれている内生変数がすべて誘導型で表され，
- かつそのパラメータや分散の制約条件を考えず，
- 誤差項が多変量正規分布に従う，

として最尤法による推定を行うものです．たとえば，(5.16) の第1式の推定を行う場合は，

$$Y_{1t} = \beta_{12} Y_{2t} + \gamma_{11} + \gamma_{12} X_{2t} + u_{1t} \qquad (5.19)$$
$$Y_{2t} = a_{21} + a_{22} X_{2t} + a_{23} X_{3t} + a_{24} X_{4t} + v_{2t}$$

を組み合わせ（a と β，γ の間の関係式や分散の制約などを考慮せず），(u_{1t}, v_{2t}) が2変量正規分布に従うとして推定を行うものです．制限情報最尤推定量は，2段階最小二乗推定量と同一の漸近分散をもちます（ただし，異なった公式で計算されますので，分散・標準誤差などの実際の推定値は異なります）．

ところで，$Y_{1t}^{*} = Y_{1t} - \beta_{12} Y_{2t}$ とすると，(5.19) の第1式は，

$$Y_{1t}^{*} = \gamma_{11} + \gamma_{12} X_{2t} + u_{1t} \qquad (5.20)$$

となります．β_{12} の値を決めると，Y_{1t}^{*} を計算することができますので，この式を最小二乗法によって推定し，その残差の平方和 $S_1 = \sum e_t^2$ を求めることができます．一方，右辺の変数に X_{3t}, X_{4t} を加えて

$$Y_{1t}^{*} = \gamma_{11} + \gamma_{12} X_{2t} + \gamma_{13} X_{3t} + \gamma_{14} X_{4t} + u_{1t} \qquad (5.21)$$

とします．(5.20) 式と同様，β_{12} の値を決めると，最小二乗法を使って残差の平方和 $S_2 = \sum e_t^2$ を求めることができます．S_1, S_2 は β_{12} の値によって変化しますので，その比，

$$\Lambda(\beta_{12}) = \frac{S_1}{S_2} \tag{5.22}$$

は，β_{12} の関数となります．もし，β_{12} の正しい値が選ばれたとすると，真の値は $\gamma_{13} = \gamma_{14} = 0$ ですので，2つの残差の平方和の差は小さくなるはずです．したがって，$\Lambda(\beta_{12})$ を最小にする β_{12} を推定量とすることが考えられます．この方法は，制限情報最尤法とまったく同一の推定結果を与えます．このため，制限情報最尤法は，最小分散比法（least variance ratio method, LVR）とも呼ばれています．なお，現在のところ EViews では LIML による推定を行うことができません．

なお，推定しようとする式が適度識別可能な場合は，2段階最小二乗推定量と制限情報最尤推定量は同一のものとなります．

5.4.2 システム法

2段階最小二乗法などの単一方程式法では，個別に構造方程式を推定していくために，システム全体としての情報を使っていません．システム全体を考えて推定を行うと，漸近的により有効な（漸近的に分散が小さくなる）推定量を得ることができます．ここでは，3段階最小二乗法（3SLS）と完全情報最尤法（FIML）について簡単に説明します（理論的な詳細は本書のレベルをこえるので省略します）．

システム法が単一方程式法よりよい（漸近的により有効な）推定量を与えるためには，システム全体の構造方程式が正しく設定されていることが必要です．システム中に間違った式があると，単一方程式法では他の式の推定には影響しませんが，システム法ではすべての式の推定が影響を受けてしまいますので注意して下さい．なお，特別な場合として，システムに含まれるすべての式が適度識別可能な場合は，2段階最小二乗推定量，制限情報最尤推定量，3段階最小二乗推定量，完全情報最尤推定量は同一のものとなります．

● 3 段階最小二乗法

(5.16) 式の推定において，2段階最小二乗法では，(u_{1t}, u_{2t}) の分散・共分散を考慮しませんでしたが，分散・共分散を考慮することによって漸近的により有効な推定量を得ることができます．3段階最小二乗法（3SLS）は，構造方程式の誤差間の分散・共分散を考慮した推定方法で，次の手順によって推定を行います．

i）2段階最小二乗法によってシステムに含まれる各式の推定を行い，その結果から誤差項の分散・共分散を推定する．

ii）i）の分散・共分散の推定結果を使って，システム全体の推定を一般化2段階最小二乗法によって行う．

● 完全情報最尤法

完全情報最尤法では，構造法程式の誤差項が多変量正規分布に従うとして，最尤法を行います．モデルに多くの式が含まれる場合は，現在のコンピュータでも計算時間がかなりかかります．また，この方法では，繰り返し計算を行うため，間違った式が存在する場合，その影響は大きくなりますので十分注意して下さい．完全情報最尤推定量は，3段階最小二乗推定量と同一の漸近分布に従います．ただし，異なった公式で計算されますので，分散・標準誤差などの実際の推定値は異なります．

5.5 外生性の検定

同時方程式モデルでは，変数を内生変数と外生変数に分けて推定を行っています．たとえば，2段階最小二乗法では内生変数のあてはめ値を求め，それを代入して推定を行っています．これまでは，内生変数と外生変数は事前に決定されているものとしてきました．

もし，ある変数が外生変数ならば，構造方程式の誤差項とは関連がないはずです．また，すでに述べたように，構造方程式の右辺に含まれる変数がすべて誤差項とは関連がないならば，最小二乗法によって推定可能であるばかりでなく，最小二乗推定量は最適な性質を有しています．このことを使って，変数の外生性についての次のようなウー・ハウスマンの検定（Wu-Hausman test）を行うことができます．なお，ここでの検定は，あくまでも変数と誤差項の関連についてのもので，変数間の因果関係を直接調べるものでないことに注意して下さい．

(5.16) の第1式は

$$Y_{1t} = \beta_{12} Y_{2t} + \gamma_{11} + \gamma_{12} X_{2t} + u_{1t} \tag{5.23}$$

です．もし，Y_{2t} が外生変数であるとすると，(5.23) 式の最小二乗推定量は最適な性質を有していますし，2段階最小二乗推定量は Y_{2t} が外生・内生変数の場合を問わず，一致推定量となります．したがって，Y_{2t} の誘導型からそのあてはめ値，$\hat{Y}_{2t}$ を求め，

$$Y_{1t} = \beta_{12} Y_{2t} + \gamma_{11} + \gamma_{12} X_{2t} + \delta \hat{Y}_{2t} + u_{1t} \tag{5.24}$$

を考えます．これに対し，最小二乗法によって推定を行い，$H_0: \delta = 0$ の t 検定を行うことによって，外生性の検定を行うことができます．帰無仮説が棄却されれば，この変数は外生変数とみなすことができないことになります．

また、

$$Y_{1t} = \beta_{12}Y_{2t} + \beta_{13}Y_{3t} + \gamma_{11} + \gamma_{12}X_{2t} + u_t \tag{5.25}$$

における（識別性の条件は当然満足されているものとします），Y_{2t} と Y_{3t} の外生性の検定は，

$$Y_{1t} = \beta_{12}Y_{2t} + \beta_{13}Y_{3t} + \gamma_{11} + \gamma_{12}X_{2t} + \delta_1 \hat{Y}_{2t} + \delta_2 \hat{Y}_{3t} + u_t \tag{5.26}$$

を考えて，$H_0: \delta_1 = \delta_2 = 0$ を最小二乗法の F 検定によって検定することになります．

5.6 簡単な IS-LM モデルの推定

5.6.1 モデルとデータ

ここでは，マクロ経済モデルの例として，簡単な IS-LM モデルの推定を行ってみます．モデルは，

$$Cons_t = \alpha_1 + \alpha_2 \cdot Y_t + \alpha_3 \cdot r_t + u_{1t} \tag{5.27}$$
$$Y_t = Cons_t + I_t + G_t$$
$$Y_t = \beta_1 + \beta_2 \cdot M_t + \beta_3 \cdot r_t + u_{2t}$$

とします（Y_t：所得，$Cons_t$：民間消費，I_t：投資，G_t：政府一般消費，M_t：通貨供給量，r_t：利子率）．内生変数は Y_t, $Cons_t$, r_t で，外生変数は I_t, G_t, r_t です．第1式は消費関数（consumption function），第2式は所得の恒等式（income identity）です．この2つの式から（Y_t と r_t との関係式を求めることによって）財市場における均衡を表す IS 曲線が得られます．第3式は貨幣市場における均衡を表す LM 曲線です．第1式，第3式は識別可能となっており，推定可能です．

なお，ここでは，演習のため非常に簡単なモデルを考えましたが，実際の経済分析に使われているモデルははるかに複雑です．また，マクロ経済モデルでは，消費は C_t で表すのが普通ですが，EViews では C は定数項用に使われており，ユーザーが変数名に割り当てることができませんので，EViews での変数名と一致させるため，$Cons_t$ で表すことにします．

表5.1は，1977年から2000年までの日本のデータです．所得－通貨供給の単位は兆円，通貨供給量は広義のもの，利子率は貸し出し金利（%／年）です．モデルとデータの整合性のため，所得は民間消費，政府消費，投資の合計から計算しましたので，GDP などとは一致していません．データは，世界銀行（World Bank），World Table からのものです．このデータを使って（5.27）式のマクロモデルの推定を行います．

5.6 簡単な IS-LM モデルの推定

表 5.1 日本の経済のマクロデータ

年	所得	民間消費	政府一般消費	投資	通貨供給量(M2)	利子率(%)
1977	270.4	168.5	25.1	76.8	158.0	7.56
1978	286.3	176.6	27.2	82.5	178.7	6.42
1979	303.9	186.5	29.6	87.8	193.7	6.37
1980	306.3	186.9	32.4	87.0	207.0	8.35
1981	312.3	187.9	35.4	89.0	229.2	7.86
1982	321.7	195.1	37.8	88.8	246.6	7.31
1983	327.4	200.3	40.2	86.9	263.6	7.13
1984	338.1	204.2	42.5	91.3	281.8	6.75
1985	351.1	209.3	44.7	97.1	306.8	6.6
1986	364.4	215.7	47.4	101.3	335.3	6.02
1987	383.6	224.0	49.5	110.1	372.7	5.21
1988	411.6	234.8	51.8	125.1	409.4	5.03
1989	434.8	243.9	55.0	135.9	457.6	5.29
1990	457.9	252.2	58.8	147.0	495.0	6.95
1991	470.5	257.2	62.5	150.8	507.5	7.53
1992	473.1	262.0	66.0	145.1	506.8	6.15
1993	474.7	265.7	69.0	139.9	518.2	4.41
1994	480.5	272.3	71.3	137.0	534.1	4.13
1995	490.8	275.7	74.7	140.3	548.6	3.51
1996	510.2	281.8	77.4	151.1	561.1	2.66
1997	514.6	283.1	79.2	152.3	578.4	2.45
1998	507.1	283.2	80.7	143.1	602.3	2.32
1999	511.1	288.0	82.9	140.2	622.8	2.16
2000	520.9	290.6	85.7	144.6	629.6	2.07

このデータの Excel ファイルを作成します．所得を **Y**，民間消費を **Cons**，投資を **I**，政府消費を **G**，通貨供給量を **M**，利子率を **R** としますので，変数名を入れて，表 5.2 のように Excel ファイルをつくり，**JPNDAT** という名前で「ドキュメント」に保存して下さい．

5.6.2 単一方程式法による推定

ここでは，(5.27) 式のモデルの推定を 2 段階最小二乗法（2SLS）を使って行ってみます．EViews を起動し，

Workfile JModel A 1977 2000

Read(A2) JPNDAT.XLS 7

と入力し，ワークファイルを作成し，データを読み込んでください．Show コマンドを使ってデータが正しく入力されているかどうかを確認して下さい．

まず，同時方程式モデルであることを考慮せず，(5.27) の第 1 式の消費関数

表 5.2 マクロデータの入力例

YEAR	Y	CONS	G	I	M	R
1977	270.4	168.5	25.1	76.8	158	7.56
1978	286.3	176.6	27.2	82.5	178.7	6.42
1979	303.9	186.5	29.6	87.8	193.7	6.37
1980	306.3	186.9	32.4	87	207	8.35
1981	312.3	187.9	35.4	89	229.2	7.86
1982	321.7	195.1	37.8	88.8	246.6	7.31

を最小二乗法で推定してみましょう．

Equation ConsEq1.LS Cons C Y R

Show ConsEq1

と入力して下さい．推定結果（カッコ内は標準誤差）は，

$$Cons_t = 65.283 + 0.437 \cdot Y_t - 1.681 r_t \qquad (5.28)$$
$$\quad\;\;(5.524)\;(0.00898)\quad\;(0.386)$$

となります．

次に，同時方程式モデルであることを考慮して，2段階最小二乗法（2SLS）で推定を行ってみます．

Equation ConsEq2.TSLS Cons C Y R ＠ C I M G

と入力して下さい（以後は明記しませんが，結果を表示するにはShowコマンドを使います）．**TSLS**はEViewsで2段階最小二乗法による推定を行うコマンドで，＠の後に1つ以上のスペースをあけて，操作変数(instrumental variable)として，**C I M G**と指定します．操作変数としては外生変数の**I, M, G**の他，定数項を表す**C**も指定する必要があります．また，モデルがラグつきの内生変数を含む場合は，それも操作変数として ＠ **C I M G, Y(－1)** のように指定します．

推定の結果は，表5.3のようになります．推定法は2段階最小二乗法（Method：Two-Stage Least Squares）であり，操作変数は**C, I, M, G**（Instrument list：C I M G）であることが示され，その後に第1式の2段階最小二乗法による推定の結果が出力されます．なお，2段階最小二乗法は操作変数法の特別な場合で，モデルに含まれている先決変数（外生変数とラグつきの内生変数）を定数項を含めて指定した場合，本章で説明した2段階最小二乗法となります．

2段階最小二乗法による(5.27)の第1式の推定結果（カッコ内は標準誤差）は，

5.6 簡単な IS-LM モデルの推定

$$C_t = 86.577 + 0.407 \cdot Y_t - 3.304 \cdot r_t \quad (5.29)$$
$$\quad\quad (10.583)\ (0.0162)\quad\ (77.57)$$

です．最小二乗法の結果と比較すると，所得の限界消費性向 α_2 の推定値は 0.437 と 0.407 で 0.03 程度の差ですが，利子率の影響を表す α_3 の推定値は -1.681 と -3.304 とかなり違っています．

今後もいくつか推定を行いますので，その度ごとに (**C**, **I**, **M**, **G**) の4つの変数を操作変数として指定するのは面倒なので，Group コマンドを使って操作変数を **InsVar** という名前で登録しておきましょう．

Group InsVar C I M G

と入力して下さい．以後，**InsVar** は (**C**, **I**, **M**, **G**) の4つの変数を意味します．

第3式を

Equation MoneyEq1.LS Y C M R

Equation MoneyEq2.TSLS Y C M R @ InsVar

として，最小二乗法，2段階最小二乗法で推定して下さい（この場合も @ と **InsVar** の間にスペースをあけます）．次のような推定結果（カッコ内は標準誤差）

表 5.3 2段階最小二乗法による推定結果

```
Dependent Variable: CONS
Method: Two-Stage Least Squares
Date: 07/01/08   Time: 15:05
Sample: 1977 2000
Included observations: 24
Instrument list: C I M G


    Variable      Coefficient   Std. Error   t-Statistic    Prob.


       C            86.57716     10.58262      8.181073    0.0000
       Y             0.406981     0.016194    25.13190     0.0000
       R            -3.303514     0.775688    -4.258817    0.0003


R-squared            0.995068   Mean dependent var       235.2292
Adjusted R-squared   0.994598   S.D. dependent var        40.60905
S.E. of regression   2.984611   Sum squared resid        187.0660
F-statistic       2123.445      Durbin-Watson stat         0.875391
Prob(F-statistic)    0.000000   Second-Stage SSR          98.29916
```

が得られます.

最小二乗法: $Y_t = 178.51 + 0.5545 \cdot M_t + 1.0402 \cdot r_t$
　　　　　　　　　(14.23)　(0.0178)　　　(140.24)

2段階最小二乗法: $Y_t = 155.03 + 0.5798 \cdot M_t + 3.4762 \cdot r_t$
　　　　　　　　　　　(23.00)　(0.0266)　　　(2.334)

5.6.3 システム推定法

ここでは,3段階最小二乗法(3SLS)および完全情報最尤法によるシステム全体の推定を行ってみます.システムとしての推定を行いますので,まず,推定する構造方程式を登録します.メインメニューの[Object]→[New Object]をクリックします(図5.2).「New Object」のボックスが開くので,「Name for Object」を **SysEq1** とし,[System]を選択し,[OK]をクリックします(図5.3).「SYSEQ: System1」のウィンドウが開くので,

　Cons=C(1)+C(2)*Y+C(3)*R　@　InsVar

　Y=C(4)+C(5)*M+C(6)*R　@　InsVar

と入力して下さい(@と **InsVar** の間にスペースをあけて下さい)(図5.4).ここでは,変数名だけではなく,係数を含めて式を指定します.EViewsでは,**C(1)**,**C(2)**,…は自動的に係数を表します.推定を行いますので,コマンドウィンドウに

　SysEq1.3SLS

と入力するか,「System1:SYSEQ」のメニューの[Estimate]をクリックしま

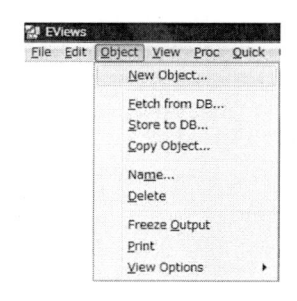

図5.2　メインメニューの[Object]→[New Object]をクリックする.

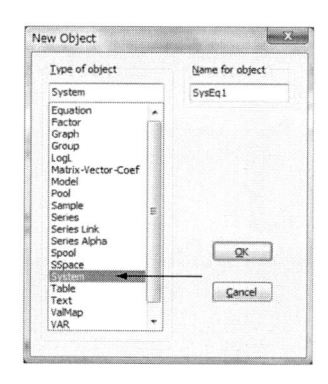

図5.3　「New Object」のボックスが開くので,「Name for Object」を **SysEq1** とし,[System]を選択し,[OK]をクリックする.

す.「System Estimation」のボックスが現れるので,「Estimation method」を[Three-Stage Least Squares]とし,[OK]をクリックします（図5.5）. 推定が行われ, 表5.4のような推定結果が出力されます.

推定方法が3段階最小二乗法であること（Estimation Method：Three-Stage Least Squares）や, 各係数 **C(1)**, **C(2)**, ..., **C(6)** の推定結果, 各式の指標が出力されます.

推定結果（カッコ内は標準誤差）は次のとおりです.

$$Cons_t = 87.768 + 0.4129 \cdot Y_t - 3.049 \cdot r_t \quad (5.30)$$
$$(9.859) \quad (0.0151) \quad (0.723)$$

$$Y_t = -157.34 + 0.5770 \cdot M_t + 3.256 \cdot r_t$$
$$(21.43) \quad (0.0248) \quad (2.176)$$

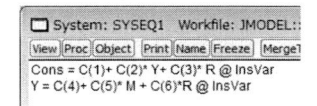

図 5.4 「System：SYSEQ1」のウィンドウが開くので, 式を入力する.

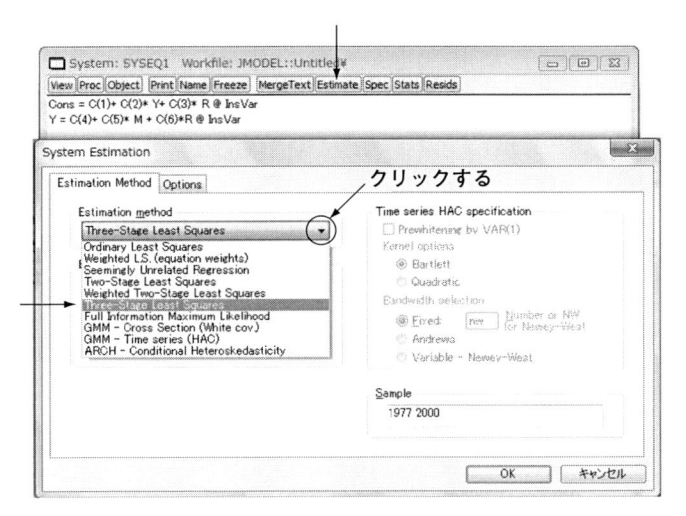

図 5.5 「System：SYSEQ1」のメニューの[Estimate]をクリックする.「System Estimation」のボックスが現れるので,「Estimation method」を[Three-Stage Least Squares]とし, [OK] をクリックする.

なお，EViews では，**C(1)**，**C(2)**，…を使っている限り，何も指定する必要はありません．しかしながら，式や変数の数が多くなると変数との対応がわかりづらくなってしまいます．このような場合は，Coef コマンドを使い，使用する係

表 5.4 3段階最小二乗法による推定結果

```
System: SYSEQ1
Estimation Method: Three-Stage Least Squares
Date: 07/01/08   Time: 15:31
Sample: 1977 2000
Included observations: 24
Total system (balanced) observations 48
Linear estimation after one-step weighting matrix


                    Coefficient  Std. Error  t-Statistic   Prob.


        C(1)          82.76798    9.858906    8.395250    0.0000
        C(2)           0.412914   0.015084   27.37402    0.0000
        C(3)          -3.049043   0.723142   -4.216385   0.0001
        C(4)         157.3444    21.43269    7.341329    0.0000
        C(5)           0.577025   0.024770   23.29554    0.0000
        C(6)           3.255857   2.176047    1.496225    0.1421


Determinant residual covariance              318.0729



Equation: CONS = C(1)+ C(2)* Y+ C(3)* R
Instruments: INSVAR
Observations: 24
R-squared               0.995714  Mean dependent var     235.2292
Adjusted R-squared      0.995306  S.D. dependent var      40.60905
S.E. of regression      2.782226  Sum squared resid      162.5564
Durbin-Watson stat      0.906519

Equation: Y = C(4)+ C(5)* M + C(6)*R
Instruments: INSVAR
Observations: 24
R-squared               0.991708  Mean dependent var     409.3042
Adjusted R-squared      0.990918  S.D. dependent var      86.36064
S.E. of regression      8.230051  Sum squared resid     1422.408
Durbin-Watson stat      0.906625
```

数名を指定しておきます．たとえば係数名を第1式は **B1**，第2式は **B2** としたい場合などは，コマンドウィンドウに

Coef(3) B1

Coef(3) B2

として **B1**，**B2** を作成しておき，前と同様の手順で

Cons=B1(1)+B1(2)*Y+B1(3)*R @ InsVar

Y=B2(1)+B2(2)*M+B2(3)*R @ InsVar

を含むシステムを作成し，推定を行います．今度は，**B1(1)**，**B1(2)**，**B1(3)** に第1式の推定結果が，**B2(1)**，**B2(2)**，**B2(3)** に第2式の推定結果が出力されます．

次に，完全情報最尤法による推定を行ってみましょう．コマンドウィンドウに

SysEq1.FIML

と入力するか，「System1：SYSEQ」のメニューの［Estimate］をクリックします．「Estimation method」を［Full Information Maximum］とし，［OK］をクリックします（図5.6）．推定が行われ，表5.5のような推定結果が出力されます．

3段階最小二乗法の場合と同様，推定方法が完全情報最尤法であること（Estimation Method：Full Information Maximum Likelihood（Marquardt））や，各係数 **C(1), C(2), ..., C(6)** の推定結果，各式の指標が出力されます．

完全情報最尤法は尤度関数がパラメータの複雑な関数となっていますので，解

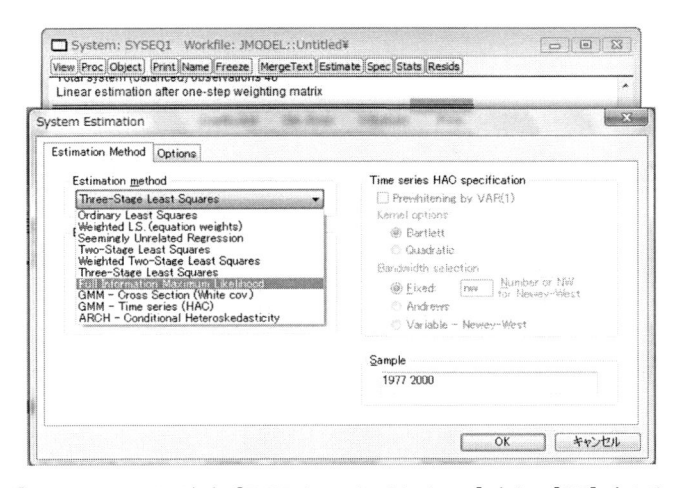

図 5.6 「Estimation method」を［Full Information Maximum］とし，［OK］をクリックする．

析的に解くことはできず,数値計算を行って推定値を求める必要があります.このため,各パラメータの繰り返し計算の初期値の設定が重要になります.この場

表 5.5 完全情報最尤法による推定結果

```
System: SYSEQ1
Estimation Method: Full Information Maximum Likelihood (Marquardt)
Date: 07/01/08   Time: 15:37
Sample: 1977 2000
Included observations: 24
Total system (balanced) observations 48
Convergence achieved after 32 iterations


                    Coefficient   Std. Error   z-Statistic   Prob.

         C(1)        63.76793      6.834979      9.329645    0.0000
         C(2)         0.440033     0.010983     40.06566    0.0000
         C(3)        -1.593229     0.504899     -3.155542    0.0016
         C(4)       178.5158      21.08298      8.467293    0.0000
         C(5)         0.554497     0.026713     20.75795    0.0000
         C(6)         1.040040     2.152628      0.483149    0.6290


Log likelihood              -130.7428 Schwarz criterion           11.68975
Avg. log likelihood           -2.723808 Hannan-Quinn criter.      11.47337
Akaike info criterion         11.39523
Determinant residual covariance         184.8378



Equation: CONS = C(1)+ C(2)* Y+ C(3)* R
Observations: 24
R-squared                     0.997311 Mean dependent var         235.2292
Adjusted R-squared            0.997055 S.D. dependent var          40.60905
S.E. of regression            2.203816 Sum squared resid          101.9929
Durbin-Watson stat            0.914688

Equation: Y = C(4)+ C(5)* M + C(6)*R
Observations: 24
R-squared                     0.992590 Mean dependent var         409.3042
Adjusted R-squared            0.991884 S.D. dependent var          86.36064
S.E. of regression            7.780117 Sum squared resid         1271.135
Durbin-Watson stat            0.852151
```

合はすでに3段階最小二乗法による推定を行っていますので，その推定値が初期値として使われています．なお，完全情報最尤法による推定を行う場合は，まず，3段階最小二乗法による推定を行い，その後に完全情報最尤法による推定を行って下さい．繰り返し計算の初期値の関係で，直接完全情報最尤法による推定を行うと，推定がうまくいかない場合があります．Convergence achieved after 32 iterations は32回の繰り返しで計算が収束したことを示しています．

推定結果（カッコ内は標準誤差）は，

$$Cons_t = 63.77 + 0.4400 \cdot Y_t - 1.5932 \cdot r_t \quad (5.31)$$
$$\quad\quad (6.835) \quad (0.0110) \quad\quad (0.5049)$$

$$Y_t = 178.52 + 0.5545 \cdot M_t + 1.0400 \cdot r_t$$
$$\quad\quad (21.08) \quad (0.0267) \quad\quad (2.1526)$$

となります．

5.6.4 変数の外生性の検定

ここでは，ウー・ハウスマンの検定を使って変数の外生性の検定を行ってみます．まず，消費関数

$$Cons_t = \alpha_1 + \alpha_2 \cdot Y_t + \alpha_3 \cdot r_t + u_{1t} \quad (5.32)$$

において，Y_t, r_t の外生性の検定を行ってみます．検定は，

$$Y_{1t} = \alpha_1 + \alpha_2 \cdot Y_t + \alpha_3 \cdot r_t + \alpha_4 \cdot \hat{Y}_t + \alpha_5 \cdot \hat{r}_t + u_{1t} \quad (5.33)$$

において，$H_0: \alpha_4 = \alpha_5 = 0$ の F 検定を行います．有意水準 α は5%とします．$\hat{Y}_t, \hat{r}_t$ は，Y_t, r_t のあてはめ値です（対立仮説は，「少なくともどちらか一方が0でない」です）．

まず，Y_t, r_t のあてはめ値 $\hat{Y}_t, \hat{r}_t$ を計算しますので，

Equation FitEqY.LS Y InsVar
FitEqY.Fit Yfit
Equation FitEqR.LS R InsVar
FitEqR.Fit Rfit

と入力して下さい．$H_0: \alpha_4 = \alpha_5 = 0$ の F 検定を行います．観測値の数は24，帰無仮説の制約式の数は2で，(5.33) 式は5個のパラメータを含みますので，F 分布の自由度は (2, 19) となります．

最小二乗法による消費関数の推定結果を保存してある ConsEq1 を開いて下さい（**Show ConsEq1** と入力するか，「Workfile JMODEL」で「ConsEq1」をダブルクリックする）．「CONSEQ：Equation 1」のウィンドウのメニューから

[View]→[Coefficient Tests]→[Omitted Variables-Likelihood Ratio] をクリックして下さい.「Omitted-Redundant Variable Test」のボックスが現れますので,「One or more test series」に

Yfit Rfit

を入力して,[OK] をクリックします(図5.7). $F=169.64$ が計算されます. **@QFDist** 関数を使って, $F(2, 19)$ の5%のパーセント点 $F_\alpha(2, 19)=3.522$ を求めます. $F>F_\alpha(2, 19)$ ですので,帰無仮説は棄却され,最小二乗法によって消費関数を推定してはいけないことになります.

次に,

$$Y_t = \beta_1 + \beta_2 \cdot M_t + \beta_3 \cdot r_t + u_{2t}$$

における r_t の外生性の検定を行ってみましょう. この場合は,

$$Y_t = \beta_1 + \beta_2 \cdot M_t + \beta_3 \cdot r_t + \beta_4 \cdot \hat{r}_t + u_{2t} \tag{5.34}$$

において, $H_0: \beta_4=0$, $H_1: \beta_4 \neq 0$ の t 検定を行います. 有意水準 α は5%とします. t 分布の自由度は $24-4=20$ です.

Equation TestEqR.LS Y C M R Rfit

と入力し検定を行います. $t_4=1.499 < t_{\alpha/2}(20)=2.086$ ですので(パーセント点は **@QTDist** を使って求めます. また, p 値は 0.1496 となります), 帰無仮説は棄却され, この式では, r_t は内生変数として扱う必要はなく, 最小二乗法で推定できることになります. ワークファイルを JModel という名前で保存し, EViews を終了して下さい.

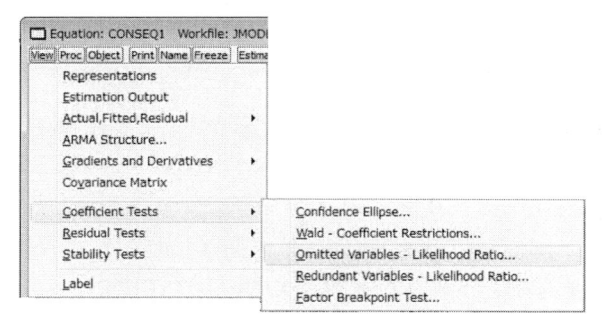

図 5.7 「Equation:CONSEQ1」のウィンドウのメニューから [View]→[Coeffcient Tests]→[Omitted Variables-Likelihood Ratio] をクリックする.

5.7 識別可能性とランク条件

オーダー条件（order condition）が満足されても，モデル全体を考えるとランク条件（rank condition）が満足されず，モデルが識別可能でない場合がまれにあります．ここでは，ランク条件について簡単に説明します．なお，ここでの内容は行列の知識を必要とするためやや高度なものとなっています．本書のレベルでは，オーダー条件を満足しても，モデル全体を考えると，識別可能でない場合があることだけがわかれば十分です．ランク条件を説明した 5.7.2 項の内容の詳細は理解できなくても結構です．

5.7.1 オーダー条件は満足するが識別可能でないモデル

Y_{1t}, Y_{2t}, Y_{3t} を内生変数，X_{2t}, X_{3t} を外生変数とする次のモデルを考えてみましょう．

$$Y_{1t} + \beta_{12} Y_{2t} + \beta_{13} Y_{3t} + \gamma_{11} \qquad\qquad = u_{1t} \qquad (5.35)$$
$$Y_{2t} + \beta_{23} Y_{3t} + \gamma_{21} \qquad\qquad = u_{2t}$$
$$\beta_{31} Y_{1t} + \beta_{32} Y_{2t} + \quad Y_{3t} + \gamma_{31} + \gamma_{32} X_{2t} + \gamma_{33} X_{3t} = u_{3t}$$

説明を簡単にするため，すべての変数を左辺に移動させた式でモデルを表します．いま，(5.35) の第 1 式について考えると，（含まれている内生変数の数）＝3，（含まれていない外生変数の数）＝2ですので，（含まれている内生変数の数）－1＝（含まれていない外生変数の数）となります．オーダー条件は満足され，第 1 式は識別可能であるようにみえます．

では，第 1 式の 2 段階最小二乗法での推定を考えてみましょう．すでに述べたように，内生変数の誘導型からあてはめ値 $\hat{Y}_{2t}, \hat{Y}_{3t}$ を求め，それを第 1 式に代入して，最小二乗法による推定を行いますが，この方法で推定が可能でしょうか．計算が複雑になるので詳細は省略しますが，このモデルで誘導型からパラメータ間の制約条件を考慮して $\hat{Y}_{2t}, \hat{Y}_{3t}$ を求めると，

$$\hat{Y}_{2t} = b_1 + b_2 \hat{Y}_{3t} \qquad (5.36)$$

となってしまい，完全な多重共線性が起こり，2 段階目で最小二乗法による推定を行うことができなくなってしまいます（もちろん，他の推定方法でも推定を行うことはできません）．すなわち，第 1 式はオーダー条件を満足するが識別可能でなく，推定することはできません．

5.7.2 ランク条件

ランク条件は，識別可能であるための必要十分条件であり，この条件が満足されない場合，推定を行うことはできません．(パラメータ間の制約条件を考慮した) 2段階最小二乗法で推定が不可能である場合は，他のどの方法でも推定が不可能であり，識別性の問題と2段階最小二乗法で推定可能であるかどうかは同一の問題です．そこで，以下，2段階最小二乗法を使ってランク条件を簡単に説明します．一般に，同時方程式モデルにおいては，誘導型の推定は（識別可能でなくとも）可能です．しかしながら，構造方程式の内生変数にそのあてはめ値を代入した式の推定は，完全な多重共線性のため可能とは限りません．

モデルの k 番目の構造方程式は，内生変数と（外生変数とラグつきの内生変数からなる）先決関数によって，

Y_{kt} = (Y_{kt} 以外の内生変数の線形関数) + (先決関数の線形関数) + 誤差項

と表されます．誘導型から求められる内生関数のあてはめ値は，先決関数の線形関数です．モデルの k 番目の式に含まれる内生変数の数を M_k，その式に含まれない先決関数の数を J_k とします．M_k-1 が J_k と等しいか J_k より小さいこと，すなわち，$M_k-1 \leq J_k$ が2段階目の推定で完全な多重共線性が起こらないための必要条件となります．これがオーダー条件です．

ところで，オーダー条件が満足されても，多重共線性のため，2段階目の推定が不可能となる場合があります．線形代数の基礎的な知識を使えば，多重共線性の問題が起こらないための条件は，次のようになります．まず，k 番目の式に現れる Y_k 以外の M_k-1 個の内生変数の誘導型を求めます．k 番目の式に含まれない J_k 個の先決変数の誘導型の係数から $(M_k-1) \times J_k$ の行列をつくります．すると，その行列のランク（階級，rank）が M_k-1 であることが，推定可能であるための必要十分条件となります．この条件は，ランク条件または階級条件と呼ばれています．行列のランク $\leq$ min（行の数，列の数）ですので，オーダー条件は，ランク条件を満足するための必要条件となっています．(5.35)の第1式は，オーダー条件を満足してもランク条件が満足されない例となっています．

誘導型からランク条件を調べることは面倒ですので，数学的に同等である次の方法が一般的には用いられます．まず，M をモデルに現れるすべての内生変数の数（モデルの構造方程式の数と同じです）とします．k 番目の式に含まれない内生変数・先決変数の k 番目の式以外の式の係数から $(M-1) \times (M-M_k+J_k)$

の行列を作ります．この行列のランクが $M-1$ となることが，k 番目の式が識別可能であるための必要十分条件であるランク条件となっています．

(5.35) の第1式に含まれていない変数は X_{2t}, X_{3t} ですので，この行列は，

$$\begin{bmatrix} 0 & 0 \\ \gamma_{32} & \gamma_{33} \end{bmatrix}$$

となり，ランクは1ですので，ランク条件は満足されず，この式は識別可能でないことになります（第2式に X_{2t} または X_{3t} が含まれていれば，ランク条件は満足され識別可能です）．また，(5.35) の第2式についてみると，含まれていない変数は，Y_{1t}, X_{2t}, X_{3t} ですので，行列は，

$$\begin{bmatrix} 1 & 0 & 0 \\ \beta_{31} & \gamma_{32} & \gamma_{33} \end{bmatrix}$$

となり，ランクは2ですので，ランク条件は満足され識別可能となっています．

なお，EViews では，操作変数（instrumental variable）を指定します．2SLS, 3SLS の2つの推定方法では，誘導型の係数間の関係のチェックは行っていませんので，オーダー条件が満足されれば，ランク条件が満足されなくても推定結果が与えられます．しかしながら，FIML では，すべての係数間の関係が考慮されますので，ランク条件が満足されない場合は，計算が途中で止まるか，計算が終了してもおかしな推定結果が出力されることになります．したがって，このような場合はランク条件が満足されているかどうかを確認して下さい．

5.8 演習問題

表5.6は，アメリカ合衆国の1977年から2000年までの経済データです．所得～通貨供給量の単位は十億ドル，通貨供給量は M_2，利子率は貸し出し金利です．また，日本のデータの場合と同様，モデルとデータの整合性のため，所得は民間消費，政府消費，投資の合計から計算しましたので，GDP などとは一致していません．データは，世界銀行（World Bank）のデータ（World Development Indicator）からのものです．これを使って，IS-LM モデル

$$Cons_t = \alpha_1 + \alpha_2 Y_t + \alpha_3 r_t + u_{1t}$$
$$Y_t = CONS_t + I_t + G_t$$
$$Y_t = \beta_1 + \beta_2 M_t + \beta_3 r_t + u_{2t}$$

の推定（Y_t：所得，$Cons_t$：民間消費，I_t：投資，G_t：政府一般消費，M_t：通貨供給量，r_t：利子率）を

1. 最小二乗法

2. 2段階最小二乗法（2SLS）
3. 3段階最小二乗法（3SLS）
4. 完全情報最尤法（FIML）

を使って行い，その結果を比較して下さい．

また，変数の外生性の検定を行って下さい．

表 5.6　アメリカ合衆国の経済のマクロデータ

年	所得	民間消費	政府一般消費	投資	通貨供給量(M2)	利子率（％）
1977	2,035	1,278	344	413	1,323	6.82
1978	2,301	1,430	374	497	1,433	9.06
1979	2,568	1,596	413	559	1,566	12.67
1980	2,786	1,763	466	557	1,703	15.27
1981	3,119	1,944	520	655	1,886	18.87
1982	3,249	2,079	571	599	2,096	14.86
1983	3,553	2,286	616	652	2,313	10.79
1984	3,998	2,498	672	828	2,567	12.04
1985	4,289	2,713	734	843	2,801	9.93
1986	4,544	2,895	783	866	3,098	8.33
1987	4,841	3,105	834	901	3,194	8.20
1988	5,168	3,357	871	941	3,395	9.32
1989	5,520	3,597	915	1,009	3,591	10.87
1990	5,822	3,832	979	1,012	3,767	10.01
1991	5,951	3,971	1,022	958	3,890	8.46
1992	6,289	4,210	1,050	1,029	3,955	6.25
1993	6,642	4,455	1,066	1,121	4,014	6.00
1994	7,080	4,716	1,094	1,270	4,015	7.14
1995	7,422	4,969	1,124	1,330	4,242	8.83
1996	7,840	5,238	1,163	1,439	4,501	8.27
1997	8,346	5,529	1,208	1,608	4,797	8.44
1998	8,872	5,856	1,248	1,768	5,281	8.35
1999	9,457	6,250	1,317	1,890	5,712	7.99
2000	10,174	6,728	1,412	2,033	6,109	9.23

6. ARIMAモデルによる時系列データの分析

　図6.1は2002年1月から2004年12月までの日本の利子率(短期貸し出し金利)の推移です．このような時系列データの分析には，ARIMAモデル(autoregressive integrated moving average model，自己回帰和分移動平均モデル)が広く使われています．この分析方法は，提唱者の名からボックス・ジェンキンスの予測法(Box-Jenkins forecasting method)とも呼ばれています．ARIMAモデルを使った分析方法は，前章で説明したような複雑な経済モデルを考えず，対象とする変数のデータのみを使い，分析が簡単に行えるという長所があります．ここでは，ARIMAモデルによる時系列データの分析について説明します．

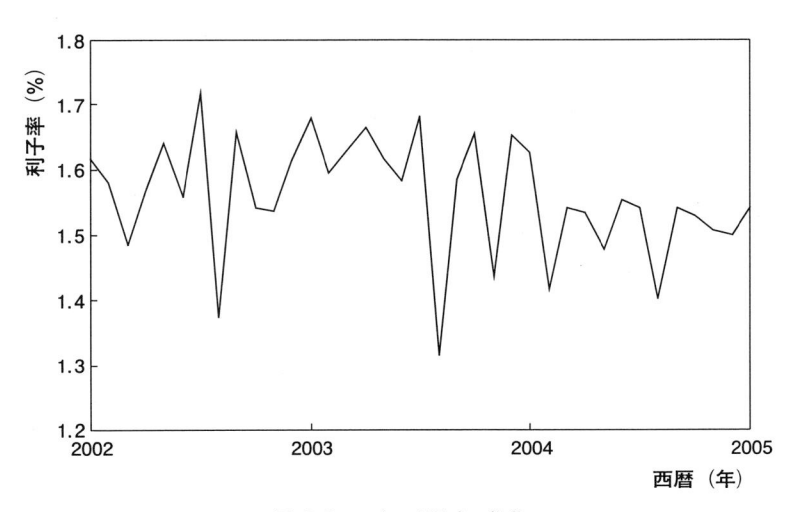

図 6.1　日本の利子率の推移

6.1 自己回帰（AR）モデル

6.1.1 自己回帰モデルと定常確率過程

時系列データにおいて，ある構造をもった変数の列のことを確率過程（stochastic process）と呼びます．いま，分析対象とする変数 Y_t が

$$Y_t = \alpha + \phi Y_{t-1} + u_t \tag{6.1}$$

というモデル（確率過程モデル）を満足しているとします．いままでの回帰モデルと異なるのは，右辺の変数がその1期前の値 Y_{t-1} であることです．このようなモデルを自己回帰（autoregressive, AR と略されます）モデルと呼びます．(6.1) 式は Y_{t-1} のみを右辺に含んでいますので，1次自己回帰モデル（first-order autoregressive model）と呼ばれ，AR(1) と表されます．

本章では定常確率過程（stationary stochastic process）のみを考えますので，定常確率過程について簡単に説明します．定常確率過程（以後，定常過程と略します）とは，

- すべての t に対してその期待値は一定で $E(Y_t) = \mu$．
- 異なった2時点の共分散が，その時間差のみの関数となる，すなわち，$Cov(Y_t, Y_{t-s})$ が t に依存せず s のみの関数となる．$Cov(Y_t, Y_{t-s})$ は自己共分散（autocovariance）と呼ばれる．

を満足する確率過程です（正確には，これは弱定常過程（weakly stationary process）と呼ばれます．さらに強いものとして，「任意の時点の（1個の変数だけでなく確率変数の列を考えた）確率分布が s だけ移動した時点の確率分布と等しい」という強定常過程（strongly stationary process）があります．当然，強定常過程は弱定常過程ですが，以下の議論には弱定常過程の条件で十分です）．

なお，以後の説明を簡単するために，Y_t の期待値 μ は0であるとします（$\mu \neq 0$ の場合は，Y_t からその期待値を引いた $Y_t - \mu$ を考えるものとします）．

6.1.2 1次の自己回帰モデル

1次の自己回帰（AR(1)）モデルが，定常過程であるためには，

$$|\phi| < 1$$

が必要ですので，この条件が満足されているものとします．また，誤差項 u_t は互いに独立で，同一の分布に従い，

$$E(u_t) = 0, \quad V(u_t) = \sigma^2$$

であるとします. $\mu=0$ としましたので, (6.1) 式は,

$$Y_t = \phi Y_{t-1} + u_t \tag{6.2}$$

となります.

AR(1) モデルの Y_t の分散および自己共分散を求めてみます. Y_{t-1}, Y_{t-2}, … についても (6.2) 式の関係が成り立ちますので, これを代入していくと,

$$Y_t = \phi(\phi Y_{t-2} + u_{t-1}) + u_t = u_t + \phi u_{t-1} + \phi^2 Y_{t-2} \tag{6.3}$$
$$= u_t + \phi u_{t-1} + \phi^2 u_{t-2} + \cdots = \sum_{s=0}^{\infty} \phi^s u_{t-s}$$

となります. $|\phi|<1$, $V(u_t)=E(u_t^2)=\sigma^2$, $Cov(u_t, u_\tau)=0$, $t \neq \tau$ ですので, 簡単な級数の和の公式から, 分散は,

$$V(Y_t) = \sum_{s=0}^{\infty} \phi^{2s} V(u_{t-s}) = \sigma^2 \sum_{s=0}^{\infty} \phi^{2s} = \sigma^2/(1-\phi^2) \tag{6.4}$$

となります.

また, (6.2) 式の両辺に Y_{t-s}, $s \geq 1$ を掛けると

$$Y_t Y_{t-s} = \phi \cdot Y_{t-1} Y_{t-s} + u_t Y_{t-s} \tag{6.5}$$

です. 自己共分散を $\sigma(s) = Cov(Y_t, Y_{t-s})$ として, (6.5) 式の期待値をとると, $E(u_t \cdot Y_{t-s}) = 0$ ですので,

$$\sigma(s) = \phi \sigma(s-1) \tag{6.6}$$

が得られます.

$\sigma(0) = V(Y_t)$ ですので, 自己共分散 $\sigma(s)$ は分散を含めて

$$\sigma(s) = \phi^s \sigma(0), \quad s \geq 0 \tag{6.7}$$

となります. $\sigma(s)$ は s の関数ですので, 自己共分散関数 (autocovariance function) とも呼ばれます.

また, Y_t と Y_{t-s} の自己相関係数 (autocorrelation coefficient) $\rho(s)$ は,

$$\rho(s) = \frac{Cov(Y_t, Y_{t-s})}{\sqrt{V(Y_t)V(Y_{t-s})}} = \frac{\sigma(s)}{\sigma(0)} = \phi^s, \quad s \geq 0 \tag{6.8}$$

となります. 自己共分散の場合と同様, $\rho(s)$ は s の関数として, 自己相関関数 (autocorrelation function) とも呼ばれます. 自己相関係数は時間差 s が大きくなるに従って 0 へ近づいていきます. このことは, 時間が十分離れた時点の影響は小さく, 無視できることを意味しています. $\rho(s)$ は $\phi>0$ と $\phi<0$ の場合でその形が大きく異なっています.

6.1.3 p 次の自己回帰モデル

Y_t が

$$Y_t = \phi_1 Y_{t-1} + \phi_2 Y_{t-2} + u_t \tag{6.9}$$

という確率過程モデルを満足するとします．1次の自己回帰モデルの場合と同様，誤差項 u_t は互いに独立で，同一の分布に従い，期待値 0，分散 σ^2 であるとします．Y_t はその2期前までの値に依存していますので，2次の自己回帰モデル（second order autoregressive model, AR(2)）と呼ばれています．

AR(2) が定常過程であるためには，その係数 ϕ_1, ϕ_2 がある条件を満足する必要があります．(6.9) 式を変形すると，

$$Y_t - \phi_1 Y_{t-1} - \phi_2 Y_{t-2} = u_t \tag{6.10}$$

となります．これに対応する2次の方程式

$$1 - \phi_1 \lambda - \phi_2 \lambda^2 = 0 \tag{6.11}$$

を考え，その2つの根，λ_1, λ_2 の絶対値が1より大きい，すなわち，$|\lambda_1|, |\lambda_2| > 1$ であることが定常過程であるための条件となります．AR(2)では，AR(1)で表すことのできない，ビジネス・サイクルのような複雑な動きを表すことが可能となっています（根は虚根であってもかまいません．ビジネス・サイクルのような複雑な動きを表すためには，虚根である必要があります）．

AR(2) の自己相関関数 $\rho(s)$ は，次のように求めることができます．まず，(6.9) 式に $Y_{t-s}, s \geq 1$ を掛け，期待値をとると，自己共分散関数 $\sigma(s)$ に関して

$$\sigma(1) = \phi_1 \sigma(0) + \phi_2 \sigma(1) \tag{6.12}$$
$$\sigma(s) = \phi_1 \sigma(s-1) + \phi_2 \sigma(s-2), \quad s \geq 2$$

という関係式が得られます．分散 $\sigma(0)$ で割ると，

$$\rho(1) = \phi_1/(1 - \phi_2) \tag{6.13}$$
$$\rho(s) = \phi_1 \rho(s-1) + \phi_2 \rho(s-2), \quad s \geq 2$$

となりますので，この式から $\rho(s)$ を求めることができます（このような式はユール・ウォーカー方程式（Yule-Walker equation）と呼ばれています）．

さらに，自己相関モデルを一般化して，

$$Y_t = \phi_1 Y_{t-1} + \phi_2 Y_{t-2} + \cdots + \phi_p Y_{t-p} + u_t \tag{6.14}$$

としたものが，p 次の自己回帰モデル（p-th order autoregressive model, AR(p)）です．p 次の自己回帰モデルが定常過程であるためには，p 次の方程式

$$1 - \phi_1 \lambda - \phi_2 \lambda^2 - \cdots - \phi_{p-1} \lambda^{p-1} - \phi_p \lambda^p = 0 \tag{6.15}$$

のすべての根（虚根であってもかまいません）の絶対値が1より大きいことが必要です．EViews では根の逆数の値が表示されます．また，自己相関関数 $\rho(s)$ は，(6.15) 式に Y_{t-s}, $s \geq 1$ を掛けてその期待値をとることによって得られる式（ユール・ウォーカー方程式）から求めることができます．

6.2 移動平均 (MA) モデル

6.2.1 移動平均モデルとは

Y_t が過去の誤差項の関数として

$$Y_t = u_t + \theta u_{t-1} \tag{6.16}$$

であるとします．自己回帰モデルの場合と同様，u_t は互いに独立で，同一の分布に従い，期待値0，分散 σ^2 であるとします．このモデルは1次の移動平均モデル（first-order moving average model）と呼ばれ，MA(1) と表されます．

MA(1) においては，Y_t の分散と自己相関係数 $\rho(s)$ は，

$$V(Y_t) = (1+\theta^2)\sigma^2, \quad \rho(1) = \theta(1+\theta^2), \quad \rho(s) = 0, \quad s \geq 2 \tag{6.17}$$

となります．2期以下離れた時点での自己相関係数は0となり，ある時点での影響は1期しか持続しないことになります．

MA(1) を一般化した

$$Y_t = u_t + \theta_1 u_{t-1} + \theta_2 u_{t-2} + \cdots + \theta_q u_{t-q} \tag{6.18}$$

を q 次の移動平均モデル（q-th order moving average model, MA(q)）と呼びます．この場合，自己相関係数 $\rho(s)$ は，

$$\rho(s) = 0, \quad s > q \tag{6.19}$$

で，$q+1$ 期以上離れた時点での自己相関係数は0となり，ある時点での影響は q 期までしか持続しないことになります．なお，q 次の移動平均モデル MA(q) は（q が有限である限り）常に定常過程となっています．

(6.3)式で示したように，定常性の条件を満足する1次の自己回帰モデル AR(1) では，

$$Y_t = \sum_{s=0}^{\infty} \phi^s u_{t-s}$$

と，無限次の移動平均モデル MA(∞) で表すことができました．一般に，定常過程である p 次の自己回帰モデル AR(p) は，MA(∞) で表すことができ，これを移動平均表現（moving average representation）と呼びます．

6.2.2 移動平均モデルの反転可能性と偏自己相関関数

前項で述べたように，定常過程である p 次の自己回帰モデル AR(p) は，無限次の移動平均モデル MA(∞) で表すことができます．q 次の移動平均モデル MA(q) は，それに対応する q 次元の多項式

$$1+\theta_1\omega+\theta_2\omega^2+\cdots+\theta_{q-1}\omega^{q-1}+\theta_q\omega^q=0 \tag{6.20}$$

のすべての根の絶対値が 1 より大きい場合，逆に，無限次の自己回帰モデル AR(∞) を使い，

$$Y_t=\sum_{s=1}^{\infty}\phi_s Y_{t-s}+u_t \tag{6.21}$$

と表すことができます．この場合を反転可能（invertible）であるといいます．EViews では根の逆数の値が表示されます（なお，反転可能であるかどうかは定常性には影響しません．MA(q) は常に定常過程です）．

ところで，

$$Y_t=u_t+\phi_1 Y_{t-1}+\phi_2 Y_{t-2}+\cdots+\phi_s Y_{t-s} \tag{6.22}$$

という自己回帰モデルを考えてみましょう．もし，真のモデルが AR(p) ならば，$s>p$ では ϕ_s は 0 となるはずです．また，真のモデルが反転可能な MA(q) ならば，有限の s に対しては，ϕ_s は（次第に小さくなっていきますが）0 とはなりません．ϕ_s は s の関数とみなせますので，偏自己相関関数（partial autocorrelation function）と呼ばれます．

自己相関関数，偏自己相関関数は，Y_t がどのようなモデルに従うのかを判断する重要な手がかりになります．自己相関関数が（減衰はするが）0 にならず，偏自己相関関数がある値以上は 0 となる場合は，AR モデルと考えられます．また，逆に偏自己相関関数が 0 にならず，自己相関関数がある値以上は 0 となる場合は，MA モデルと考えられます（両方とも 0 とならない場合は，次に説明する ARMA モデルであると考えられます）．

6.3 ARMA モデルと ARIMA モデル

6.3.1 自己回帰移動平均 (ARMA) モデル

Y_t が AR モデルと MA モデルの組み合わせで

$$\begin{aligned}Y_t=&\phi_1 Y_{t-1}+\phi_2 Y_{t-2}+\cdots+\phi_p Y_{t-p}\\&+u_t+\theta_1 u_{t-1}+\theta_2 u_{t-2}+\cdots+\theta_{t-q}u_{t-q}\end{aligned} \tag{6.23}$$

6.3 ARMAモデルとARIMAモデル

$$= \sum_{s=1}^{p} \phi_s \cdot Y_{t-s} + \sum_{s=0}^{q} \theta_s \cdot u_{t-s}$$

であるとします（$\theta_0 = 1$ とします）．このようなモデルを，自己回帰移動平均モデル（autoregressive moving average model）と呼び，ARMA(p, q) で表します．

ARMA(p, q) が定常過程であるためには，AR部分が定常過程の条件を満たすことが必要です．すなわち，

$$1 - \phi_1 \lambda - \phi_2 \lambda^2 - \cdots - \phi_{p-1} \lambda^{p-1} - \phi_p \lambda^p = 0 \tag{6.24}$$

のすべての根の絶対値が1より大きいことが条件となります．MA部分は定常性には影響しません．また，ARMA(p, q) では自己相関関数，偏自己相関関数とも（減衰はしていきますが）0とはなりません．

6.3.2 ARIMAモデル

いままでは，定常過程を考えてきましたが，多くの経済時系列データは定常過程ではありません．たとえば，データに線形のトレンドがあり，

$$Y_t = \beta t + \phi Y_{t-1} + u_t, \quad |\phi| < 1 \tag{6.25}$$

であるとします．このモデルは，定常過程の条件を満足しませんので，いままでの手法をそのまま使うことはできません．このような場合，1次の階差をとった

$$\Delta Y_{t-1} = Y_t - Y_{t-1} \tag{6.26}$$

を考えると，

$$\Delta Y_t = \beta + \phi \Delta Y_{t-1} + u_t - u_{t-1} \tag{6.27}$$

となり，定常過程のARMAモデルを得ることができます．このように，階差をとるとARMAモデルが得られるモデルを自己回帰和分移動平均モデル（autoregressive integrated moving average model, ARIMA）と呼びます．

t^2 のオーダーのトレンドがあり，Y_t が

$$Y_t = \beta t^2 + \phi Y_{t-1} + u_t, \quad |\phi| < 1 \tag{6.28}$$

であるとします．この場合は，1次の階差をとっただけでは，定常過程となりません．この場合は，2次の階差

$$\Delta^2 Y_t = \Delta Y_t - \Delta Y_{t-1} \tag{6.29}$$

をとると，定常過程のARMAモデルを得ることができます．一般には，定常過程のARMAモデルを得るために d 次の階差をとることがありますが，これをARIMA(p, d, q) と表します．p はAR部分の次数，d は階差の次数，q はMA部分の次数です．

6.4 ARIMA モデルの推定

ARIMA(p, d, q) を使ってデータ分析を行うには，次数(p, d, q) を決定し，その係数を観測された時系列データの系列 $Y_1, Y_2, ..., Y_T$ から推定する必要があります．ここでは，その方法について簡単に説明します．

6.4.1 次数の決定

ARIMA(p, d, q) では，まず，階差の次数 d の値を決定します．これには，定常過程となるために必要な階差の次数を求めます．このためには，

- $Y_t, \Delta Y_t, \Delta^2 Y_t, \cdots$ などをグラフに書き，トレンドがあるかどうかなどを，そのグラフの形状から判断する．
- AR 部分の係数の推定結果から，モデルが定常性の条件を満足するどうかを確認する．定常性の条件を満足しない場合は，階差の次数を1次増やして推定を再度行う．推定結果が定常性の条件を満足するまでこれを続ける（なお，これは単位根（unit root）検定問題と関連しますが，詳細は第7章を参照して下さい）．

などの操作を行います．

次に，決められた階差 d に関して，AR 部分の次数 p と MA 部分の次数 q を求めます．このためには，

i) データから自己相関関数，偏自己相関関数（データから求めたものは標本自己相関関数，標本偏自己相関関数と呼ばれます）を求め，その形状からモデルの次数を判断する．標本自己相関関数が（減衰はするが）0 とならず，標本偏自己相関関数がある値 p をこえると0 となる場合は，AR(p) と考えられる．また，逆に標本偏自己相関関数が0 とならず，自己相関関数がある値 q をこえると0 となる場合は，MA(q) と考えられる．両方とも0 とならない場合は，次に説明する ARMA モデルであると考えられる（なお，標本自己相関関数，標本偏自己相関関数には，当然確率的なばらつきがありますので，「0 となる」というのは，0 と有意に異ならないということです．EViews では，この範囲がグラフで表示されます）．

ii) モデルとして可能性があると考えられる，(p, q) の値すべてに対して，モデルを推定し，その中から，AIC などのモデル選択基準を使い，最もあてはまりのよいものを選ぶ．

などの方法を用います．ii）の方法では，かなり多くの数のモデルを推定する必要があることに注意して下さい（可能性のある (p, q) の値として，$p \leq 2, q \leq 2$ を考えたとします．この場合でも，$p=0, q=0$ を除いても 8 通りのモデルを考える必要があります）．

6.4.2 係数の推定と逆予測

決められた次数に対して係数を推定しますが，ARMAモデルでは，右辺に直接観測することのできない過去の誤差を含んでいますので，これまでの推定方法と大きく異なってきます．

ここではモデルの推定方法を MA(1) を使い簡単に説明します．モデルは，

$$Y_t = u_t + \theta u_{t-1} \tag{6.30}$$

ですので，推定すべきパラメータは，θ です．これまでの条件に加えて，u_t が正規分布に従うとします（この仮定のもとでは，モデルは強定常過程となっています）．これを u_t について解くと，

$$u_t = Y_t - \theta u_{t-1} \tag{6.31}$$

となります．通常の回帰モデルと異なり，(6.31) 式の右辺には誤差項の一期前の値 u_{t-1} が現れています．このため，通常の回帰モデルのように単純に最小二乗法によって推定を行うことができません．

また，$u_1, u_2, ..., u_T$ の同時密度関数を考えると，これは観測されない $t=0$ 時点の u_0 に依存しています．このため，厳密な尤度関数は複雑な関数になってしまいます．このため，次のような方法が通常使われています．

まず，$u_t = Y_t - \theta u_{t-1}, t=1, 2, ..., T$ ですので，u_t は u_0, θ の関数となっています．u_0 の値をある値に決めると，u_t は θ のみの関数となります．$u_0 = 0$ とした場合の条件つき二乗和

$$S = \sum_{t=1}^{T} (Y_t - \theta u_{t-1})^2 \tag{6.32}$$

は，θ のみの関数となりますので，S を最小にする推定量を求めます（ただし，非線形の最小化の問題ですので，解析的に解くことはできず，数値計算を行う必要があります）．真の u_0 の値は 0 ではありませんので，T が小さい場合は，$u_0 = 0$ とした影響は無視できません（T が大きくなるに従いその影響は小さくなります）．

このため，u_0 の値を，ボックスとジェンキンス（Box and Jenkins）によって提案された，逆予測（backcasting）によって推定します．いままでは，時間が

増加する，すなわち，過去から未来に向かうモデルを考えてきました．今度は，逆に時間が減少し，未来から過去に向かうモデル，

$$Y_t = u_t + \theta u_{t+1} \tag{6.33}$$

を考えます．詳細は省略しますが，u_t が正規分布であると仮定した場合，この未来から過去に向かうモデルは，通常の過去から未来へ向かうモデルとまったく同じ形となります．この関係を使って u_0 の値を推定し，さらにそれに基づいてモデルの推定を行うことが可能となります．この逆予測によって，u_0 の初期値の影響の問題の大部分をとりのぞくことができます．

　この方法による推定量は，厳密な最尤推定量とは少し異なりますが，T が大きければその差は小さく，ほぼ同一の性質をもっているとみなすことができます．したがって，この推定結果に基づき対数最大尤度などを計算し，尤度比検定などを行うことができます．

　なお，ARMA モデルの推定を（厳密な）最尤法で行うことも考えられますが，尤度関数は（とくに MA 部分が大きい場合）複雑な形となります．また，T が大きければその差は小さなものとなりますので，最尤法についての説明は省略します．

6.5 予　　　測

　ARIMA モデルを使った分析の，大きな目的の1つが，予測を行うことです．AR(p) では，$Y_{T+s},\ s\geq 1$ の予測量（predictor）は，

$$\hat{Y}_{T+s} = \hat{\phi}_1 Y^*_{T+s-1} + \hat{\phi}_2 Y^*_{T+s-2} + \cdots + \hat{\phi}_p Y^*_{T+s-p} \tag{6.34}$$

$$Y_t^* = \begin{cases} Y_t, & t \leq T \\ \hat{Y}_t, & t > T \end{cases}$$

となります．$\hat{\phi}_1, \hat{\phi}_2, ..., \hat{\phi}_p$ は係数の推定量です．Y_t^* は $t \leq T$ では実際に観測された値，$t > T$ では（観測値がありませんので）予測された値を使います．

　MA(q) では，$Y_{T+s},\ s\geq 1$ は，

$$\hat{Y}_{T+1} = \hat{\theta}_1 \hat{u}_T + \hat{\theta}_2 \hat{u}_{T-1} + \cdots\cdots + \hat{\theta}_q \hat{u}_{T-q} \tag{6.35}$$

$$\hat{Y}_{T+2} = \hat{\theta}_2 \hat{u}_T + \hat{\theta}_3 \hat{u}_{T-2} + \cdots\cdots + \hat{\theta}_q \hat{u}_{T-q+1}$$

$$\cdots\cdots\cdots\cdots\cdots\cdots\cdots\cdots$$

$$\hat{Y}_{T+q} = \hat{\theta}_q \hat{u}_T$$

$$\hat{Y}_{T+s} = 0, \quad s > q$$

で予測されます．$\hat{\theta}_1, \hat{\theta}_2, ..., \hat{\theta}_q$ は係数の推定量です．$\hat{u}_T, \hat{u}_{T-1}, \cdots$ は誤差項 $u_T, u_{T-1},$ $\cdots$ を推定したもので，逆予測を使って求めます（係数の推定の場合と同様，ただ単に $u_0 = u_{-1} = \cdots = u_{-q+1} = 0$ として $u_1, u_2, ..., u_T$ を求めるのでは，初期値の影響

が残ってしまいますので，逆予測によりこの問題に対処します）．将来の誤差項 u_{T+s}, $s>0$ に関しては，期待値と分散以外には何も情報がありませんので，その予測値は 0 となります．したがって，MA(q) モデルでは Y_{T+s}, $s>q$ の予測は 0 となり，q 期をこえた時点に対しては有効な予測ができないことになります．

ARMA モデルでは，上記の 2 つの方法を組み合わせて予測を行います．

6.6 ARIMA モデルによる日本の経済データの分析

6.6.1 データの入力

表 6.1 は 2002 年 1 月から 2004 年 12 月までの日本の利子率（短期貸し出し金利）のデータです．データは，日本銀行のものです．これを ARIMA モデルによって分析してみましょう．

これまでと同様，このデータを Excel ファイルに入力して下さい．変数名は **R** とし，利子率のみのデータを入力します．**JPNDAT2.XLS** として「ドキュメント」に保存します．

Workfile JRate M 2002:1 2004:12

と入力して下さい．データを読み込みます．

Read(A2) JPNDAT2.XLS R

として下さい．

6.6.2 利子率 r_t についての分析

● 標本自己相関関数・標本偏自己相関関数

まず，利子率 r_t について分析を行います．

表 6.1 日本の利子率（短期貸付金利）の推移

年	月	利子率（％）	年	月	利子率（％）	年	月	利子率（％）
2002	1	1.615	2003	1	1.680	2004	1	1.627
	2	1.579		2	1.594		2	1.418
	3	1.485		3	1.628		3	1.540
	4	1.567		4	1.664		4	1.534
	5	1.640		5	1.615		5	1.478
	6	1.559		6	1.582		6	1.553
	7	1.717		7	1.682		7	1.542
	8	1.374		8	1.316		8	1.404
	9	1.658		9	1.585		9	1.540
	10	1.541		10	1.655		10	1.530
	11	1.536		11	1.438		11	1.507
	12	1.614		12	1.652		12	1.501

Line R

としてグラフに表してみます．低下傾向や後半ばらつきが小さくなる傾向は一応認められるのですが，それほどはっきりしたものではないので，定常過程であるとして階差はとらず，$d=0$ として分析を進めます．

次に，モデルの次数の決定のため，標本自己相関関数（sample autocorrelation function），標本偏自己相関関数（sample partial autocorrelation function）を求めてみしょう．標本自己相関関数は，

$$r(s) = \frac{\sum_{t=s+1}^{T}(Y_t - \bar{Y}) \cdot (Y_{t-s} - \bar{Y})}{\sum_{t=1}^{T}(Y_t - \bar{Y})^2} \tag{6.36}$$

から計算されます．$\bar{Y}$ は標本平均です．また，詳細は省略しますが，標本偏自己相関関数は，$r(s)$ の値を使いステップごとに次数を増加させていく逐次計算を行うことによって求めることができます．標本自己相関関数，標本偏自己相関関数を求めるコマンドは，Correl です．いま，20 期までの値を求めてみましょう．

R.Correl(20)

と入力して下さい．カッコ内の **20** は 20 期前までの値を求めることを示しています．標本自己相関関数，標本偏自己相関関数の値が計算され，その結果が，図 6.2

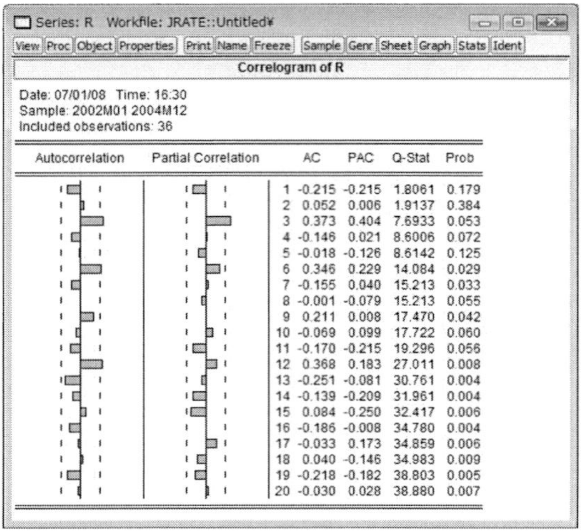

図 6.2 標本自己相関関数，標本偏自己相関関数の計算結果

のグラフにまとめられます．グラフ上では，計算された標本自己相関関数，標本偏自己相関関数の値は横棒で示されます．Q-Stat はリュング・ボックス（Ljung-Box）の Q 統計量で，k 次のものは，

$$Q_k = T(T+2) \sum_{s=1}^{k} \frac{r(s)^2}{T-s} \tag{6.37}$$

で計算されます．Q_k は系列相関がないという帰無仮説のもとで，漸近的に自由度 k の χ^2 分布に従うことが知られています．「Prob」はその p 値です．「自己相関係数または偏自己相関係数が0」という帰無仮説の有意水準5％での棄却域が点線で示されます．したがって，横棒が点線の外側にある部分のみが，有意に0と異なることになります．自己相関関数では，3次，6次，12次が，偏自己相関関数では3次の値が大きくなっています．なお，この図のように標本自己相関関数をグラフに表したものをコレログラム（correlogram）と呼びます．

● モデルの推定

標本自己相関関数，標本偏自己相関関数は，両者とも1次の係数についてのみ有意に0と異なるので，この結果からは ARMA モデルの次数 (p, q) を決定することはできません．ここでは，いくつかのモデルを考え，AIC を使ってモデルを選択することとします．考えるモデルは，$p \leq 2, q \leq 2$ の ARMA(1,0)，ARMA(2,0)，ARMA(0,1)，ARMA(0,2)，ARMA(1,1)，ARMA(1,2)，ARMA(2,1)，ARMA(2,2) の8つとします．

まず，AR(1,0) を推定します．これまで，説明を簡単にするために，分析対象とする変数 Y_t は期待値 $\mu=0$（$\mu \neq 0$ の場合は $Y_t - \mu$ を考える）としてきました．利子率 r_t は明らかに0のまわりに分布していませんので（負の利子率は当然ありません），$\mu = E(r_t)$ の影響を考慮してモデルの推定を行う必要があります．EViews では，C を説明変数に加えることによって対応します．

ARMA モデルの推定には，AR(1)，AR(2), ..., MA(1)，MA(2), ... を LS コマンドに加えます．たとえば，ARMA(2,2) は，

Equation ARMA22.LS R C AR(1) AR(2) MA(1) MA(2)

とします．なお，AR の次数が p の場合，AR(1)，AR(2), ..., AR(p) のすべてを指定します（指定しないものは推定に使われません）．MA についても同様ですので注意してください．なお，MA を含むモデル推定にあたっては逆予測が行われます．0に値を固定して逆予測を行わない場合は，オプションとして Z を指

表 6.2　ARMA(2,2) の推定結果

```
Dependent Variable: R
Method: Least Squares
Date: 07/01/08   Time: 16:32
Sample (adjusted): 2002M03 2004M12
Included observations: 34 after adjustments
Convergence achieved after 63 iterations
MA Backcast: 2002M01 2002M02
```

Variable	Coefficient	Std. Error	t-Statistic	Prob.
C	1.559533	0.015950	97.77759	0.0000
AR(1)	0.035535	0.194506	0.182692	0.8563
AR(2)	-0.396386	0.182036	-2.177514	0.0377
MA(1)	-0.399583	0.093814	-4.259295	0.0002
MA(2)	0.944266	0.053689	17.58773	0.0000

R-squared	0.334074	Mean dependent var		1.557529
Adjusted R-squared	0.242223	S.D. dependent var		0.093945
S.E. of regression	0.081779	Akaike info criterion		-2.034535
Sum squared resid	0.193947	Schwarz criterion		-1.810071
Log likelihood	39.58710	Hannan-Quinn criter.		-1.957987
F-statistic	3.637103	Durbin-Watson stat		1.844203
Prob(F-statistic)	0.016084			

Inverted AR Roots	.02+.63i	.02-.63i	
Inverted MA Roots	.20+.95i	.20-.95i	

定し LS(Z) のようにします．表 6.2 のような推定結果が表示されます．

推定方法が最小二乗法であること，63 回の繰り返し計算で収束したこと (Convergence achieved after 63 iterations) が示されます．次に，モデルの表 6.2 の推定結果が表示されます．各指標の意味はこれまで説明したとおりです．モデルの推定結果は，

$$r_t = 1.5595 + 0.03553 \cdot r_{t-1} - 0.3964 \cdot r_{t-2} - 0.3996 \cdot u_{t-1} + 0.9433 \cdot u_{t-2} \quad (6.38)$$
$$\quad (0.001595)\ (0.1945) \qquad (1.820) \qquad (0.09381) \qquad (0.05369)$$

となります．

同様に，他の 7 つのモデルを

```
Equation ARMA10.LS  R  C  AR(1)
Equation ARMA11.LS  R  C  AR(1)  MA(1)
Equation ARMA12.LS  R  C  AR(1)  MA(1)  MA(2)
Equation ARMA20.LS  R  C  AR(1)  AR(2)
Equation ARMA21.LS  R  C  AR(1)  AR(2)  MA(1)
Equation ARMA01.LS  R  C  MA(1)
Equation ARMA02.LS  R  C  MA(1)  MA(2)
```

と入力して，j番目のモデルの AIC を求めます．

p_j, q_j は j 番目のモデルの AR，MA 部分の次数です．推定結果は，表 6.3 のようになります（なお，EViews の推定方法は厳密な最尤法ではありません．また，AR 部分があると使われるデータ数が少なくなってしまいます．大きなモデルの方が対数最大尤度が小さくなるという通常の規則とおりでないことが起こりますが，EViews の AIC は使用されたデータ数で割っていますので，モデル選択に使うことができます）．

AIC では，前出の ARMA(2,2)，すなわち，AR，MA 部分とも 2 次のモデルが選択されます．

● 予　測

選択されたモデルを使って，r_t の 2005 年 1 月～12 月の 12 か月の予測を行ってみます．まず，データの範囲を拡張しますので，「JRATE：Workfile」のウィンドウの［Proc］→［Structure/Resize Current Page］をクリックして下さい（図 6.3）．「Workfile Structure」のページが開くので，「End date」を **2005M12** とし，［OK］をクリックします（図 6.4）．このとき，期間を変更してもよいかどうかのボックスが表示されますので，［Yes］をクリックします．次に，ARMA(2,2) の推定結果のある ARMA22 のウィンドウを開き，そのメニューの［Forecast］をクリックしてください．Forecast のボックスが開くので，「Forecast Sample」を

表 6.3 AIC による ARMA モデルの選択結果

モデル	AIC	AIC による順位
ARMA(1,0)	−1.8835	5
ARMA(2,0)	−1.7963	6
ARMA(0,1)	−1.8968	4
ARMA(0,2)	−1.9328	3
ARMA(1,1)	−1.8326	7
ARMA(1,2)	−1.9706	2
ARMA(2,1)	−1.7617	8
ARMA(2,2)	−2.0345	1

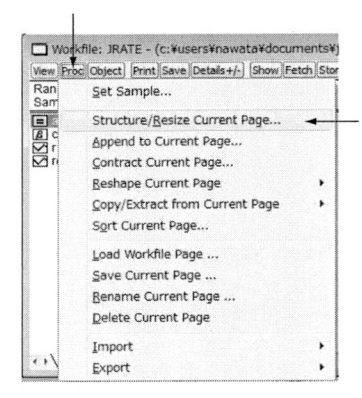

図 6.3 データに範囲を拡張するので「Workfile : JRATE」のウィンドウの [Proc] → [Structure/Resize Current Page] をクリックする.

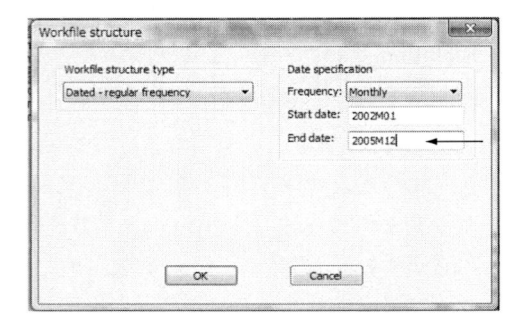

図 6.4 「Workfile Structure」のページが開くので,「End date」を 2005M12 とし, [OK] をクリックする.

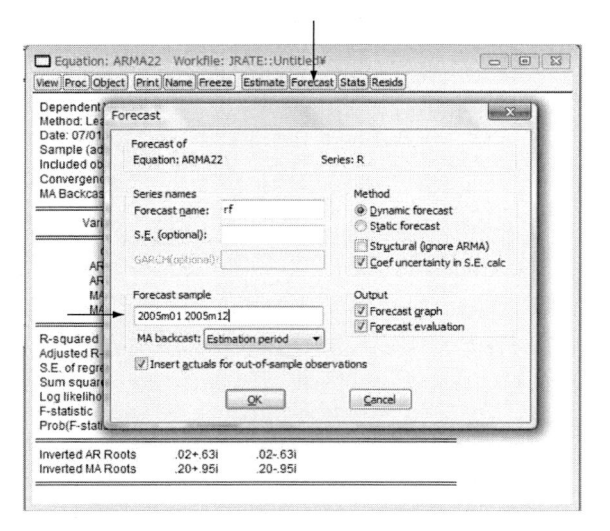

図 6.5 ARMA(2, 2) の推定結果のある **ARMA22** のウィンドウを開き, そのメニューの [Forecast] をクリックする. Forecast のボックスが開くので,「Forecast Sample」を **2005m01 2005m12** として [OK] をクリックする.

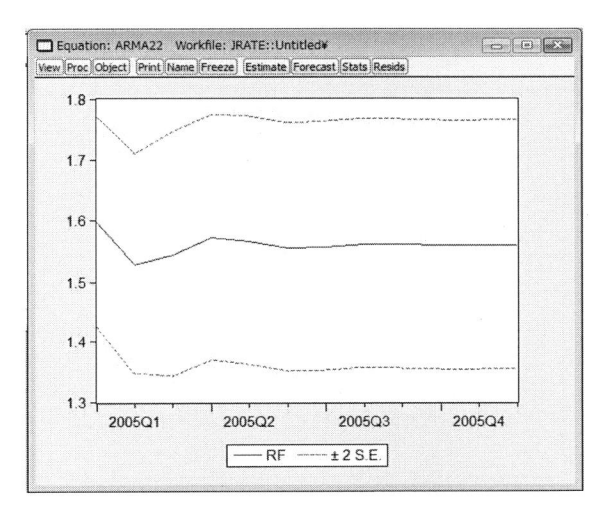

6.6 ARIMA モデルによる日本の経済データの分析

図 6.6 予測値およびその 95%信頼区間のグラフが出力される.

2005m01 2005m12 として [OK] をクリックして下さい（図 6.5）. 予測値およびその 95%信頼区間のグラフが出力されます（図 6.6）. また, 予測値を知りたい場合は, コマンドウィンドウに

```
SMPL 2005M1 2005M12
ARMA22.Forecast RF22
Show RF22
```

と入力します. ワークファイルを保存し, 一度 EViews を終了してください.

6.6.2 ARIMA モデルによる実質 GDP の分析

ここでは, 実質 GDP, GDP_t を ARIMA モデルによって分析してみます. これまでと同様, 年 (YEAR) および実質 GDP (GDP) の値（表 6.4）を Excel ファイルに入力して **JPNDAT3** と名前をつけて「ドキュメント」に保存して下さい.

Workfile JGDP A 1970 2003

Read(A2) JPNDAT3.XLS 2

と入力してデータを読み込んで下さい. 次に

Line GDP

と入力して, GDP_t をグラフにして下さい（図 6.7(a)）. GDP_t は強い増加のトレンドがあり, このままでは定常過程ではありませんので, 1 次の階差をとった $\Delta GDP_t = GDP_t - GDP_{t-1}$ グラフにしてみます（図 6.7(b)）.

表 6.4　日本の実質 GDP（2000 年価格，兆円）

年	実質 GDP	年	実質 GDP
1970	194	1987	374
1971	203	1988	400
1972	221	1989	421
1973	238	1990	443
1974	235	1991	458
1975	243	1992	462
1976	252	1993	463
1977	263	1994	468
1978	277	1995	477
1979	293	1996	494
1980	301	1997	503
1981	310	1998	497
1982	318	1999	497
1983	323	2000	511
1984	333	2001	514
1985	350	2002	512
1986	361	2003	525

Series DGDP=D(GDP)

と入力して下さい．D は階差をとる関数で，**Series DGDP=GDP−GDP(−1)** と同じ意味になります．

Line DGDP

として下さい．今度は，トレンドのない系列が得られますので，階差の次数を $d=1$ として分析を行います．

標本自己相関関数，標本偏自己相関関数を求めてみます．

GDP. Correl(20)

DGDP. Correl(20)

と入力して下さい．まず，元の系列 GDP_t についての結果が出力されます（図 6.8）．標本自己相関関数は徐々に減少し，0 になった後に，今度は負の値になり絶対値が増加しています．また，標本偏自己相関関数は 1 次のみが 0.923 と 1 に近い大きな値で，他はほとんど 0 となっています（AR(1) のものに類似していますが，強いトレンドが存在する場合，しばしば，このような結果が得られます）．

次に，1 次の階差をとった ΔGDP_t についての結果が出力されます．1 次の階差をとっていますので，ΔGDP_t に関しては，標本自己相関関数・標本自己相関関数とも 1 次の係数のみが大きく，(5％の有意水準で) 有意に 0 と異なっています．

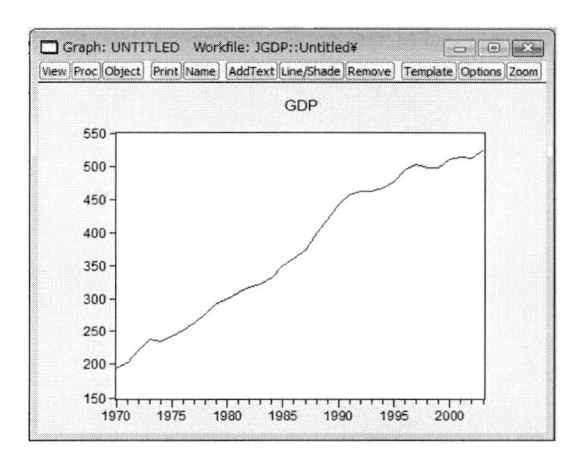

6.6 ARIMA モデルによる日本の経済データの分析

図 6.7(a) GDP_t のグラフ．GDP_t は強い増加のトレンドがあり，このままでは定常過程ではない．

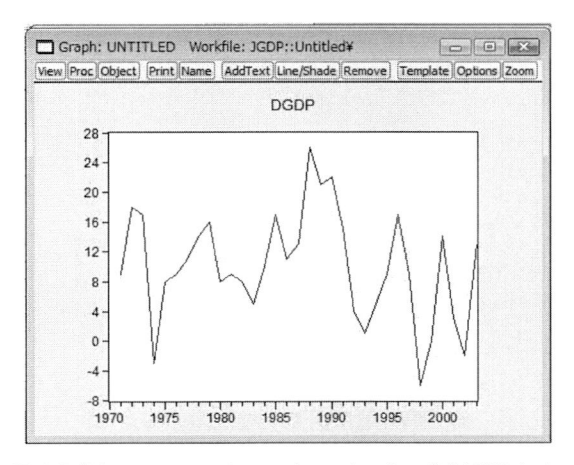

図 6.7(b) ΔGDP_t のグラフ．トレンドのない系列が得られる．

次に，$d=1$ で階差をとった ARIMA モデルの推定を行います．ARIMA$(1,1,0)$ の推定は，

Equation ARIMA10.LS DGDP C AR(1)

とします．次のような推定結果が得られます．

$$\Delta GDP_t = 10.138 + 0.3775 \cdot \Delta GDP_{t-1} \qquad (6.39)$$
$$\quad (2.008) \quad\;\; (0.170)$$

```
Series: GDP   Workfile: JGDP::Untitled
View Proc Object Properties | Print Name Freeze | Sample Genr Sheet Graph Stats Ident
                              Correlogram of GDP
Date: 07/02/08   Time: 15:25
Sample: 1970 2003
Included observations: 34

Autocorrelation    Partial Correlation       AC      PAC    Q-Stat   Prob
                                         1   0.923   0.923  31.606   0.000
                                         2   0.846  -0.045  58.951   0.000
                                         3   0.768  -0.043  82.223   0.000
                                         4   0.691  -0.038  101.70   0.000
                                         5   0.610  -0.070  117.42   0.000
                                         6   0.526  -0.075  129.52   0.000
                                         7   0.435  -0.099  138.12   0.000
                                         8   0.346  -0.058  143.74   0.000
                                         9   0.262  -0.024  147.11   0.000
                                        10   0.183  -0.037  148.81   0.000
                                        11   0.103  -0.068  149.37   0.000
                                        12   0.021  -0.081  149.40   0.000
                                        13  -0.062  -0.089  149.62   0.000
                                        14  -0.142  -0.074  150.85   0.000
                                        15  -0.214  -0.037  153.79   0.000
                                        16  -0.275  -0.017  158.91   0.000
                                        17  -0.325  -0.008  166.52   0.000
                                        18  -0.369  -0.030  176.91   0.000
                                        19  -0.400   0.005  189.98   0.000
                                        20  -0.419   0.016  205.31   0.000
```

図 6.8 GDP_t についての結果. 標本自己相関関数は徐々に減少し 0 になった後に, 今度は負の値になり絶対値が増加している. 標本偏自己相関関数は 1 次のみが 0.923 と 1 に近い大きな値で, 他はほとんど 0 となっている.

同様に他のモデルの推定を行いますが,

Equation ARIMA11.LS DGDP C AR(1) MA(1)
Equation ARIMA12.LS DGDP C AR(1) MA(1) MA(2)
Equation ARIMA20.LS DGDP C AR(1) AR(2)
Equation ARIMA21.LS DGDP C AR(1) AR(2) MA(1)
Equation ARIMA22.LS DGDP C AR(1) AR(2) MA(1) MA(2)
Equation ARIMA01.LS DGDP C MA(1)
Equation ARIMA02.LS DGDP C MA(1) MA(2)

として ARIMA(1, 1, 0)〜ARIMA(2, 1, 2) の推定を行って下さい.

各モデルについて AIC を計算すると表 6.5 のようになります. AIC による基準では, ARIMA(1, 1, 2) が選択されます. 推定結果（カッコ内は標準誤差）は表 6.5 のとおりです（この推定結果は, 定常過程の条件を満足していることを確認して下さい）.

$$\Delta GDP_t = 10.395 - 0.7598 \cdot \Delta GDP_{t-1} + 1.8540 \cdot u^*_{t-1} + 0.9216 \cdot u^*_{t-2} \quad (6.40)$$
$$\quad (0.218) \quad (0.0641) \quad\quad\quad (0.0223) \quad\quad\quad (0.0222)$$

選択された ARIMA(1, 1, 2) を使って, 2010 年まで GDP_t のを予測してみましょう.

まず, データの範囲を拡張しますので,「Workfile : JGDP」のウィンドウの [Proc]→[Structure/Resize Current Page] をクリックして下さい（図 6.9）.

6.6 ARIMA モデルによる日本の経済データの分析

表 6.5 AIC による ARIMA モデルの選択結果

モデル	AIC	AIC による順位
ARIMA (1,1,0)	6.8091	8
ARIMA (2,1,0)	6.7831	7
ARIMA (0,1,1)	6.6409	4
ARIMA (0,1,2)	6.6967	6
ARIMA (1,1,1)	6.6543	5
ARIMA (1,1,2)	6.3825	1
ARIMA (2,1,1)	6.5320	3
ARIMA (2,1,2)	6.4543	2

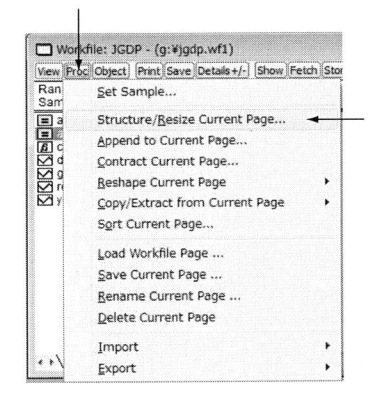

図 6.9 「Workfile：JGDP」のウィンドウの [Proc] → [Structure/Resize Current Page] をクリックする.

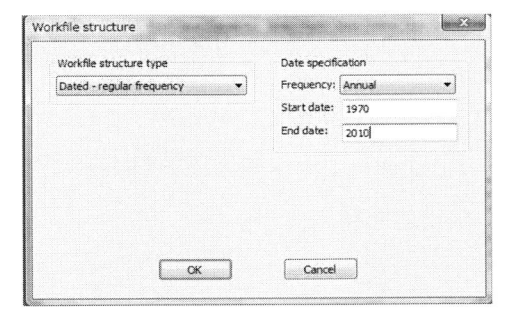

図 6.10 「Workfile Structure」のページが開くので，「End date」を **2010** とし，[OK] をクリックする.

「Workfile Structure」のページが開くので，「End date」を **2010** とし，[OK] をクリックします（「EViews」のボックスが現れますが [Yes] をクリックします）（図 6.10）.

SMPL 2004 2010

ARIMA12.Forecast FDGDP12

と入力して，$\Delta GDP_t = GDP_t - GDP_{t-1}$ の予測を求めて下さい．ただし，これはGDPの増加分の予測であり，GDPそのものの予測ではありませんので，2003年のGDPの値に増加分を加えていく必要があります．

SMPL @ALL

Series FGDP=GDP

として，GDPの2003年までの値を予測を行う変数**FGDP**に複写します．

```
SMPL 2004 2010
Series FGDP=FGDP(-1)+FDGDP12
Show FGDP
```

として2004年から2010年までの予測値を計算します．予測結果は表6.6のようになります．

表 6.6 実質GDPの予測結果

年	予測値
2004	543.8
2005	554.5
2006	564.7
2007	575.3
2008	585.5
2009	596.0
2010	606.3

6.7 季節性とSARIMAモデル

6.7.1 SARIMAモデル

多くの四半期データや月次データには，日数の違い，気候の違い，社会習慣などのため，同じ季節（同じ四半期や同じ月）のデータ間に強い相関関係があるという，季節性（seasonality）が存在します．図6.11は，1981年第1四半期（1～3月）～1995年第4四半期（10～12月）の法人企業全産業売り上げ高の推移です．全体に増加傾向がありますが，第2四半期（4～6月期）が前後の四半期に比べて落ち込むなど，同じ四半期は同じ傾向を示し，はっきりした季節性がみられます．

このように，季節性が存在するデータの分析には，季節自己回帰和分移動平均モデル（seasonal autoregressive integrated moving average model, SARIMA）が使われます．いま，データの周期がsであるとします．SARIMAモデルでは，$s, 2s, \cdots$期前のデータとの関係を考えて分析します．四半期データでは$s=4$ですので，第4四半期前（1年前），第8四半期前（2年前），…との関係を考えます．月次データでは$s=12$ですので，12か月前（1年前），24か月前（2年前），…との関係を考慮します．

s期前との関係ですので，（季節差の影響をとりのぞくなどのため）階差をと

6.7 季節性と SARIMA モデル

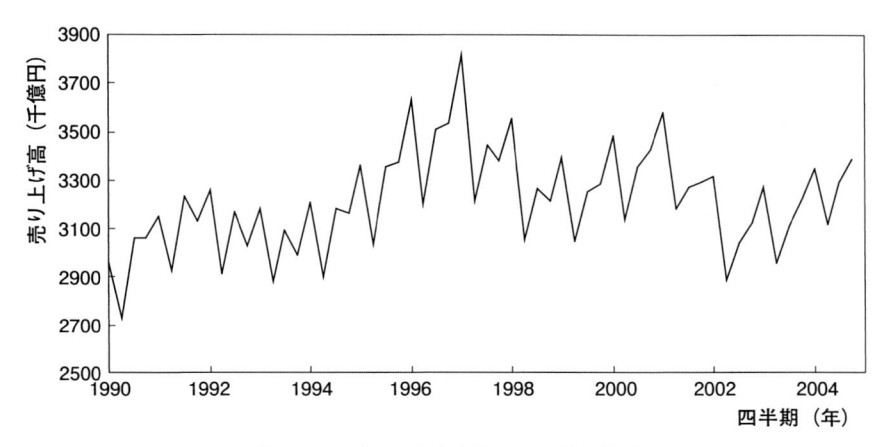

図 6.11 法人企業全産業売り上げ高の推移

る場合は s 期前との差(前年の同四半期や同月との差),

$$\Delta_s Y_t = Y_t - Y_{t-s} \tag{6.41}$$

を考えます.また,通常の ARMA モデルのかわりに,$t-s, t-2s, t-3s, \cdots$ との関係の季節 ARMA モデル

$$Y_t = \gamma_1 Y_{t-s} + \gamma_2 Y_{t-2s} + \cdots + \gamma_{P\cdot s} Y_{t-P\cdot s} \tag{6.42}$$
$$+ u_t + \delta_1 u_{t-s} + \delta_2 u_{t-2s} + \cdots + \delta_Q u_{t-Q\cdot s}$$

を考えます.

一般には,周期が s の SARIMA モデルを SARIMA$(P, D, Q)_s$ と表します.P は季節自己回帰の次数,D は季節階差の次数,Q は季節移動平均の次数で,ARIMA モデルの次数と区別するため,大文字で表します.

SARIMA$(P, D, Q)_s$ によって季節性を処理しますが,これと通常の ARIMA モデル ARIMA(p, d, q) を組み合わせることによって,季節性のあるデータに対していろいろな分析が可能となります.いま,データの季節性が 1 次の季節自己回帰モデルで

$$Y_t = \gamma Y_{t-s} + v_t \tag{6.43}$$

で表されたとします.$v_t = Y_t - \gamma \cdot Y_{t-s}$ は季節性を処理した系列となりますが,これまでの誤差項と異なり,独立である必要はありません.v_t が通常の 1 次の自己回帰モデルで,

$$v_t = \phi v_{t-1} + u_t \tag{6.44}$$

であったとします.これから,

$$Y_t = \gamma Y_{t-s} + \phi(Y_{t-1} - \gamma Y_{t-s-1}) + u_t \tag{6.45}$$

となります.このように2つを組み合わせたモデルは,乗法的季節 ARIMA モデルと呼ばれています(以後,ARIMA(p, d, q) と SARIMA$(P, D, Q)_s$ を $(p, d, q) \times (P, D, Q)_s$ と表すことにします).しかしながら,p, q, Q, D など(とくに MA 部分の q, Q)が大きくなるとモデルが複雑になるため,適当な初期値を選ばない限り,計算途中でエラーが発生してしまい,推定ができなくなってしまいますので注意して下さい.

6.7.2 四半期データの分析

表6.7は1990年第1四半期(1〜3月期)から2004年第4四半期(10〜12月)の法人企業全産業売り上げ高の推移です.データは,財務省「法人統計季報」からのものです.

売り上げ高 $Sale_t$ のデータを1990年第1四半期から順に2004年第4四半期まで,時間順に Excel ファイルで入力して下さい(時間の変数は入力する必要はありません).変数名は,**Sale** とします.「ドキュメント」にファイル名を **Sale** として保存して下さい.

EViews を起動し,

Workfile Sale Q 1990:1 2004:4

表 6.7 法人全企業売り上げ高の推移

年	第1四半期	第2四半期	第3四半期	第4四半期
1990	2,960	2,730	3,061	3,062
1991	3,152	2,927	3,236	3,136
1992	3,262	2,918	3,169	3,032
1993	3,184	2,881	3,092	2,990
1994	3,211	2,903	3,183	3,165
1995	3,366	3,039	3,358	3,373
1996	3,629	3,206	3,507	3,538
1997	3,815	3,216	3,449	3,383
1998	3,556	3,054	3,266	3,217
1999	3,397	3,047	3,253	3,288
2000	3,484	3,142	3,358	3,425
2001	3,581	3,182	3,272	3,294
2002	3,318	2,889	3,046	3,128
2003	3,272	2,960	3,113	3,225
2004	3,349	3,119	3,290	3,390

6.7 季節性と SARIMA モデル

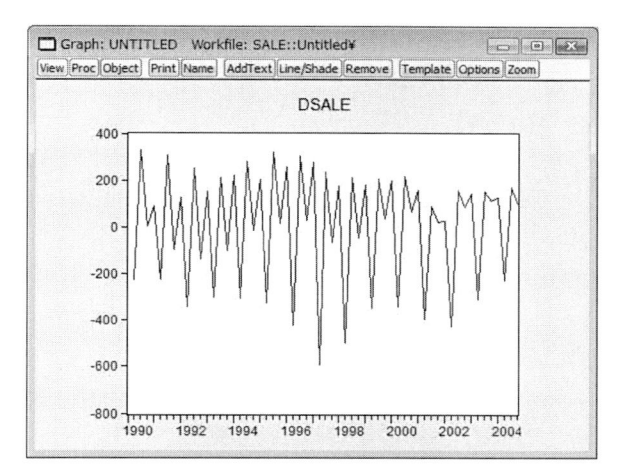

図 6.12 $\Delta Sale_t$ のグラフ.グラフには 4 期を周期とした変動があり,季節性が認められる.

と入力し,1990 年の第 1 四半期から 2004 年の第 4 四半期までの四半期データを使うことを指定します(Q は四半期データを意味します).四半期データを指定しましたので,データの周期は $s=4$ となります.

Read(A2) SALE.XLS 1

としてデータの読み込みを行います.

Show Sale

として,データが正しく入力されていることを確認して下さい.

Line Sale
Series DSale=D(Sale)
Line DSale

として,$Sale_t$ および 1 次の階差をとった $\Delta Sale_t$ をグラフに書いて下さい(図6.12).グラフには 4 期を周期とした変動があり,季節性があるようです($Sale_t$ については図 6.11 を参照して下さい).

このデータは,増加のトレンドがあり定常過程ではありませんので,$\Delta Sale_t$ について標本自己相関関数を求めてみます.

DSale.Correl(20)

として下さい.$\Delta Sale_t$ についてみると,4 次の標本自己相関係数が 0.923,8 次の標本自己相関係数が 0.840 と 4 次ごとに大きな値が観測されています(図6.13).

次に，一次の季節階差をとった，$\Delta_s Sale_t = Sale_t - Sale_{t-s}$, $s=4$ について，標本自己相関関数を計算してみましょう．

Series D4Sale=D(Sale,0,4)

として下さい．**D** は階差をとる関数ですが，オプションとして 0，4 を指定することによっては 4 期ごとの季節階差となります（**Series D4Sale=Sale−Sale(−4)** としても同じです）．

D4Sale.Correl(20)

と入力して下さい．今度は，4 次ごとの関係はみられず，季節階差をとることにより季節性は処理されていると考えられます（図6.14）．

次に，$(p, d, q) \times (P, D, Q)_s$ を使っての分析を行ってみます．モデルの次数は，$p=1$，$d=0$，$q=1$，$P=1$，$D=1$，$Q=1$ とします．

Equation SARIMA1.LS D4Sale C AR(1) MA(1) SAR(4) SMA(4)

と入力して下さい．結果は表 6.8 のとおりです．**SAR**，**SMA** は季節自己回帰，季節移動平均を表し，これを使うことによって，乗法的季節 ARIMA モデルの推計が可能となります（季節成分としてさらに 8 期前を加えたい場合は，**SAR(8)**，**SMA(8)** とします）．**Equation SATIM1.LS D4Sale C AR(1) MA(1) AR(4)**

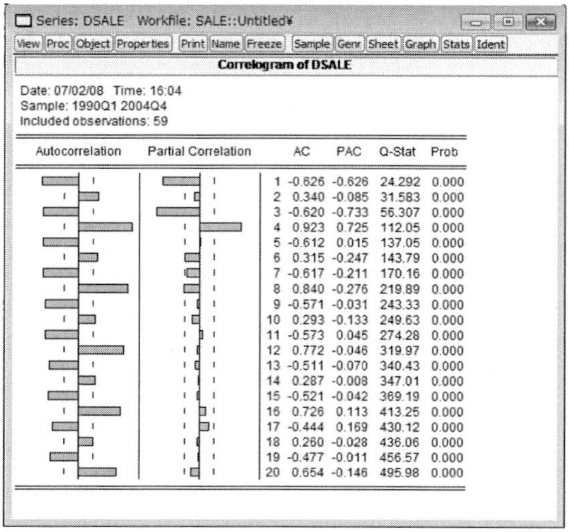

図 6.13　$\Delta Sale_t$ は 4 次の標本自己相関係数が 0.923，8 次の標本自己相関係数が 0.840 などと 4 次ごとに大きな値が観測される．

6.7 季節性と SARIMA モデル

```
Series: D4SALE  Workfile: SALE::Untitled¥
View Proc Object Properties Print Name Freeze Sample Genr Sheet Graph Stats Ident
                 Correlogram of D4SALE
Date: 07/02/08  Time: 16:11
Sample: 1990Q1 2004Q4
Included observations: 56

Autocorrelation  Partial Correlation     AC     PAC   Q-Stat  Prob
                                      1  0.863  0.863  43.991  0.000
                                      2  0.665 -0.314  70.573  0.000
                                      3  0.412 -0.308  80.982  0.000
                                      4  0.161 -0.117  82.598  0.000
                                      5 -0.105 -0.278  83.296  0.000
                                      6 -0.315 -0.034  89.737  0.000
                                      7 -0.477 -0.109 104.83   0.000
                                      8 -0.553  0.003 125.55   0.000
                                      9 -0.546  0.066 146.16   0.000
                                     10 -0.476 -0.059 162.16   0.000
                                     11 -0.350  0.052 171.02   0.000
                                     12 -0.198 -0.026 173.92   0.000
                                     13 -0.033  0.011 174.00   0.000
                                     14  0.145  0.174 175.63   0.000
                                     15  0.277 -0.107 181.70   0.000
                                     16  0.345 -0.069 191.36   0.000
                                     17  0.367  0.057 202.56   0.000
                                     18  0.361  0.068 213.69   0.000
                                     19  0.306  0.007 221.90   0.000
                                     20  0.213 -0.050 226.01   0.000
```

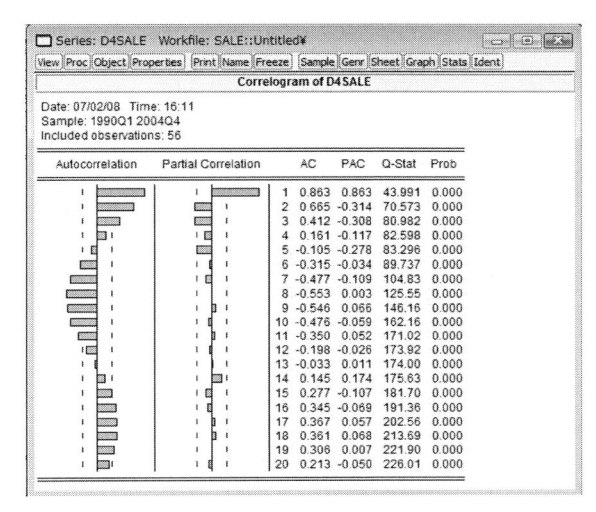

図 6.14　$\Delta_s Sale_t$, $s=4$ の自己相関・偏自己相関関数. 4 次ごとの関係はみられず, 季節階差をとることにより季節性は処理されていると考えられる.

MA(4) とは異なりますので注意して下さい.

この推定結果を使って, 2005 年第 1 四半期から 2006 年第 4 四半期までの 8 四半期について予測を行ってみます.「SALE：Workfile」のウィンドウの [Proc]→ [Structure/Resize Current Page] をクリックして下さい.「Workfile Structure」のページが開くので,「End date」を **2006Q4** とします. なお, コレログラムのウィンドウが開いている場合など, 変更に関するボックスが表示される場合がありますが, すべて [Cancel] をクリックして下さい.

SMPL 2005:1 2006:4

SARIMA1.Forecast FD4Sale

と **Sale** の増加分の予測を求めます.

SMPL @ALL

Series FSale=Sale

として, **Sale** の予測を行う変数 **FSale** に複写します.

SMPL 2005:1 2006:4
Series FSale=FSale(−4)+FD4Sale
Show FSale

として予測値を計算します. 予測結果は表 6.9 のとおりです.

表 6.8 $(p,d,q) \times (P,D,Q)_s, p=1, d=0, q=1, P=1, D=1, Q=1$ の推定結果

```
Dependent Variable: D4SALE
Method: Least Squares
Date: 07/02/08   Time: 16:16
Sample (adjusted): 1992Q2 2004Q4
Included observations: 51 after adjustments
Convergence achieved after 19 iterations
MA Backcast: 1991Q1 1992Q1
```

Variable	Coefficient	Std. Error	t-Statistic	Prob.
C	24.85414	58.14514	0.427450	0.6710
AR(1)	0.862819	0.101166	8.528702	0.0000
SAR(4)	0.621681	0.159012	3.909641	0.0003
MA(1)	0.142403	0.180707	0.788033	0.4347
SMA(4)	-0.894031	0.051666	-17.30398	0.0000

R-squared	0.809959	Mean dependent var		11.50980
Adjusted R-squared	0.793433	S.D. dependent var		141.4360
S.E. of regression	64.28212	Akaike info criterion		11.25733
Sum squared resid	190080.8	Schwarz criterion		11.44673
Log likelihood	-282.0620	Hannan-Quinn criter.		11.32971
F-statistic	49.01311	Durbin-Watson stat		1.828535
Prob(F-statistic)	0.000000			

Inverted AR Roots	.89	.86	.00+.89i	-.00-.89i
	-.89			
Inverted MA Roots	.97	.00+.97i	-.00-.97i	-.14
	-.97			

表 6.9 法人全企業売り上げ高の予測

年	予測値
2005Q1	3518.5
2005Q2	3238.4
2005Q3	3407.8
2005Q4	3475.2
2006Q1	3606.4
2006Q2	3298.9
2006Q3	3470.5
2006Q4	3520.3

6.8 ラグオペレータ

ARIMA モデルでは 1 期前に戻すラグオペレータを使うとモデルを簡単に表すことができます. L を時間をとることを表すラグオペレータ (lag operator) を

$$Y_{t-1} = LY_t \tag{6.46}$$

とします. このオペレータを使うと

$$Y_{t-2} = LY_{t-1} = L^2 Y_t, \ Y_{t-s} = L^s Y_t \tag{6.47}$$

となります. AR(p) モデル

$$Y_t = \phi_1 \cdot Y_{t-1} + \phi_2 \cdot Y_{t-2} + \cdots + \phi_p \cdot Y_{t-p} + u_t \tag{6.48}$$

は,

$$(1 - \phi_1 L - \phi_2 L^2 - \cdots - \phi_{p-1} \cdot L^{p-1} - \phi_p \cdot L^p) Y_t = u_t \tag{6.49}$$

となります. L は通常の変数のように扱うことができ,

$$x^p - \phi_1 x^{p-1} - \phi_2 \cdot x^{p-2} - \cdots - \phi_{p-1} \cdot x - \phi_p = 0 \tag{6.50}$$

の根を $\lambda_1, \lambda_2, ..., \lambda_p$ とすると,

$$(1 - \lambda_1 L)(1 - \lambda_2 L) \cdots (1 - \lambda_p L) Y_t = u_t \tag{6.51}$$

と表すことができます. モデルが定常であるための条件は, $\lambda_1, \lambda_2, ..., \lambda_p$ のすべての絶対値が 1 より小さいことで, 定常の場合, 移動平均表示が可能となり,

$$Y_t = (1 - \phi_1 L - \phi_2 L^2 - \cdots - \phi_{p-1} \cdot L^{p-1} - \phi_p \cdot L^p)^{-1} u_t \tag{6.52}$$

となります. とくに, AR(2) の場合,

$$Y_t = \sum_{t=0}^{\infty} \gamma_s u_{t-s}, \ \gamma_s = \frac{\lambda_1^{s+1} - \lambda_2^{s+1}}{\lambda_1 - \lambda_2} \tag{6.53}$$

です.

同様に, MA(q) モデル

$$Y_t = u_t + \theta_1 \cdot u_{t-1} + \theta_2 \cdot u_{t-2} + \cdots + \theta_q \cdot u_{t-q} \tag{6.54}$$

は,

$$Y_t = (1 + \theta_1 L + \theta_2 L^2 + \cdots + \theta_q L^q) u \tag{6.55}$$

と表すことができます.

また,

$$\Delta Y_t = Y_t - Y_{t-1} = (1 - L) Y_t \tag{6.56}$$

ですから, 階差 Δ は,

$$\Delta = (1 - L) \tag{6.57}$$

です．したがって，d 次の階差は

$$\Delta^d = (1-L)^d = \sum_{i=0}^{d}(-1)^d {}_dC_i L^i, \quad {}_dC_i = \frac{d!}{(d-1)!i!} \tag{6.58}$$

となります．また，季節階差 Δ_s は

$$\Delta_s = (1-L^s) \tag{6.59}$$

で表されます．

6.9 演習問題

1. 表 6.10 は，2002 年 1 月〜2004 年 12 月の長期貸し出し金利のデータです．データは，日本銀行のものです．ARMA モデルを使って分析して下さい．また，2006 年 12 月までの予測を行って下さい．

表 6.10 日本の利子率（長期貸付金利）の推移

年	月	利子率(%)	年	月	利子率(%)	年	月	利子率(%)
2002	1	1.638	2003	1	1.714	2004	1	1.686
	2	1.529		2	1.522		2	1.478
	3	1.648		3	1.588		3	1.553
	4	1.762		4	1.738		4	1.677
	5	1.525		5	1.402		5	1.418
	6	1.698		6	1.661		6	1.680
	7	1.769		7	1.739		7	1.741
	8	1.499		8	1.486		8	1.496
	9	1.637		9	1.684		9	1.536
	10	1.750		10	1.740		10	1.684
	11	1.539		11	1.517		11	1.446
	12	1.616		12	1.675		12	1.618

2. 表 6.11 はアメリカ合衆国の実質 GDP（2000 年価格，単位十億ドル）のデータです．データは，世界銀行（World bank, World Development Indicator）からのものです．これを ARIMA モデルを使って分析して下さい．また，2010 年までの予測を行って下さい．

3. 表 6.12 は，1990 年第 1 四半期から 2004 年第 4 四半期までの法人企業・製造業の売り上げ高（単位：千億円）の推移です．データは，財務省，「法人企業統計季報」からのものです．これを本章で説明した方法によって分析して下さい．また，2005 年第 1 四半期から 2007 年第 2 四半期までの予測を行って下さい．

表 6.11 アメリカ合衆国の実質 GDP（2000 年価格，十億ドル）

年	実質 GDP	年	実質 GDP
1970	3,722	1987	6,425
1971	3,851	1988	6,690
1972	4,066	1989	6,926
1973	4,305	1990	7,055
1974	4,284	1991	7,041
1975	4,277	1992	7,276
1976	4,507	1993	7,472
1977	4,717	1994	7,776
1978	4,982	1995	7,973
1979	5,140	1996	8,271
1980	5,128	1997	8,648
1981	5,257	1998	9,013
1982	5,154	1999	9,417
1983	5,386	2000	9,765
1984	5,774	2001	9,815
1985	6,011	2002	10,032
1986	6,217	2003	10,343

表 6.12 法人・製造業売り上げ高の推移（千億円）

年	第 1 四半期	第 2 四半期	第 3 四半期	第 4 四半期
1990	891	879	935	981
1991	956	939	982	991
1992	966	889	932	934
1993	930	864	892	892
1994	889	867	921	938
1995	946	909	954	984
1996	997	948	1,023	1,047
1997	1,085	982	1,023	1,024
1998	1,008	920	955	950
1999	960	904	962	990
2000	1,031	942	996	1,021
2001	1,039	927	947	928
2002	939	871	927	952
2003	973	905	939	979
2004	1,015	944	1,006	1,025

7. 単位根と共和分

前章で説明したARIMAモデルでは,非定常過程の場合,階差をとりました.実際のデータ分析では,階差をとるべきかどうか,すなわち,データが定常であるかどうかが大きな問題となります.また,非定常といっても,非確率的な線形トレンドがある場合と確率的な変動のため非定常になる場合ではその意味が異なります.非確率的な線形トレンドの場合は,階差をとらずに,時間tで回帰し,残差に対してARMAモデルによる分析することが可能です(階差をとると,長期的な線形トレンドの推定の効率が落ちてしまいますので,長期トレンドの推定を主眼とする場合はこの方法の方が好ましいといえます).

一方,確率的な変動のため非定常になる場合,これまでに学習してきた標準的な分布理論が成立せず,別の分布理論を使用する必要があります.これは単位根の問題と呼ばれています.また,単位根があり,変数が非定常な場合においては,変数間に関係がなくても,R^2やt値の絶対値が大きくなる見せかけの回帰(spurious regression)が問題を生じます.これに対応するのが共和分の概念です.これらについて説明を加えます.

7.1 単位根問題

7.1.1 ランダム・ウォークと単位根

1次自己回帰AR(1)モデルにおいて

$$Y_t = Y_{t-1} + u_t \tag{7.1}$$

である場合を考えてみましょう.この確率過程はランダム・ウォーク(random walk)と呼ばれます.第6章で説明したAR(1)において,$\phi=1$のケースで何も問題ないように思えますが,この場合は,大きな問題を生じます.いま,$t=0$におけるYの値がY_0であったとします.Y_tは

7.1 単位根問題

$$Y_t = Y_0 + \sum_{s=1}^{t} u_s \tag{7.2}$$

となります．この条件つきの分散を考えると，

$$V(Y_t|Y_0) = \sum_{s=1}^{t} V(u_s) = t \cdot \sigma^2 \tag{7.3}$$

となり，$t \to \infty$ とすると無限大となってしまいます．(6.4) 式の分散 Y_t を求める公式において，$\phi = 1$ とすると分母は0となってしまいます．数学では0で割ることはできませんので，結局，第6章の結果を使うことはできないことになります．この場合，第6章の定常性を決定する方程式において，根が1となりますので，単位根 (unit root) の問題と呼ばれています（AR(p) モデルの単位根問題については後ほど説明します）．

7.1.2 最小二乗推定量

ここで，モデルを

$$Y_t = \phi \cdot Y_{t-1} + u_t \tag{7.4}$$

として，真の値が $\phi = 1$ である場合の最小二乗法による推定を考えてみます（$\phi = 1$，すなわち，単位根が存在する場合においても最小二乗法による推定はそのまま行うことができます）．この場合，

$$\hat{\phi} = \frac{\sum_{t=2}^{T} Y_{t-1} Y_t}{\sum_{t=2}^{T} Y_{t-1}^2} = 1 + \frac{\sum_{t=2}^{T} (Y_{t-1} Y_t - Y_{t-1}^2)}{\sum_{t=2}^{T} Y_{t-1}^2}$$

$$= 1 - \frac{\sum_{t=2}^{T} Y_{t-1}(Y_t - Y_{t-1})}{\sum_{t=2}^{T} Y_{t-1}^2} = 1 - \frac{\sum_{t=2}^{T} Y_{t-1} \Delta Y_t}{\sum_{t=2}^{T} Y_{t-1}^2} \tag{7.5}$$

となります．なお，$1 - \hat{\phi}$ は，

$$\Delta Y_t = \delta Y_{t-1} + u_t \tag{7.6}$$

における最小二乗推定量 $\hat{\delta}$ に等しいことに注意して下さい．

ここで，u_t の分散を1とし，(7.4) 式の両辺を $\sqrt{T}$ で割り，時間間隔を $\Delta t \to 0$ としたモデル

$$Y^*_{\tau(t)} = \phi \cdot Y^*_{\tau(t-1)} + u^*_{\tau(t)} \tag{7.7}$$

$$Y^*_{\tau(t)} = Y_t / \sqrt{T}, \quad u^*_{\tau(t)} = u_t / \sqrt{T}, \quad \tau(t) = t \cdot \Delta t$$

を考えてみます．(7.7) 式の最小二乗推定量は (7.5) 式と同一です．また，$\tau(t)$ は $\Delta t = 1/T$ から1まで，Δt の等間隔でとります．すなわち，$\hat{\phi} - 1$ は，

$$T(1-\hat{\phi}) = \frac{\sum_{t=2}^{T} Y^*_{\tau(t-1)} \Delta Y^*_{\tau(t)}}{\sum_{t=2}^{T} Y^{*2}_{\tau(t-1)} \Delta t} \tag{7.8}$$

と書くことができます．$T \to \infty$ として Δt を 0 に近づけていった極限を考えると，（連続時間モデルの）確率過程を得ることができますが，この場合，$Y^*_{\tau(t)}$ の分布はブラウン運動（Brownian motion，ウィナー過程（Wiener process）とも呼ばれる）で表されます（ブラウン運動の詳細については，拙著『理工系のための経済学・ファイナンス理論』（東洋経済新報社，2003）などを参照して下さい）．

$T(1-\hat{\phi})$ の極限分布は，

$$T(1-\hat{\phi}) \Longrightarrow \frac{\int_0^1 W_t dW_t}{\int_0^1 W_t^2 dt} \tag{7.9}$$

となります．W_t は区間 [0, 1] における標準ブラウン運動に従う確率過程です．なお，分子部分の積分は通常の（滑らかな関数で使われる）積分の公式でなく，伊藤積分（Ito integral）が使われ，

$$\int_0^1 W_t dW_t = \frac{1}{2}\{W(1)^2 - 1\} \tag{7.10}$$

となります．

$W(1)$ は標準正規分布ですので，これは，自由度 1 の χ^2 分布 $\chi^2(1)$ の関数となります．

これまで学習してきた漸近分布が正規分布となる場合とはまったく異なることに注意して下さい．$\hat{\phi}<1$ となる確率は $\chi^2(1)$ において 1 より小さくなる確率ですので 68.3% となります．一方，$\hat{\phi}>1$ となる確率は 31.7% ですので，1 より小さな推定値が得られる確率の方が，ずっと大きいことに注意して下さい．

また，詳細は省略しますが，t 検定タイプの検定統計量を考え，$(1-\hat{\phi})/s.e.(\hat{\phi})$ の極限分布を求めると

$$(1-\hat{\phi})/s.e.(\hat{\phi}) \Rightarrow \frac{\int_0^1 W_t dW_t}{\left(\int_0^1 W_t^2 dt\right)^{1/2}} \tag{7.11}$$

となります．

7.1.3 p次のARモデルにおける単位根

これまでは，AR(1) モデルを考えてきましたが，単位根の問題は p 次の AR モデルに拡張することができます．いま，AR(p) モデル

$$(1-\phi_1 L - \phi_2 L^2 - \cdots - \phi_{p-1} \cdot L^{p-1} - \phi_p \cdot L^p) Y_t = u_t \tag{7.12}$$

を考えてみます．対応する p 次の方程式

$$1 - \phi_1 \cdot \lambda - \phi_2 \cdot \lambda^2 - \cdots - \phi_{p-1} \cdot \lambda^{p-1} - \phi_p \cdot \lambda^p = 0 \tag{7.13}$$

において，1 となる根が存在するかどうかが，この場合の単位根問題となります．

1 となる根が 1 つだけ存在し，他の根はすべて 1 より大きい場合，

$$(1 - \phi_1^* \cdot L - \cdots - \phi_{p-2}^* \cdot L^{p-2} - \phi_{p-1} \cdot L^{p-1})(1-L) Y_t = u_t \tag{7.14}$$

ですので，1 回階差をとった $\Delta Y_t = (1-L) Y_t$ は定常過程となります．

1 が 2 重根であり他の根は 1 より大きい場合，

$$(1 - \phi_1^{**} \cdot L - \cdots - \phi_{p-2}^{**} \cdot L^{p-2})(1-L)^2 Y_t = u_t \tag{7.15}$$

ですので，2 回階差をとった $\Delta^2 Y_t = (1-L)^2 Y_t = (1-2L+L^2) Y_t$ が定常過程となります．同様に，1 が d 重根である場合は，

$$(1 - \phi_1^{***} \cdot L - \cdots - \phi_{p-d}^{***} \cdot L^{p-d})(1-L)^d Y_t = u_t \tag{7.16}$$

で d 回階差をとった $\Delta^d Y_t = (1-L)^d Y_t$ が定常過程となります．

なお，階差をとらなくても定常過程である場合を $I(0)$ (integration of order 0)，単位根が 1 つで 1 回階差をとると定常過程となる場合を $I(1)$，1 が d 重根となっており d 回階差をとると定常過程となる場合を $I(d)$ と表します．

7.1.4 定数項・トレンドを含むモデル

これまでは，(7.1) 式のように定数項・トレンドを含まないモデルについて説明を加えてきましたが，これに定数項を加えて

$$Y_t = a + \phi Y_{t-1} + u_t \tag{7.17}$$

としたモデルや，さらにトレンドを加えて

$$Y_t = a + bt + \phi Y_{t-1} + u_t \tag{7.18}$$

としたモデルにおいて，$\phi = 1$ であるかどうかの単位根の問題を考えることができます．どのモデルを考えるかによって，検定統計量の分布が異なって，次節において説明する単位根の検定において，棄却域が異なってきます．

7.2 単位根の検定

単位根が存在するかどうかは非常に重要な問題であり，その検定を行う必要

があります．これに関しては多くの検定方法が提案されています．ここでは，EViews で使うことのできる，Dickey-Fuller（DF）検定，Augmented Dickey-Fuller（ADF）検定，Dickey-Fuller GLS（DF-GLS）検定，Phillips-Perron（PP）検定，Kwiatkowski-Phillips-Schmidt-Shin（KPSS）検定，Elliot-Rothenberg-Stock（ERS）の Point-Optional 検定，Ng-Perron（NP）検定について説明します．

7.2.1 Dickey-Fuller（DF）検定

定数項・トレンドとも含まないモデルにおいて，単位根があるかどうか，すなわち，$Y_t = Y_{t-1} + u_t$ であるかどうかの検定は，

$$\Delta Y_t = \delta Y_{t-1} + u_t \tag{7.19}$$

において，$\delta = 0$ であるかのどうかの検定問題に置き換えることができます．ここで，帰無仮説を単位根が存在する，すなわち，

$$H_0 : \delta = 0 \tag{7.20}$$

とします．対立仮説は，定常過程である，すなわち，

$$H_1 : \delta < 0 \tag{7.21}$$

とします．この場合，帰無仮説が棄却されれば，単位根は存在せず，通常の定常過程として扱うことができることになります．

この検定を行うのに t 検定の考え方を使って，

$$\tau = \hat{\delta}/s.e.(\hat{\delta}) \tag{7.22}$$

を検定統計量として検定を行うことが考えられます（$s.e.(\hat{\delta})$ は $\hat{\delta}$ の標準誤差です）．しかしながら，すでに説明したようにこの極限分布は（7.11）式で与えられ，t 分布でありません．この統計量は τ 統計量，その分布は τ 分布と呼ばれます．この検定はディッキー・フラー（Dickey-Fuller, DF）検定と呼ばれています．

同様に，定数項を含む場合は

$$\Delta Y_t = a + \delta Y_{t-1} + u_t \tag{7.23}$$

を，定数項・トレンドを含む場合は

$$\Delta Y_t = a + bt + \delta Y_{t-1} + u_t \tag{7.24}$$

において，$\tau = \hat{\delta}/s.e.(\hat{\delta})$ を使って τ 検定を行うことができます．モデルが定数項・トレンドを含んでいるかどうかによって，棄却域が異なってきますので注意が必要です．EViews では，定数項・トレンドを含むかどうかを指定することができ，いずれの場合も簡単に検定を行うことができます．

7.2.2 Augmented Dickey-Fuller（ADF）検定

DF 検定を AR(p) モデルに拡張した（augmented）ものが，拡張ディッキー・フラー（Augmented Dickey-Fuller, ADF）検定です．この場合，帰無仮説を単位根が1つある（他の根は定常過程の条件を満たすとします）とし，対立仮説を定常過程であるとします．すなわち，帰無仮説のもとでは，

$$(1-\phi_1^* \cdot L - \cdots - \phi_{p-2}^* \cdot L^{p-2} - \phi_{p-1} \cdot L^{p-1})(1-L)Y_t = u_t \tag{7.25}$$

となり，1回階差をとった $\Delta Y_t = (1-L)Y_t$ は定常過程となります．ここで，簡単のため AR(2) モデルを使って，説明を行います．第6章で説明したように AR(2) モデルは

$$(1-\alpha L)(1-\beta L)Y_t = u_t \tag{7.26}$$

と書くことができますが，（単位根が1つだけ存在する）帰無仮説のもとでは $|\alpha|<1$, $\beta=1$ です．したがって，これを展開すると

$$\{1-(\alpha+1)L+\alpha L^2\}Y_t = u_t \iff Y_t = (\alpha+1)Y_{t-1} - \alpha Y_{t-2} + u_t \tag{7.27}$$

となります．すなわち，単位根が存在する場合は，

$$Y_t = \phi_1 \cdot Y_{t-1} + \phi_2 \cdot Y_{t-2} + u_t \tag{7.28}$$

において $\phi_1 + \phi_2 = 1$ が成り立つことになります．

$$Y_t - Y_{t-1} = (\phi_1 + \phi_2 - 1)Y_{t-1} - \phi_2(Y_{t-1} - Y_{t-2}) + u_t \tag{7.29}$$

ですので，単位根の検定は

$$\Delta Y_t = \delta Y_{t-1} + \gamma_1 \Delta Y_{t-1} + u_t \tag{7.30}$$

において，

$$H_0 : \delta = 0, \quad H_1 : \delta < 0 \tag{7.31}$$

として検定を行えばよいことになります（定常過程では α, β とも絶対値は1より小さいため，対立仮説はこのようになります）．

これを AR(p) に拡張すると，

$$\Delta Y_t = \delta Y_{t-1} + \gamma_1 \Delta Y_{t-1} + \cdots + \gamma_{p-1} \Delta Y_{t-p+1} + u_t \tag{7.32}$$

において，

$$H_0 : \delta = 0, \quad H_1 : \delta < 0 \tag{7.33}$$

として，$\tau = \hat{\delta}/s.e.(\hat{\delta})$ を使って検定を行えばよいことになります．これが，ADF検定です．これがラグの選択が正しい場合，検定の棄却域は前項で述べたものと同一となります．また，定数項・トレンドがある場合も同様です．

なお，EViews では，ラグの数を具体的に指定するほか，適当な情報量基準（選

択可能です）によって自動的に最適なラグを選択することができます．この場合，ラグの最大値は $12(T/100)^{1/4}$ 以下となるように設定されています．

7.2.3 Dickey-Fuller GLS（DF-GLS）検定

ディッキー・フラー GLS（Dickey-Fuller GLS, DF-GLS）検定は，定数項・トレンドがある場合に ADF 検定を修正したもので，エリオット・ローゼンバーグ・ストック（Elliot-Rothenberg-Stock, ERS）によって提案された方法です．ここで，

$$y_t(a) = \begin{cases} Y_t & t=1 \\ Y_t - aY_{t-1} & t=2, 3, ..., T \end{cases} \tag{7.34}$$

とします．x_t を定数項・時間 t からなるベクトル，すなわち，$x_t = [1]$ または $x_t' = [1, t]$ とします．$x_t(a)$ を $y_t(a)$ と同様に定義し，次のモデルを考えます．

$$y_t(a) = x_t(a)'\beta_a + \omega_t(a) \tag{7.35}$$

β_a はパラメータのベクトルです．$\bar{a}$ の値としては，EViews では，

$$\bar{a} = \begin{cases} 1 - 7/T & x_t = [1] \text{ で定数項のみの場合} \\ 1 - 13.5/T & x_t' = [1, t] \text{ で定数項，トレンドを含む場合} \end{cases} \tag{7.36}$$

を用いています．(7.35) 式から求めた推定量 $\hat{\beta}$ を使って，定数項・トレンドを除去した

$$y_t^d = Y_t - x_t'\hat{\beta} \tag{7.37}$$

を求めます．この系列に対して，ADF 検定，すなわち，

$$\Delta y_t^d = \delta y_t + \gamma_1 \Delta y_{t-1}^d + \cdots + \gamma_{p-1} \Delta y_{t-p+1}^d \tag{7.38}$$

において，$H_0: \delta = 0$ の検定を行う方法です．

7.2.4 Phillips-Perron（PP）検定

ADF 検定では，時系列構造を具体的に仮定して検定を行っています．したがって，たとえば，ラグの選択が正しくない場合，正しい結果を得ることはできません．Phillips と Perron は時系列構造を仮定せずに検定が可能な方法を提案しました．いま，DF 検定の場合と同様に

$$\Delta Y_t = \delta Y_{t-1} + u_t \tag{7.39}$$

とします．u_t は定常過程で

$$u_t = \sum_{j=0}^{\infty} \gamma_j \varepsilon_{T-j} \tag{7.40}$$

で与えられるとしますが，ARMA モデルのような具体的な構造を仮定する必要はありません（データの時系列構造に依存しませんので，ノンパラメトリック

7.2 単位根の検定

（nonparametric）法となっています）．

これまでと同様，帰無仮説は単位根が存在するので，$H_0: \delta = 0$，対立仮説は $H_1: \delta < 0$ です．$\hat{u}_t$ を回帰残差，s を回帰方程式の標準誤差とします．この場合，

$$Z_\alpha = T\hat{\delta} - \frac{1}{2}(S_L^2 - S_s^2)\frac{T^2 S_\delta^2}{S_s^2} \tag{7.41}$$

$$S_s^2 = \frac{1}{T}\sum_{t=1}^{T}\hat{u}_t^2,$$

$$S_L^2 = S_s^2 + 2\sum_{i=1}^{q}\left\{\left(1 - \frac{i}{q+1}\right)\frac{1}{T}\sum_{j=i+1}^{T}\hat{u}_t\hat{u}_{t-j}\right\}, \quad S_\delta^2 = \frac{S_s^2}{\sum_{t=2}^{T}Y_{t-1}^2}$$

とすると，Z_p の極限分布は (7.10) 式と等しく，

$$Z_p \Longrightarrow \frac{\int_0^1 W_t dW_t}{\int_0^1 W_t^2 dt} \tag{7.42}$$

となります．q は $o(T^{1/2})$ で，$T \to \infty$ の場合 $q \to \infty$ となる適当な整数値ですが，$4(T/100)^{2/9}$ などが使われています．

また，$\tau = \hat{\delta}/s.e.(\hat{\delta})$ を使って t 検定のタイプ検定量 Z_t を求めることができます．EViews では，Z_t を

$$Z_t = \left(\frac{\gamma_0}{\hat{f}_0}\right)\tau - \frac{T(\hat{f}_0 - \gamma_0)s.e.(\hat{\delta})}{2\hat{f}_0^{1/2}s} \tag{7.43}$$

$$\hat{\gamma}_j = \frac{1}{T}\sum_{t=j+1}^{T}\hat{u}_t\hat{u}_{t-j}$$

としています．$\hat{f}_0$ は周波数 0 におけるスペクトルの推定量で，EViews のデフォルトでは，カーネルによる共分散の合計推定（Kernel sum-of-covariance）が用いられ

$$\hat{f}_0 = \sum_{j=-(T-1)}^{T-1}\gamma_j K(j/w) \tag{7.44}$$

で推定されています．カーネル関数に Bartlett 関数（$K(x) = 1 - |x|, |x| \leq 1$，それ以外は 0）が，バンド幅 w は Newey-West または Andrews の方法によって（方法は選択することが可能です）自動的に決定することができます．

Z_t の分布は ADF 検定の場合と等しく，(7.12) 式で与えられます．フィリップス・ペロン（Phillips-Perron, PP）検定はこの関係を使う検定方法です．定数項，トレンドがある場合も ADF 検定と同様の分布となりますが，定数項および時間 t

を説明変数に加えた回帰残差を $\hat{u}_t$ として用います．

7.2.5 DF，ADF，PP 検定の問題点

DF，ADF，PP 検定は非常に広く使われている検定方法ですが，帰無仮説は「単位根が存在する」でした．これらの検定には，次のような問題があります．第1は，検出力（power）が弱いことです．帰無仮説が誤りであるにもかかわらず，これを採択してしまうことを第2種の過誤（typeII error）と呼びます．検出力は，$1-P$（第2種の過誤）です．この場合，単位根がなく定常過程であるのに，誤ってこれを採択してしまう確率が高いことになります．第2は，第1の問題に関連しますが，帰無仮説が採択されるということは，「単位根が存在する可能性が排除されない」ということです．積極的に単位根があることが証明されたわけではありません（逆に，棄却された場合は単位根が存在する可能性が（有意水準のレベルで）非常に低いということになり，定常過程とみなせることになります）．

このことは，帰無仮説が採択された場合に単位根が存在すると，（単位根が存在せず）定常過程であるにもかかわらず誤って余計な階差などをとってしまったりすることになりますので，帰無仮説が採択された場合（とくに T が小さい場合），結果の解釈には十分な注意が必要です．

7.2.6 Kwiatkowski-Phillips-Schmidt-Shin（KPSS）検定

DF，ADF，PP 検定は，帰無仮説が「単位根が存在する」ですが，クワイトコウスキー・フィリップス・シュミット・シン（Kwiatkowski-Phillips-Schmidt-Shin, KPSS）検定は逆に帰無仮説が「（非確率的な線形トレンドがある）定常過程である」です．ラグランジュ乗数検定を応用して，検定統計量を

$$LM = \frac{\sum_{t=1}^{T} S_t^2}{T^2 \hat{f}_0}, \quad S_t = \sum_{i=1}^{t} \hat{u}_i \tag{7.45}$$

として検定を行います．$\hat{u}_t$ は（帰無仮説が定常過程ですので），Y_t を定数項・時間 t で回帰したモデルの回帰残差から求めます．EViews では，$\hat{f}_0$ は PP 検定と同一の方法で推定されます．

7.2.7 Elliot-Rothenberg-Stock（ERS）の Point-Optional 検定

(7.36) 式における残差の平方和を $SSR(a) = \Sigma \hat{\omega}_t(a)^2$ とします．ここで，帰無仮説を $H_0: a=1$，対立仮説を $H_1: a=\bar{a}$ とします．EViews では，$\bar{a}$ の値として (7.36) 式の値を用いています．ERS のポイント・オプショナル（Point-Optional (ERS)）

検定は，
$$P_T = \{SSR(\bar{a}) - \bar{a} SSR(1)\}/\hat{f}_0 \tag{7.46}$$
を使って検定を行います．$\hat{f}_0$ は残差の周波数0におけるスペクトルで，EViews ではARスペクトル回帰（AR spectral regression）によって求めています．

7.2.8　Ng-Perron（NP）検定

ング・ペロン（Ng-Perron, NP）検定は，PP検定および ERS 検定を改良したものです．EViews では，PP検定の改良統計量（modified statistics）MZ_α, MZ_t, バハーガバ（Bhargava）の R_1 統計量の改良統計量 MR_1，および ERS の改良統計量 MP_T を計算しています．これらは，次のとおりです．

$$MZ_\alpha = \{(\hat{\omega}_t(\bar{a})^2/T - \hat{f}_0)/(2\kappa) \tag{7.47}$$
$$MZ_t = MZ_\alpha \times MR_1$$
$$MR_1 = (\kappa/f_0)^{1/2}$$
$$MP_T = \begin{cases} \{\bar{c}^2 \kappa - \bar{c}\hat{\omega}_t(\bar{a})^2/T\}/\hat{f}_0 \\ \quad \bar{c} = -7, \ x_t = [1] \text{ で定数項のみの場合} \\ \{\bar{c}^2 \kappa + (1-\bar{c})\hat{\omega}_t(\bar{a})^2/T\}/\hat{f}_0 \\ \quad \bar{c} = -13.5, \ x'_t = [1, t] \text{ で定数項，トレンドを含む場合} \end{cases}$$
$$\kappa = \sum_{i=2}^T \hat{\omega}_t(\bar{a})^2/T^2$$

です．$\hat{\omega}_t(\bar{a})$ は(7.35)式から求めた残差で，$\hat{f}_0$ は AR スペクトル回帰によって推定を行っています．

7.3　EViews による単位根検定

ここでは，前章の利子率のデータを使って EViews による単位根の検定を行ってみます．検定やトレンドを含めるかどうかなどによって結果が異なる場合があることに注意して下さい．

7.3.1　ADF 検 定

Workfile JRATE2 M 2002:1 2004:12
と入力して下さい．

Read(A2) JPNDAT2.XLS R
と入力して，データを読み込んで下さい．

　ADF 検定を行ってみます．

URoot R

と入力して下さい．「Unit Root Test」のボックスが開くので，「Test type」が「Augmented Dickey-Fuller」となっていることを確認します．まず，階差をとらず，トレンドなしで検定を行います．「Test for unit root in」が［Level］となっていること，「Include in test equation」が［Intercept］となっていることを確認して下さい（図7.1）．ラグ数は自動的に選択されるようにしますので，［Level of Length］が［Automatic selection：］となっていることを確認して下さい．選択基準はデフォルトでは BIC（「Schwarz Info criterion」）が選択されています．他の基準を選択する場合は，ボックス右側の下向きの矢印をクリックします．［OK］をクリックすると，「Augmented Dickey-Fuller Unit Root Test on R」のウィンドウが現れ，表7.1のような検定結果が出力されます．

まず，帰無仮説として単位根が存在すること（「Null Hypothesis：R has a unit root」），外生変数が定数項であること（「Exogenous：Constant」），2期までのラグが選択されたこと（「Lag Length：2（Automatic based on SIC, MAXLAG =9)」）が表示されます．次に，ADF 検定の τ 検定統計量の値（「Augmented Dickey-Fuller test statistic」）-1.9762 およびその p 値（「Prob.*」）0.2953，およ

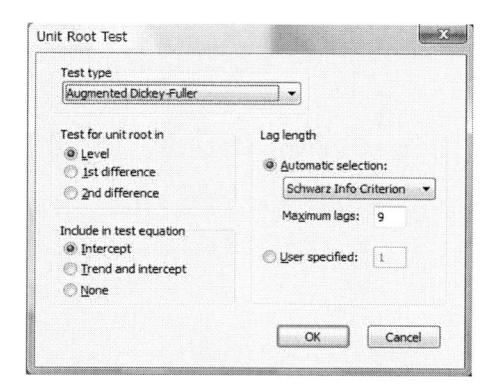

図 7.1　「Unit Root Test」のボックスが開くので，「Test type」が「Augmented Dickey-Fuller」となっていることを確認する．さらに，「Test for unit root in」が［Level］となっていること，「Include in test equation」が［Intercept］となっていること，［Level of Length］が［Automatic selection：］となっていることを確認する．

7.3 EViewsによる単位根検定

表 7.1 ADF検定の結果

```
Null Hypothesis: R has a unit root
Exogenous: Constant
Lag Length: 2 (Automatic based on SIC, MAXLAG=9)
```

		t-Statistic	Prob.*
Augmented Dickey-Fuller test statistic		-1.976170	0.2953
values:	1% level	-3.646342	
	5% level	-2.954021	
	10% level	-2.615817	

*MacKinnon (1996) one-sided p-values.

```
Augmented Dickey-Fuller Test Equation
Dependent Variable: D(R)
Method: Least Squares
Date: 07/04/08   Time: 12:10
Sample (adjusted): 2002M04 2004M12
Included observations: 33 after adjustments
```

Variable	Coefficient	Std. Error	t-Statistic	Prob.
R(-1)	-0.670226	0.339154	-1.976170	0.0577
D(R(-1))	-0.540570	0.269359	-2.006876	0.0542
D(R(-2))	-0.421662	0.168832	-2.497523	0.0184
C	1.043263	0.529827	1.969065	0.0586

R-squared	0.680158	Mean dependent var	0.000485
Adjusted R-squared	0.647071	S.D. dependent var	0.147879
S.E. of regression	0.087852	Akaike info criterion	-1.913122
Sum squared resid	0.223819	Schwarz criterion	-1.731727
Log likelihood	35.56651	Hannan-Quinn criter.	-1.852088
F-statistic	20.55663	Durbin-Watson stat	2.032342
Prob(F-statistic)	0.000000		

び検定に必要な1％，5％，10％のパーセント点，-3.6463，-2.9540，-2.6158 が出力されます．これらは，マックキノンの片側のp値に基づいています（「*MacKinnon (1996) one-sided p-values.」）．パーセント点はt検定の場合に比較してかなり大きくなっています．最後に，検定に使われた回帰モデルの推定結果が出力されます．検定の結果は，帰無仮説は棄却されず，単位根が存在する可能性は否定できないことになります．

今度は，トレンドありとして検定を行ってみます．再び

Uroot R

を実行して下さい．今度は，「Include in test equation」を［Trend and intercept］として［OK］をクリックします（図7.2）．τ統計量が-2.8642，p値が0.1863，1％，5％，10％のパーセント点は-4.2627，-3.5530，-3.2096 ですので，この場合も帰無仮説は棄却できないことになります．

さらに，階差を1回とって検定を行ってみます．**Uroot R**を実行し，「Test for unit root in」を［1st difference］，「Include in test equation」を［Intercept］として下さい．τ統計量は-10.5948，p値は0.0000 となります（パーセント点は階差をとらない場合と同一です），この場合，帰無仮説は棄却され，単位根は存在せず，定常過程であることが認められます．

7.3.2 DF-GLS 検定

次に，DF-GLS 検定を行ってみます．

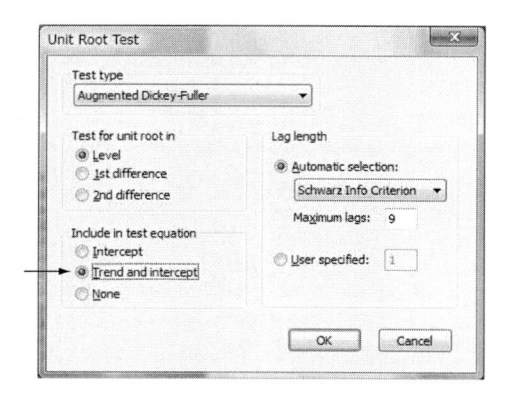

図 7.2 「Include in test equation」を［Trend and intercept］として［OK］をクリックする．

7.3 EViewsによる単位根検定

Uroot R

を実行して下さい.「Test type」のボックス右側の下向きの矢印をクリックすると実行可能な検定の一覧が現れますので,[Dickey-Fuller GLS (ERS)]をクリックします(図7.3).階差をとらず,トレンドなしで検定を行います.「Test for unit root in」を[Level],「Include in test equation」を[Intercept]として下さい.[OK]をクリックすると結果が出力されます(表7.2).検定統計量の値(Elliott-

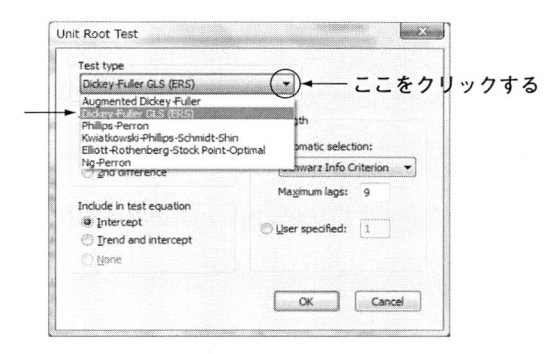

図 7.3 「Test type」のボックス右側の下向きの矢印をクリックすると実行可能な検定の一覧が現れるので,[Dickey-Fuller GLS (ERS)]をクリックする.「Test for unit root in」を[Level],「Include in test equation」を[Intercept]とし,[OK]をクリックする.

表 7.2 DF-GLS検定の結果

```
Null Hypothesis: R has a unit root
Exogenous: Constant
Lag Length: 2 (Automatic based on SIC, MAXLAG=9)
```

	t-Statistic
Elliott-Rothenberg-Stock DF-GLS test statistic	-1.845379
Test critical values:　　1% level	-2.636901
5% level	-1.951332
10% level	-1.610747

*MacKinnon (1996)

Rothenberg-Stock DF-GLS test statistic) は -1.8453, 1％, 5％, 10％のパーセント点(Test critical values：1％ level, 5％ level, 10％ level)は -2.6369, -1.9513, -1.6107 ですので, 5％の水準では（単位根が存在するという）帰無仮説は棄却されませんが, 10％の水準では棄却されることになります.

7.3.3 PP 検 定

次に, PP 検定を行ってみます.

Uroot R

を実行して下さい.「Test type」のボックス右側の下向きの矢印をクリックすると実行可能な検定の一覧が現れますので,［Phillips-Perron］をクリックします（図 7.4）. 階差をとらず, トレンドなしで検定を行います.「Test for unit root in」が［Level］,「Include in test equation」が［Intercept］であることを確認して下さい.［OK］をクリックすると,「Phillips-Perron Unit Root Test on R」のボックスが現れます（表 7.3）. 検定統計量 Z_t（Adj. t-Stat）の値は -7.0273, p 値は 0.0000, 1％, 5％, 10％のパーセント点は -3.6329, -2.9484, -2.6129 となります. 帰無仮説は棄却され, この検定では階差をとらなくとも単位根は存在せず, 定常過程であることが認められます.

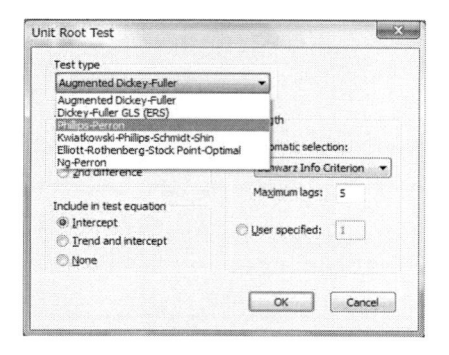

図 7.4　「Test type」のボックス右側の下向きの矢印をクリックすると実行可能な検定の一覧が現れるので,［Phillips-Perron］をクリックする.「Test for unit root in」が［Level］,「Include in test equation」が［Intercept］であることを確認し,［OK］をクリックする.

7.3.4 KPSS 検定

KPSS 検定を行います．この検定では帰無仮説は「単位根は存在せず定常過程である」です．**Uroot R** を実行して下さい．「Test type」のボックス右側の下向きの矢印をクリックすると実行可能な検定の一覧が現れますので，[Kwiatkowski-Phillips-Schmidt-Shin] をクリックします（図 7.5）．「Test for unit root in」が [Level] となっていること，「Include in test equation」が [Intercept] となっていることを確認して下さい．[OK] をクリックすると，「KPSS Unit

表 7.3 PP 検定の結果

```
Null Hypothesis: R is stationary
Exogenous: Constant
Bandwidth: 4 (Newey-West using Bartlett kernel)

                                                        LM-Stat.

Kwiatkowski-Phillips-Schmidt-Shin test statistic        0.441273
Asymptotic critical values*:      1% level              0.739000
                                  5% level              0.463000
                                 10% level              0.347000


*Kwiatkowski-Phillips-Schmidt-Shin (1992, Table 1)
```

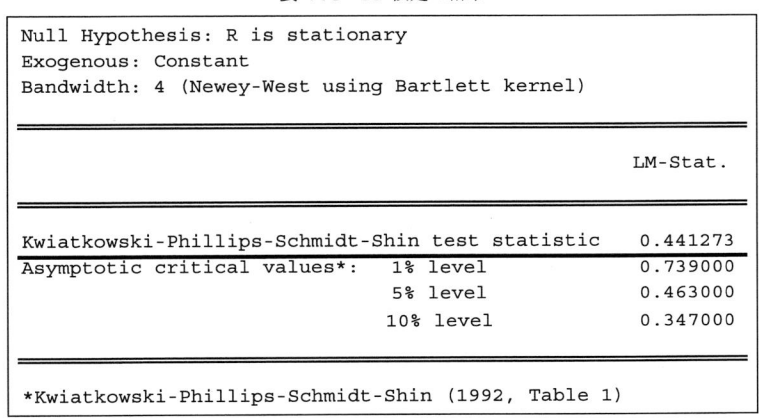

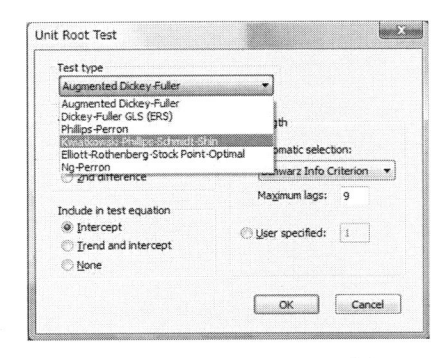

図 7.5 [Kwiatkowski-Phillips-Schmidt-Shin] をクリックする．「Test for unit root in」が [Level] となっていること，「Include in test equation」が [Intercept] となっていることを確認し，[OK] をクリックする．

表 7.4 KPSS 検定の結果

```
Null Hypothesis: R is stationary
Exogenous: Constant
Bandwidth: 4 (Newey-West using Bartlett kernel)
```

	LM-Stat.
Kwiatkowski-Phillips-Schmidt-Shin test statistic	0.441273
Asymptotic critical values*: 1% level	0.739000
5% level	0.463000
10% level	0.347000

*Kwiatkowski-Phillips-Schmidt-Shin (1992, Table 1)

Root Test on R」のボックスが現れます（表7.4）．検定統計量 LM（LM-Stat.）の値は 0.4413 となります．（漸近分布に基づく）1％，5％，10％のパーセント点（asymptotic critical values）は，0.7390，0.4630，0.3470 ですので，5％の水準では帰無仮説は棄却されませんが，10％では棄却されることになります．トレンドを含めた場合は 10％の水準でも棄却されませんので，演習として試してみて下さい．

7.3.5 ERS の Point-Optional 検定

ERS の Point-Optinal 検定を行います．この検定では，帰無仮説は $H_0: a=1$，対立仮説は $H_1: a=\bar{a}$ です．**Uroot R** を実行して下さい．「Test type」のボックス右側の下向きの矢印をクリックすると実行可能な検定の一覧が現れますので，[Elliot-Rothenberg-Stock Point-Optional] をクリックします（図7.6）．「Test for unit root in」が [Level] となっていること，「Include in test equation」が [Intercept] となっていることを確認して下さい．[OK] をクリックすると，「ERS Point-Optional Unit Root Test on R」のボックスが現れます（表7.5）．検定統計量（Elliott-Rothenberg-Stock test statistic の P-Statistic）の値は $P_T = 7.7273$ となります．この場合，検定統計量の値が小さい場合，帰無仮説の値は棄却されます．1％，5％，10％のパーセント点は 1.87，2.97，3.91 ですので，帰無仮説は棄却されないことになります．なお，パーセント点は Elliott-Rothenberg-Stock (1996, Table 1) の値を使っていますが，$T = 50, 100, 200, \infty$ の場合についての

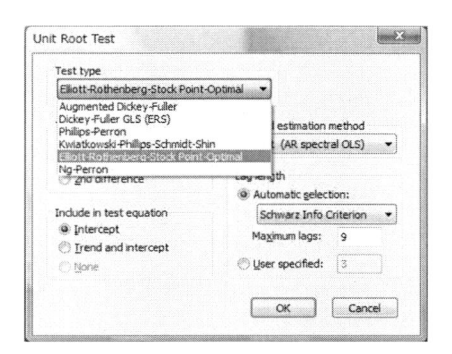

7.3 EViewsによる単位根検定

図 7.6 [Elliot-Rothenberg-Stock Point-Optional] をクリックする.「Test for unit root in」が [Level] となっていること,「Include in test equation」が [Intercept] となっていることを確認し,[OK] をクリックする.

表 7.5 ERS Point-Optional 検定の結果

```
Null Hypothesis: R has a unit root
Exogenous: Constant
Lag length: 2 (Spectral OLS AR based on SIC, MAXLAG=9)
Sample: 2002M01 2004M12
Included observations: 36
```

	P-Statistic
Elliott-Rothenberg-Stock test statistic	7.727292
Test critical values:　　1% level	1.870000
5% level	2.970000
10% level	3.910000

```
*Elliott-Rothenberg-Stock (1996, Table 1)
Warning: Test critical values calculated for 50 observations
         and may not be accurate for a sample size of 36
```

HAC corrected variance (Spectral OLS autoregression)	0.001762

値ですので，標本の大きさが 36 では正確でないかもしれないとの警告（Warning: Test critical values calculated for 50 observations and may not be accurate for a sample size of 36）が出力されています．

7.3.6 NP 検定

NP 検定を行います．この検定では，帰無仮説は $H_0: a=1$，対立仮説はそれぞれもとの検定に対応しています．**Uroot R** を実行して下さい．「Test type」のボックス右側の下向きの矢印をクリックすると実行可能な検定の一覧が現れますので，[Ng-Perron] をクリックします．「Test for unit root in」が [Level] となっていること，「Include in test equation」が [Intercept] となっていることを確認して下さい（図7.7）．[OK] をクリックすると，NP 検定のボックスが現れます（表7.6）．

MZa, MZt は，PP 検定のを改良統計量 MZ_α, MZ_t の値で，-3.1337, -1.1921 です．いずれも絶対値が 10% のパーセント点のものより小さく，単位根が存在するという帰無仮説は棄却されません．MSB は Bhargava の R_1 統計量の改良統計量 MR_1 の値で 0.3804，MPT は ERS の改良統計量 MP_T の値で 7.7241 です．これらの場合は，検定統計量の値がパーセント点より小さい場合，帰無仮説が棄却されますが，10% のパーセント点より大きく帰無仮説は棄却されません．

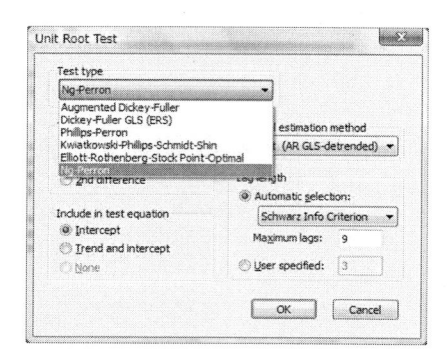

図 7.7 「Test type」を [Ng-Perron] とし，「Test for unit root in」が [Level]，「Include in test equation」が [Intercept] となっていることを確認し，[OK] をクリックする．

表 7.6 NP検定の結果

```
Null Hypothesis: R has a unit root
Exogenous: Constant
Lag length: 2 (Spectral GLS-detrended AR based on SIC, MAXLAG=9)
Sample: 2002M01 2004M12
Included observations: 36


                                          MZa        MZt        MSB        MPT

Ng-Perron test statistics              -3.13369   -1.19212    0.38042    7.72407
Asymptotic critical values*:    1%    -13.8000    -2.58000    0.17400    1.78000
                                5%     -8.10000   -1.98000    0.23300    3.17000
                               10%     -5.70000   -1.62000    0.27500    4.45000


*Ng-Perron (2001, Table 1)



HAC corrected variance (Spectral GLS-detrended AR)                     0.001679
```

7.4 見せかけの回帰

7.4.1 見せかけの回帰とは

単位根が存在する場合，見せかけの回帰（spurious regression）が大きな問題となります．いま，X_t, Y_t が独立なランダムウォーク過程

$$X_t = X_0 + \sum_{s=1}^{t} v_s, \quad E(v_t) = 0, \quad V(v_t) = \sigma_v^2 \tag{7.48}$$

$$Y_t = Y_0 + \sum_{s=1}^{t} \varepsilon_s, \quad E(\varepsilon_t) = 0, \quad V(\varepsilon_t) = \sigma_\varepsilon^2$$

であったとします．誤差項はすべて独立であるとします．X_t, Y_t は $I(1)$ です．ここで，回帰モデル

$$Y_t = \alpha + \beta X_t + u_t \tag{7.49}$$

を考えてみます．両変数は，独立で何の関係もありませんので，真の値は当然 $\beta = 0$ です（u_t は $I(1)$ となります）．この最小二乗推定量は

$$\hat{\beta} = \frac{\sum_{t=1}^{T}(X_t - \bar{X})Y_t}{\sum_{t=1}^{T}(X_t - \bar{X})^2} = \beta + \frac{\sum_{t=1}^{T}X_t u_t}{\sum_{t=1}^{T}(X_t - \bar{X})^2} = \frac{\sum_{t=1}^{T}X_t u_t}{\sum_{t=1}^{T}(X_t - \bar{X})^2} \tag{7.50}$$

です．この場合，$\hat{\beta}$ は 0 に確率収束せず，その極限分布は

$$\hat{\beta} \Longrightarrow \frac{\sigma_\varepsilon}{\sigma_v} \frac{\int_0^1 W_\varepsilon(t) W_v(t) dt - \int_0^1 W_\varepsilon(t) dt \int_0^1 W_v(t) dt}{\int_0^1 [W_v(t)]^2 dt - \left[\int_0^1 W_\varepsilon(dt)\right]^2} \tag{7.51}$$

となります．$W_\varepsilon(t)$，$W_v(t)$ は，$\varepsilon_1, \varepsilon_2, \cdots$ および $v_1, v_2, \cdots$ から得られる標準ブラウン運動に従う確率過程です．したがって，$T \to \infty$ の場合でも 0 から大きく異なった値をとる場合があることになります．また，t 値を考えると問題はさらに大きく，その極限分布は

$$t/\sqrt{T} \Longrightarrow \frac{\xi}{\zeta} \tag{7.52}$$

$$\xi = \int_0^1 W_\varepsilon(t) W_v(t) dt - \int_0^1 W_\varepsilon(t) dt \int_0^1 W_v(t) dt$$

$$\zeta = \left[\int_0^1 [W_\varepsilon(t)]^2 dt - \int_0^1 W_\varepsilon(t) dt\right]^2$$

$$\times \left[\int_0^1 [W_v(t)]^2 dt - \left[\int_0^1 W_v(t) dt\right]^2\right] - \xi^2$$

です．注意するのは，t 値を $\sqrt{T}$ で割ったものがある分布に収束するわけですから，T が大きくなるほど，絶対値が大きい t 値が得られる確率が高くなっていくことです．すなわち，この場合，回帰分析の結果はまったく信用できないことになり

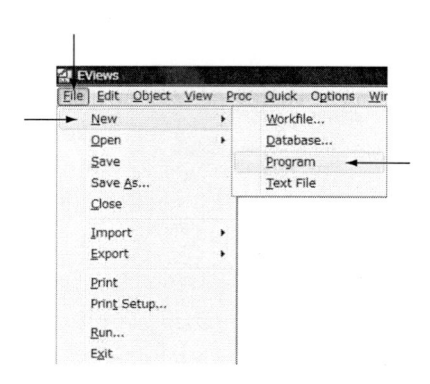

図 7.8 メインメニューから [File] → [New] → [Program] を選択する．

7.4 見せかけの回帰

ます.これが見せかけの回帰の問題です.この問題を避けるためには,次に述べる共和分関係にある場合を除き,$I(1)$ の変数間では階差をとって回帰分析を行う必要があることになります.

7.4.2 乱数を使った見せかけの回帰のシミュレーション

ここでは,乱数を発生させ,シミュレーションによって,見せかけの回帰の問題をみてみます.EViews を起動して下さい.メインメニューから[File]→[New]→[Program]を選択し(図7.8),次のプログラムを入力して下さい.

Workfile SpReg A 2001 2500
Series u1=@Rnorm
Series u2=@Rnorm
Series X=u1
Series Y=u2
SMPL 2002 2500
Series X=X(-1)+u1
Series Y=Y(-1)+u2
Equation SpReg1.LS Y C X
Show SpReg1

@Rnorm は標準正規分布に従う乱数を発生させる関数です(なお,年次データとして,**Workfile SpReg A 1 500** とすると,EViews は **1** を 2001 年と解釈してしまうため,うまくいきません).「PROGRAM:SPREG」のメニューの[RUN]をクリックするとプログラムが実行され(「Run Program」のボックスが現れますが[OK]をクリックして下さい(図7.9)),(表7.7)のような結果が出力されます(乱数を使っていますので,得られる結果は当然,毎回異なります).関係のない変数同士の回帰分析にもかかわらず,t 値の絶対値は大きな値となって

図 7.9 プログラムを入力し「PROGRAM:SPREG」のメニューの[RUN]をクリックするとプログラムが実行される(「Run Program」のボックスが現れるが[OK]をクリックする).

表7.7 見せかけの回帰の場合の推定結果の例

```
Dependent Variable: Y
Method: Least Squares
Date: 07/04/08   Time: 17:27
Sample: 2002 2500
Included observations: 499


     Variable       Coefficient   Std. Error   t-Statistic    Prob.

        C            1.640903     0.720764     2.276615      0.0232
        X            1.188766     0.055256     21.51377      0.0000

R-squared              0.482207   Mean dependent var      14.75816
Adjusted R-squared     0.481165   S.D. dependent var      11.92062
S.E. of regression     8.586446   Akaike info criterion    7.142247
Sum squared resid      36642.34   Schwarz criterion        7.159131
Log likelihood        -1779.991   Hannan-Quinn criter.     7.148873
F-statistic            462.8425   Durbin-Watson stat       0.031682
Prob(F-statistic)      0.000000
```

います(t値の絶対値が大きな値でない場合は,[Run]をクリックして計算を何度か繰り返して下さい).見せかけの回帰の問題が起こっていることがわかります.

7.5 共和分分析

7.5.1 共和分とは

前項では$I(1)$の変数間の回帰分析においては,見せかけの回帰の問題が起こることを説明しました.では,この場合,回帰分析の結果は無意味なのでしょうか.また,常に階差をとらなければならないのでしょうか.$I(1)$の変数間の回帰分析においてもここで述べる,共和分(cointegration)関係にあるとき,回帰分析は意味をもつばかりでなく,超一致推定量(super consistent estimator)となります(なお,本項の変数はとくに記述する場合をのぞきすべて$I(1)$とします).X_t, Y_tは$I(1)$とします.一般に$I(1)$の間の線形結合は,$I(1)$ですが,

$$Y_t = Y_0 + a\sum_{s=1}^{t}\varepsilon_s + u_t \tag{7.53}$$

$$X_t = X_0 + \sum_{s=1}^{t} \varepsilon_s$$

となっている場合,

$$Y_t - aX_t = c + u_{1t}, \quad c = Y_0 - aX_0 \tag{7.54}$$

ですので, $Y_t - aX_t$ は $I(0)$ となります. このような場合, X_t, Y_t は共和分関係にあるといいます. また, 共和分関係を与えるベクトル $(1, -a)$ は共和分ベクトルと呼ばれます (共和分の概念は $I(d)$ にも拡張可能ですが, ここでは $I(1)$ の場合のみを考えることとします).

一般に, $X_{1t}, X_{2t}, ..., X_{kt}$ が $I(1)$ で, その線形結合,

$$\xi_t = \gamma_1 X_{1t} + \gamma_2 X_{2t} + \cdots + \gamma_k X_{kt} \tag{7.55}$$

が $I(0)$ である場合, これらの変数は共和分している (cointegrated), または, 共和分関係にあると呼ばれ, $\gamma = (\gamma_1, \gamma_2, ..., \gamma_k)$ が共和分ベクトルとなります. また, (7.55) 式は共和分式 (cointegrating equation) と呼ばれます.

X_t, Y_t が共和分関係にあり,

$$Y_t = \beta_1 + \beta_2 X_t + u_t \tag{7.56}$$
$$X_t = X_{t-1} + \varepsilon_t$$
$$E(u_t) = 0, \quad V(u_t) = \sigma^2$$

である場合を考えてみましょう. この場合, 最小二乗推定量の極限分布に関しては, 次のことが知られています.

ⅰ) $\hat{\beta}_2$ は $1/T$ のオーダーの一致推定量であり, 通常の $1/\sqrt{T}$ より速く β_2 に収束する (このような推定量は超一致推定量 (super-consistent estimator) と呼ばれます).

ⅱ) 変数の内生性の問題がなく, u_t と ε_t が独立であるならば, $t = (\hat{\beta}_2 - \beta_2)/s.e.(\hat{\beta}_2)$ の極限分布は標準正規分布であるので, t 検定を用いることができる.

ⅲ) 変数の内生性の問題があり, u_t と ε_t が独立でなく $E(u_t \varepsilon_t) \neq 0$ の場合でも, $\hat{\beta}_2$ は一致推定量となる (極限分布における偏りは $1/T$ のオーダーの項として現れます).

ⅳ) 上記の場合, $t = (\hat{\beta}_2 - \beta_2)/s.e.(\hat{\beta}_2)$ の分布は, 標準正規分布に収束しない. したがって, t 検定を用いることはできない. この意味で, 変数の内生性の問題が生じる.

7.5.2 共和分検定

共和分関係があるかどうかの検定が重要になりますが，ここでは，Engle-Granger（EG）・拡張 Engle-Granger（AEG）検定，誤差修正モデル（ECM）と VAR モデルおよび Johansen の検定について説明します．

● Engle-Granger（EG）検定，拡張 Engle-Granger（AEG）検定

ここで，モデルを最小二乗法で推定し，その回帰残差を

$$e_t = Y - (\hat{\beta}_1 + \hat{\beta}_2 X_t) \tag{7.57}$$

とします．エンゲル・グレンジャー（Engle-Granger, EG）検定はこの回帰残差に対して，

$$\Delta e_t = \delta e_{t-1} + \varepsilon_t \tag{7.58}$$

を考えて DF 検定を行うものです．Δe_t の時系列構造を考えて，

$$\Delta e_t = \delta e_{t-1} + \sum_{i=1}^{p-1} \alpha_i \Delta e_{t-i} + \varepsilon_t \tag{7.59}$$

として，ADF 検定を行う場合，この検定は拡張 EG（Augmented Engle-Granger, AEG）検定と呼ばれます．この場合，回帰残差に対する検定ですので，$\tau = \hat{\delta}/s.e.(\hat{\delta})$ の極限分布は AD, ADF 検定の場合と異なります．その極限分布は，モデルの変数（被説明変数＋定数項を除く説明変数）の数に依存して決まります．

直観的でわかりやすい方法ですが，一般に，パーセント点の絶対値は ADF 検定に比較して，大きくなりますので，さらに，単位根が存在し $I(1)$ であるという帰無仮説を棄却しにくくなるといった問題点があります（なお，EViews はこの検定を含んでいません）．

● 誤差修正モデル（ECM）と VAR モデル

共和分の検定に広く使われるもう１つの検定がヨハンセン（Johansen）の検定です．ここでは，その基礎となる誤差修正モデル（error correction model, ECM）と VAR（vector autoregressive）モデルについて説明します．X_t, Y_t は $I(1)$ で共和分関係にあるとします．この関係式を

$$Y_t = \beta_1 + \beta_2 X_t + u_t \tag{7.60}$$

とします．u_t は期待値 0 で $I(0)$ の変数です．これを２つの式間の長期の関係を表すとし，この長期の関係式から外れた場合，これを修正する動学的なメカニズムが働いていると考えることができます．これを定式化したのが誤差修正モデル（ECM）で，

$$\Delta Y_t = \alpha \Delta X_t - \gamma(Y_{t-1} - \beta_1 - \beta_2 X_{t-1}) + \varepsilon_t, \quad \gamma > 0 \tag{7.61}$$

のように表されます.$Y_{t-1} > \beta_1 + \beta_2 X_{t-1}$ で長期の関係式より大きい場合,次期には Y_t の値を減らすような調整が行われ,また,$Y_{t-1} < \beta_1 + \beta_2 X_{t-1}$ の場合は,逆の調整が行われるとします.この短期的な修正メカニズムによって長期関係式の周りの安定的な関係が成立すると考えるものです.

一方,VAR モデルは,1変数での AR モデルを変数のベクトルに拡張したもので,

$$\begin{bmatrix} X_t \\ Y_t \end{bmatrix} = \begin{bmatrix} a_1 \\ a_2 \end{bmatrix} + \begin{bmatrix} b_{11} & b_{12} \\ b_{21} & b_{22} \end{bmatrix} \begin{bmatrix} X_{t-1} \\ Y_{t-1} \end{bmatrix} + \begin{bmatrix} \varepsilon_{1t} \\ \varepsilon_{2t} \end{bmatrix} \tag{7.62}$$

などとするモデルです(EViews では,VAR モデルを簡単に推定することが可能です).とくに,修正メカニズムなどは仮定していません.

2つのモデルは何も関係がないようですが(事実別々に研究され,発展してきました),Engle-Granger の表現定理(representation theorem)によって,

- X_t, Y_t が $I(1)$ で共和分関係にあるとき,VAR モデルは ECM で表現できる.
- 逆に,ECM で表現可能であれば,X_t, Y_t は共和分関係にある.

ということが知られています.これが,次に述べる Johansen の検定の基礎となっています.

● Johansen の検定

k 個の $I(1)$ 変数がある場合,複数の共和分関係が存在する可能性があります.Johansen の検定は変数をまとめてシステムとして検定する方法です.いま,y_t を(k 個の $I(1)$ 変数からなる)k 次元の変数のベクトルとし,これが,p 次の VAR モデル

$$y_t = B_1 y_{t-1} + B_2 y_{t-2} + \cdots + B_p y_{t-p} + C z_t + \varepsilon_t \tag{7.63}$$

で与えられるとします.ここで,$B_1, B_2, \ldots, B_p$ は $k \times k$ の行列,z_t は定数項,確定トレンド項などのベクトル,ε_t は k 次元の誤差項のベクトルで,多変量正規分布 $N(0, \Omega)$ に従うとします(行列とベクトルに関しては,拙著『Excel による線形代数入門』(朝倉書店,1999)などを参照して下さい).(7.63)式は,

$$\Delta y_t = \Pi y_{t-1} + \sum_{i=1}^{p-1} \Gamma_i \Delta y_{t-i} + C z_t + \varepsilon_t, \quad \Pi = \sum_{i=1}^{p} B_i - I, \quad \Gamma_i = - \sum_{j=i+1}^{p} B_j \tag{7.64}$$

です.表現定理から,Π のランク(rank)が $r < k$ であるとき,$k \times r$ の行列 α, β(いずれのランクも r)が存在し,$\Pi = \alpha \beta'$ となり,$\beta' y_t$ が $I(0)$ となることが知ら

れています．r は共和分関係の数となります．

説明を簡単にするため z_t を含まないモデルを考えることとします．Π がフルランク，すなわち，ランク k の場合，Π は非特異行列となり，逆行列が存在します．このため，y_t は $I(0)$ となり，$I(1)$ であるという仮定に反します（したがって，存在できる共和分関係の数は最大 $k-1$ です）．逆にランク 0 の場合，$\Pi y_{t-1}=0$ ですので，いずれの変数間にも共和分関係は存在しないことになります．ランク 1 の場合には，β は k 次元のベクトルとなりますので，ただ 1 つの共和分関係 $\beta' y_t$ が存在します．$k>r\geq 2$ では複数の共和分関係が存在することになります．

Johansen の検定は，Π の固有値の推定量 $\lambda_1\geq\lambda_2\geq\cdots\geq\lambda_k$ に基づくもので，トレース検定（trace test）と最大固有値検定（maximum eigenvalue test）があります（推定は，回帰残差間の正準相関係数を使って行われますが，詳細は複雑で本書の範囲をこえますので，蓑谷（2007）などを参考にして下さい）．

トレース検定は，帰無仮説，対立仮説を

$$H_0: r\leq j,\ H_1: r\geq j+1 \tag{7.65}$$

検定統計量を

$$LR_{tr}(r|k) = -T\sum_{i=r+1}^{k}\log(1-\lambda_i) \tag{7.66}$$

として，$j=0$ から順に帰無仮説が棄却されなくなるまで，j の値を 1 ずつ増やして検定を行います．すなわち，まず，

$$H_0: r=0,\ H_1: r\geq 1 \tag{7.67}$$

を検定します．この場合，k 個のすべての固有値が使われます．帰無仮説が棄却されなかった場合，共和分関係が（1 つ以上）あるという対立仮説は支持されませんので，検定を打ち切ります．棄却された場合は，$j=1$ として検定を続けます．これを帰無仮説が棄却されなくなるまで続け，r を決定します．EViews は，対応する共和分ベクトルを自動的に計算します．

一方，最大固有値検定は，

$$H_0: r=j,\ H_1: r=j+1 \tag{7.68}$$

検定統計量を

$$LR_{tr}(r|k) = -T\log(1-\lambda_{r+1}) \tag{7.69}$$

として，トレース検定と同様，$j=0$ の値を 1 ずつ増やして，帰無仮説が棄却されなくなるまで検定を行います．いずれの検定でも，EViews は対応する共和分

ベクトルを自動的に計算します．

7.6 EViewsによる共和分検定

7.6.1 EViewsで行える検定

EViewsにはJohansenの検定を行うコマンドCointが用意されており，次の5つの場合の検定を行うことができます．

i) y_tに確定トレンドがなく，共和分方程式に定数項がなく，$\Pi y_{t-1} + C z_t = \alpha \beta' y_{t-1}$である場合．

ii) y_tに確定トレンドがなく，共和分方程式に定数項があり，$\Pi y_{t-1} + C z_t = \alpha \beta' (y_{t-1} + \rho_0)$である場合．

iii) y_tに線形トレンドがあり，共和分方程式に定数項があり，$\Pi y_{t-1} + C z_t = \alpha \beta' (y_{t-1} + \rho_0) + \alpha_\perp \gamma_0$である場合．

iv) y_t，共和分方程式とも線形トレンドがあり，$\Pi y_{t-1} + C z_t = \alpha \beta' (y_{t-1} + \rho_0 + \rho_1 t) + \alpha_\perp \gamma_0$である場合．

v) y_tに2次のトレンドがあり，共和分方程式に線形トレンドがあり，$\Pi y_{t-1} + C z_t = \alpha \beta' (y_{t-1} + \rho_0 + \rho_1 t) + \alpha_\perp (\gamma_0 + \gamma_1 t)$の場合．

$\alpha_\perp$は共和分関係以外のモデルの確定項のベクトルですが，このままでは識別不能ですので，EViewsでは誤差修正項の標本平均が0になるようにして求めています．

7.6.2 Johansenの検定の結果

第5章で使った同時方程式のデータを使って，共和分検定を行ってみます．EViewsを起動し，[File]→[Open]→[Workfile]をクリックして，第5章で作成したJModelのワークファイルを呼び出して下さい．所得がY，民間消費がCons，投資がI，政府消費がG，通貨供給量がM，利子率がRとなっています．まず，7.2節で述べた単位根検定，たとえば，ADF検定を行って下さい．ADF検定では（トレンドの有無によらず），表7.8のように，単位根が存在するという帰無仮説は5%の水準で棄却されませんので，これらの変数は$I(1)$であるとみなして共和分検定を行います．

消費関数に使われている，$Cons_t$, Y_t, r_tの共和分分析を行ってみます（各変数が$I(1)$とすると見かけ上の回帰が起こっている可能性があります）．

Coint Cons Y r

と入力して下さい（図7.10）.「Johansen Cointegration Test」のボックスが現れます. デフォルトでは,「iii) y_t に線形トレンドがあり, 共和分方程式に定数項があり, $\Pi y_{t-1}+Cz_t=\alpha\beta'(y_{t-1}+\rho_0)+\alpha_{\perp}\gamma_0$ である場合」[3] Intercept (no trend) in CE, and Test VAR] が選択されています. [OK] をクリックすると表7.9のような結果が出力されます.

データ数, 変数名のほか, 用いられたラグの数として $p=1$ が選択されたこと (Lags interval (in first differences):1 to 1) が出力され, まず, トレース検定の結果 (Unrestricted Cointegration Rank Test(Trace)) が出力されます. 共和分方程式の数 (No. of CE(s)), 固有値 λ_i の値 (Eigenvalue), トレース検定統計量 (Trace Statistic), 5%のパーセント点 (Critical Value), p 値 (Prob.) が出力されます. この検定では, 5%の水準では2つの共和分式が認められたこと (Trace test indicates 2 cointegrating eqn(s) at the 0.05 level), *は5%水準で帰無仮説が棄却されること (*denotes rejection of the hypothesis at the 0.05 level), p 値は Mackinnon-Haug-Michelis から計算されていること (**MacKinnon-Haug-Michelis (1999) p-values) が表示されます. 次に, 最大固有値検定の結果 (Unrestricted Cointegration Rank Test (Maximum Eigenvalue)) が出力されます. 結果の意味はトレース検定の場合と同様ですが, この検定2つの共和分方程式が認められること (Max-eigenvalue test indicates 2 cointegrating eqn(s) at the 0.05 level) になります.

表7.8 Cons の ADF 検定の結果

```
Null Hypothesis: CONS has a unit root
Exogenous: Constant
Lag Length: 1 (Automatic based on SIC, MAXLAG=5)


                                          t-Statistic    Prob.*


Augmented Dickey-Fuller test statistic    -0.932190      0.7581
Test critical values:     1% level        -3.769597
                          5% level        -3.004861
                         10% level        -2.642242


*MacKinnon (1996) one-sided p-values.
```

7.6 EViews による共和分検定

[図: Johansen Cointegration Test ダイアログボックス]

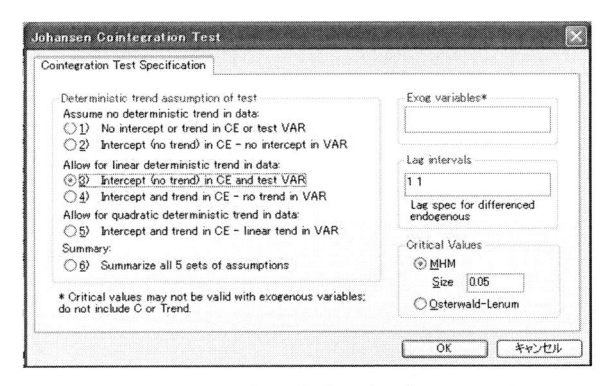

図 7.10 **Coint Cons Y r** と入力すると,「Johansen Cointegration Test」のボックスが現れる. デフォルトでは,〔3〕Intercept (no trend) in CE and Test VAR〕が選択されている.〔OK〕をクリックすると結果が出力される.

さらに,ランクに制限を加えない場合の共和分係数 β の推定結果（Unrestricted Cointegrating Coefficients (normalized by b'*S11*b=I):）の係数 α の推定値（Unrestricted Adjustment Coefficients (alpha):）が出力されます. ついで, Π のランクが1で, 共和分方程式が1つ存在するとした場合（1 Cointegrating Equation(s):）の推定結果が出力されます. **Cons** の係数を1とした, 基準化された共和分ベクトルは $\beta' = (1, -0.4477, 0.7311)$ で, 第2, 3要素の標準誤差は, $(0.00577, 0.2589)$ となります. $Cons_t - 0.4477Y + 0.7311r$ が共和分方程式となります. 併せて,制限下での係数 α の推定値（Adjustment coefficients (standard error in parentheses)）が出力されます.

最後に, Π のランクが2で, 共和分方程式が2つ存在するとした場合（2 Cointegrating Equation(s):）の推定結果が出力されます. 基準化された共和分ベクトルは, $(1, 0, 24.453)$ および $(0, 1, 52.984)$ です. すなわち, $Cons_t + 24.453r$ および $Y_t + 52.984r$ が共和分方程式となります. ここで, $r \geq 2$ 以上の場合は結果の解釈に十分な注意が必要です. いま, A が $r \times r$ の非特異行列で, 逆行列が存在するとします. この場合,

$$\alpha\beta' = \alpha A^{-1} A \beta' = \alpha^* \beta^{*'}, \ \alpha^* = \alpha A^{-1}, \ \beta^{*'} = A\beta' \tag{7.70}$$

ですので, $\beta^{*'} = A\beta'$ としてもモデルは変わらず, 任意の非特異行列 A に対して β^* の各列は共和分ベクトルとなることです（$r=1$ の場合, A は 1×1 で通常のス

表7.9　Johansen の共和分検定の結果

```
Date: 07/05/08   Time: 11:07
Sample (adjusted): 1979 2000
Included observations: 22 after adjustments
Trend assumption: Linear deterministic trend
Series: CONS Y R
Lags interval (in first differences): 1 to 1

Unrestricted Cointegration Rank Test (Trace)
```

Hypothesized No. of CE(s)	Eigenvalue	Trace Statistic	0.05 Critical Value	Prob.**
None *	0.743193	46.36678	29.79707	0.0003
At most 1 *	0.485816	16.45933	15.49471	0.0357
At most 2	0.079628	1.825503	3.841466	0.1767

```
Trace test indicates 2 cointegrating eqn(s) at the 0.05 level
* denotes rejection of the hypothesis at the 0.05 level
**MacKinnon-Haug-Michelis (1999) p-values

Unrestricted Cointegration Rank Test (Maximum Eigenvalue)
```

Hypothesized No. of CE(s)	Eigenvalue	Max-Eigen Statistic	0.05 Critical Value	Prob.**
None *	0.743193	29.90745	21.13162	0.0023
At most 1 *	0.485816	14.63382	14.26460	0.0437
At most 2	0.079628	1.825503	3.841466	0.1767

```
Max-eigenvalue test indicates 2 cointegrating eqn(s) at the 0.05 level
* denotes rejection of the hypothesis at the 0.05 level
**MacKinnon-Haug-Michelis (1999) p-values

Unrestricted Cointegrating Coefficients (normalized by b'*S11*b=I):
```

CONS	Y	R
0.515047	-0.230600	0.376549
-0.292667	0.110821	-1.284984
-0.080285	0.045925	-0.220026

```
Unrestricted Adjustment Coefficients (alpha):
```

```
        D(CONS)        -0.174781        -0.279922        -0.687944
        D(Y)            3.056610        -0.371638        -1.597498
        D(R)           -0.003713         0.459444         0.007809
```

```
1 Cointegrating Equation(s):    Log likelihood     -119.5902
```

```
Normalized cointegrating coefficients (standard error in parentheses)
        CONS            Y               R
        1.000000       -0.447727        0.731095
                       (0.00577)       (0.25893)

Adjustment coefficients (standard error in parentheses)
        D(CONS)        -0.09002
                       (0.30891)
        D(Y)            1.574298
                       (0.74493)
        D(R)           -0.001912
                       (0.08241)
```

```
2 Cointegrating Equation(s):    Log likelihood     -112.2733
```

```
Normalized cointegrating coefficients (standard error in parentheses)
        CONS            Y               R
        1.000000        0.000000        24.45377
                                        (3.30253)
        0.000000        1.000000        52.98475
                                        (7.47844)

Adjustment coefficients (standard error in parentheses)
        D(CONS)        -0.008097        0.009283
                       (0.35302)       (0.15246)
        D(Y)            1.683064       -0.74604
                       (0.85513)       (0.36932)
        D(R)           -0.136376        0.051772
                       (0.06803)       (0.02938)
```

カラー量となり（1×1の行列はスカラー量として扱います），定数倍の不確実性しかありませんので，この問題は起こりません）．このため，EViewsでは，β'のうち最初の$r \times r$の部分を単位行列I_rとする基準化を行っています．したがって，たとえば，ECMにおいて，$Cons_t + 24.453r = 0$ や $Y_t + 52.984r = 0$ が長期の均衡

状態を表していることにはなりませんので，注意して下さい．この場合は，$k=3$ で $r=2$ が選択されましたので，3つの変数は別々に動いているのではなく，$I(1)$ のレベルでは，ただ1つの動きに集約されることを意味しています．

7.6.3 α, β の推定結果について

ここで，このことをわかりやすく説明するため，ベクトルの線形独立と線形従属について説明を加えます．k 次元のベクトル η に対して $\eta' y_t = 0$, $t=1, 2, ..., T$ の η が（すべての要素が0である）ゼロベクトル以外成り立たないとき，y_t は線形独立であるといいます．k 個すべての変数が線形独立となっています．ゼロベクトル以外のベクトルで成り立つ場合，線形従属であるといい，少なくとも1つの変数は他の変数の線形結合で表されます．線形従属の場合，y_t から $k-1$ 個の変数を選び（選び方は k 通りです），すべての組み合わせについて線形独立であるかどうかを調べます．線形独立となった場合は，$k-1$ 個の変数が線形独立となります．線形従属である場合は，$k-2$ 個の変数を選び（すべての組み合わせについて）線形従属であるかどうかを調べます．これをすべての変数が線形独立となるまで繰り返していくとし，線形独立となる（最大の）変数の数を $k-r$ 個とします．この場合，線形独立である r 個のベクトル $\eta_1, \eta_2, ..., \eta_r$ に対して

$$\eta_1' y_t = 0, \eta_2' y_t = 0, ..., \eta_r' y_t = 0, \quad t=1, 2, ..., T \quad (7.71)$$

の r 個の式が成り立ちます．また，この場合，r 個の変数は線形独立である $n-r$ 個の変数の線形結合で表すことができます．A を $r \times r$ 非特異行列とすると

$$\begin{bmatrix} \eta_1^{*\prime} \\ \eta_2^{*\prime} \\ \vdots \\ \eta_r^{*\prime} \end{bmatrix} = A \begin{bmatrix} \eta_1' \\ \eta_2' \\ \vdots \\ \eta_r' \end{bmatrix} \quad (7.72)$$

しても，(7.72) 式はそのまま成立しますので，$r=1$ の場合以外（$r=1$ の場合は A は定数となりますし，現実の経済問題と関連させることも可能な場合も多いのですが），個々の制約式について議論してもあまり意味がありません．

r の値は，変数を1ずつ減らしていって調べる必要はなく，行列

$$\Psi = \sum_{t=1}^{T} y_t y_t' \quad (7.73)$$

の0である固有値の数となり，また，$\eta_1, ..., \eta_r$ は0に対応する固有ベクトルから求めることができます（これは主成分分析と呼ばれる分野に属する問題となりま

す．主成分分析に関しては，拙著『Excel 統計解析ボックスによる統計分析』（朝倉書店，2001）などを参照して下さい．なお，固有値の真の値が 0 であるとすると，それから得られる標本の固有値はすべて 0 となってしまいますので，通常の意味での検定を行うことはできませんが）．

ここで，線形独立・線形従属の概念を拡張し，y_t(のすべての変数) が $I(1)$，ゼロベクトルのかわりに $I(0)$ となる場合を考えてみます．これは，共和分分析にほかなりません．すなわち，Johansen の検定は主成分分析における固有値 0 の検定問題を $I(1)$，$I(0)$ という概念を導入することによって可能としたとも解釈することができます．$r \geq 2$ では，$I(1)$ の意味で線形独立な変数が $n-r$ 個しかないということを示しているだけです．当然，経済学的な意味をもつとは限りませんので，その評価には十分な注意が必要であることになります．とくにここでの分析例のように $r=k-1$ の場合，すべての変数が長期的には 1 つの要因で表される動きをしていることを意味しています．Johansen の検定はすべての変数を同等に扱いますので，どの変数がその要因となっているか，または，他の潜在変数があり，それが各変数に影響しているかなどについての情報は与えません．

7.6.4 5 つのケースの検定結果の概要

すでに述べたように，EViews では，定数項やトレンドの有無によって 5 つのケースを扱うことができます．5 つのケースを個別に求めていくのは大変ですので，これらの結果の概要をまとめて出力させることができます．

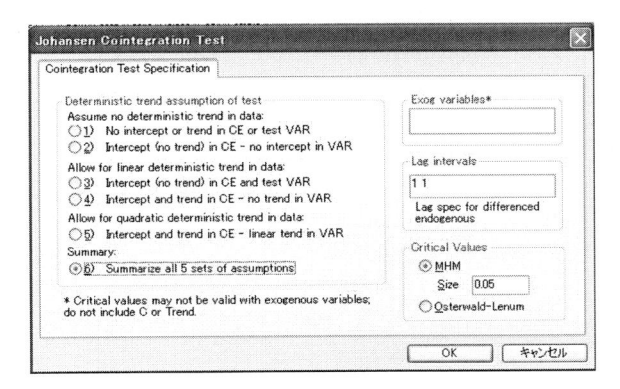

図 7.11 「Johansen Cointegration Test」のボックスが現れるので，［6) Summarize all 5 sets of assumptions］を選択し，［OK］をクリックする．

表 7.10 5つのケースの共和分検定の概要

```
Date: 07/05/08   Time: 11:31
Sample: 1977 2000
Included observations: 22
Series: CONS Y R
Lags interval: 1 to 1

  Selected (0.05 level*) Number of Cointegrating Relations by Model
```

Data Trend:	None	None	Linear	Linear	Quadratic
Test Type	Intercept No Trend	Intercept No Trend	Intercept No Trend	Intercept Trend	Intercept Trend
Trace	1	2	2	1	2
Max-Eig	1	2	2	1	1

*Critical values based on MacKinnon-Haug-Michelis (1999)

Information Criteria by Rank and Model

Data Trend:	None	None	Linear	Linear	Quadratic
Rank or No. of CEs	Intercept No Trend	Intercept No Trend	Intercept No Trend	Intercept Trend	Intercept Trend

Log Likelihood by Rank (rows) and Model (columns)

0	-141.1039	-141.1039	-134.5440	-134.5440	-133.5245
1	-125.7342	-123.6057	-119.5902	-115.4051	-114.7325
2	-123.2474	-113.4495	-112.2733	-107.6050	-106.9825
3	-123.0573	-111.3606	-111.3606	-105.3681	-105.3681

Akaike Information Criteria by Rank (rows) and Model (columns)

0	13.64581	13.64581	13.32218	13.32218	13.50222
1	12.79402	12.69143	12.50820	12.21865	12.33932
2	13.11340	12.40450	12.38848	12.14591*	12.18023
3	13.64157	12.85096	12.85096	12.57892	12.57892

Schwarz Criteria by Rank (rows) and Model (columns)

0	14.09215	14.09215	13.91729	13.91729	14.24612
1	13.53791	13.48492	13.40087	13.16091*	13.38077
2	14.15485	13.54514	13.57871	13.43532	13.51924
3	14.98058	14.33875	14.33875	14.21548	14.21548

Coint Cons Y R

と入力して下さい.「Johansen Cointegration Test」のボックスが現れますので，今度は，[6) Summarize all 5 sets of assumptions] を選択し，[OK] をクリックします（図7.11）．表7.10のような概要が出力されます.

定数項やトレンドの有無，検定方法によって結果は異なりますが，1～2の共和分関係が認められることになり，これらの変数間には共和分関係が認められると考えられます.

また，y_t, γ_t の誘導方程式や構造方程式にそのあてはめ値 $\hat{y}_t, \hat{\gamma}_t$ を代入した式においても共和分関係が認められます（演習として単位根検定・共和分検定を行ってみて下さい）．これらの結果から，消費関数の推計では見せかけの回帰の問題は起こっていないと考えることができるでしょう.

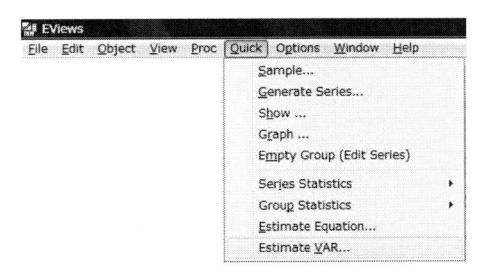

図 7.12 メインメニューの [Quick]→[Estimate VAR] をクリックする.

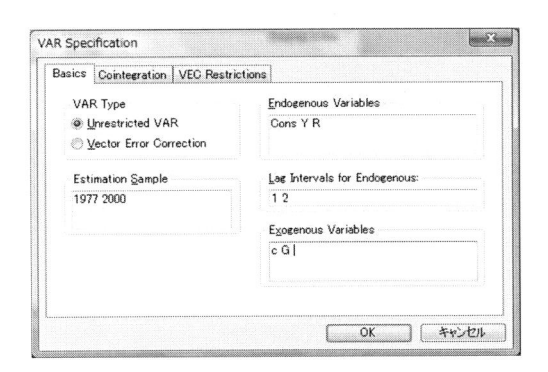

図 7.13 「VAR Specification」のボックスが現れるので「Endogenous Variable」に内生変数の **Cons Y R**,「Lag Intervals for for Endogenous」にラグを取る期間の **1 2**,「Exogenous Variables」に外生変数として **C G** を入力する.

表 7.11 VAR モデルの推定結果

```
Vector Autoregression Estimates
Date: 07/09/08   Time: 14:22
Sample (adjusted): 1979 2000
Included observations: 22 after adjustments
Standard errors in ( ) & t-statistics in [ ]
```

	CONS	Y	R
CONS(-1)	0.633736 (0.55099) [1.15019]	1.121295 (1.37288) [0.81675]	0.110309 (0.10876) [1.01428]
CONS(-2)	-0.13307 (0.54610) [-0.24367]	0.637907 (1.36070) [0.46881]	-0.106627 (0.10779) [-0.98920]
Y(-1)	0.265272 (0.19138) [1.38611]	1.192281 (0.47686) [2.50030]	-0.000715 (0.03778) [-0.01893]
Y(-2)	-0.171666 (0.16977) [-1.01114]	-1.000631 (0.42302) [-2.36543]	0.023004 (0.03351) [0.68647]
R(-1)	-1.138349 (0.97094) [-1.17242]	0.320559 (2.41927) [0.13250]	0.895822 (0.19165) [4.67429]
R(-2)	1.557556 (0.91109) [1.70956]	1.656959 (2.27013) [0.72989]	-0.482613 (0.17983) [-2.68365]
C	41.88437 (57.0719) [0.73389]	-94.48413 (142.205) [-0.66442]	2.394840 (11.2651) [0.21259]
G	0.643895 (0.76284) [0.84407]	0.061409 (1.90075) [0.03231]	-0.165767 (0.15057) [-1.10091]
R-squared	0.996028	0.994603	0.947735
Adj. R-squared	0.994042	0.991905	0.921603
Sum sq. resids	116.4740	723.1209	4.537892
S.E. equation	2.884366	7.186897	0.569329
F-statistic	501.5413	368.6027	36.26655
Log likelihood	-49.54953	-69.63452	-13.85227

```
Akaike AIC                                 5.231775      7.057684    1.986570
Schwarz SC                                 5.628518      7.454426    2.383313
Mean dependent                           240.9273      421.2091    5.284545
S.D. dependent                            37.36864      79.87946    2.033350

Determinant resid covariance (dof adj.)   11.97565
Determinant resid covariance               3.086136
Log likelihood                          -106.0461
Akaike information criterion              11.82237
Schwarz criterion                         13.01260
```

7.6.5 VAR モデルの推定方法

共和分検定とは直接関係ありませんが，EViews における (7.63) 式の VAR モデルの推定について簡単に説明します．

VAR

と入力するか，メインメニューの [Quick]→[Estimate VAR] をクリックします（図 7.12）．2 期前までのモデルを考えることとします．「VAR Specification」のボックスが現れるので「Endogenous Variable」に内生変数の **Cons Y R** を，「Lag Intervals for Endogenous」にラグをとる期間の **1 2** を，「Exogenous Variables」に外生変数として **C G** を入力します（定数 C も指定する必要があります．アウトプットの大きさの関係で他の外生変数は省略します）（図 7.13）．ラグをとる期間に関しては，複数の期間を指定することが可能です．たとえば 1〜3 期，5〜6 期，8〜9 期を指定したい場合は **1 3 5 6 8 9** と始めと終わりをセットにして指定します．[OK] をクリックすると，表 7.11 の推定結果が出力されます．各内生変数 (Cons, Y, R) ごとにラグつきの内生変数 (CONS(-1), CONS(-2), ..., R(-2)) の係数の推定結果が，ついで，外生変数 C, G の係数の推定結果が，最後に各種の統計量の値が出力されます．

7.7 演 習 問 題

1. 表 6.11（169 ページ）のアメリカ合衆国の GDP のデータを使って，各種の単位根の検定を次の場合について行って下さい．

    1.1 定数項のみの場合．

    1.2 定数項・トレンド項を含む場合．

1.3　1次の階差をとった場合の検定.
2. 表5.6（138ページ）のアメリカ合衆国のデータを使って，変数間の共和分の各種の検定を行って下さい.
3. 上記データを使って，$p=3$の場合のVARモデルの推定を行って下さい.

8. ARCH, GARCH モデル

4.3節では,不均一分散について説明しましたが,考慮したのは分散が非確率的に変化するなどのように表すことができた場合です.しかしながら,ファイナンスなどの分野では分散が確率的に変化する場合の分析が重要となっています.その分析に使われるのが,ARCH モデルおよびそれを一般化した GARCH モデルです.また,これらを拡張した多くのモデルが提案されています.本章ではそれらのモデルについて説明します(なお,ここでのモデルの略称は EViews のものによりました).

8.1 ARCH, GARCH モデル

8.1.1 Autoregressive Conditional Heteroskedasticity (ARCH) モデル

第4章では,不均一分散について説明しましたが,考慮したのは分散が非確率的に変化する,すなわち,

$$\sigma_t^2 = \sigma^2 \cdot g(z_t),\ g(z_t) > 0 \tag{8.1}$$

などのように表すことができる場合です.しかしながら,とくにファイナンスの分野などでは,時系列データにおいて,分散が確率的に変化する場合が重要となっています.その分析に使われるのが,Engle によって提案された ARCH (Autoregressive Conditional Heteroskedasticity) モデル(自己回帰条件つき不均一分散モデルとも訳されていますが,ARCH モデルの方が一般的です)およびそれを一般化・発展させたモデルです.

ARCH モデルは,分散 $\sigma_t^2 = V(u_t)$ が過去の誤差項の値に依存して決定され,

$$Y_t = \beta_1 + \beta_2 \cdot X_{2t} + \cdots + \beta_k \cdot X_{kt} + u_t \tag{8.2}$$

$$\sigma_t^2 = \alpha + a_1 u_{t-1}^2 + \cdots + a_p u_{t-p}^2 = \alpha + \sum_{j=1}^{p} a_{t-j} u_{t-j}^2$$

となります.分散が均一かどうかは $H_0: a_1 = \cdots = a_p = 0$ の検定を行えばよいこと

になります.p期前までの誤差項に依存するので,このモデルは ARCH(p) と表されます.

8.1.2 Generalized ARCH (GARCH) モデル

Generalized ARCH (GARCH) モデルは誤差項の値のみでなく過去の分散にも依存するとするモデルで,

$$\sigma_t^2 = \alpha + a_1 u_{t-1}^2 + \cdots + a_p u_{t-p}^2 + b_1 \sigma_{t-1}^2 + \cdots + b_q \sigma_{t-q}^2 = \alpha + \sum_{j=1}^{p} a_{t-j} u_{t-j}^2 + \sum_{j=1}^{p} b_{t-j} \sigma_{t-j}^2 \quad (8.3)$$

となるモデルで,これは GARCH(p, q) と表されます.すなわち,このモデルは,分散に対して ARMA モデルをあてはめたものといえます.

さらに,GARCH モデルに加え,分散がある変数 $z_{1t}, ..., z_{rt}$ によって変化し,

$$\sigma_t^2 = \alpha_0 + \alpha_1 z_{1t} + \cdots + \alpha_r z_{rt} + \sum_{j=1}^{p} a_{t-j} u_{t-j}^2 + \sum_{j=1}^{p} b_{t-j} \sigma_{t-j}^2 \quad (8.4)$$

としたモデルも使われています(なお,p, q の順番は EViews での表示順に従いました).

8.1.3 GARCH-M モデル

$$Y_t = \beta_1 + \beta_2 \cdot X_{2t} + \cdots + \beta_k \cdot X_{kt} + \lambda \sigma_t + u_t \quad (8.5)$$
$$Y_t = \beta_1 + \beta_2 \cdot X_{2t} + \cdots + \beta_k \cdot X_{kt} + \lambda \sigma_t^2 + u_t$$
$$Y_t = \beta_1 + \beta_2 \cdot X_{2t} + \cdots + \beta_k \cdot X_{kt} + \lambda \log(\sigma_t^2) + u_t$$

のように,Y_t の値が σ_t に依存するモデルは GARCH-M モデルと呼ばれ,ファイナンスなどの分野で広く使われています.

8.1.4 Exponential GARCH (EGARCH) モデル

Exponential GARCH (EGARCH) モデルは,$\log(\sigma_t^2)$ に対して時系列構造を考えたもので,EViews では,EGARCH(p, q, r) を

$$\log(\sigma_t^2) = \alpha + \sum_{j=1}^{p} \alpha_j \left| \frac{u_{t-j}}{\sigma_{t-j}} \right| + \sum_{j=1}^{q} b_j \log(\sigma_{t-j}^2) + \sum_{j=1}^{r} c_j \frac{u_{t-j}}{\sigma_{t-j}} \quad (8.6)$$

として推定を行っています.このモデルでは,分散が負になることがないという利点があり,ファイナンスのなどで幅広く使われています(しかしながら,統計理論上は大きな問題のあるモデルですが).

8.1.5 その他の ARCH モデル

ここでは,EViews で推定可能なその他の ARCH モデルについて説明します.

● Threshold GARCH (TARCH) モデル

株式などでは,価格が上昇した場合と下落した場合ではその影響は異なります.

Threshold GARCH (TARCH) モデルは，そのような場合に利用されるモデルで，

$$\sigma_t^2 = \alpha + \sum_{j=1}^{p} a_{t-j} u_{t-j}^2 + \sum_{j=1}^{q} b_{t-j} \sigma_{t-j}^2 + \sum_{j=1}^{r} c_{t-j} u_{t-j}^2 1(u_{t-j}<0) \tag{8.7}$$

とするモデルです．ここで，$1(u_{t-j}<0)$ は u_{t-j} の値が負の場合1，その他（0以上）の場合0となる関数です．$c_{t-j} \neq 0$ の場合，u_{t-j} の符号によってモデルが変化し，影響は誤差項の符号に対して非対称となります．

● Power ARCH (PARCH) モデル

Power ARCH (PARCH) モデルは，

$$\sigma_t^\delta = \alpha + \sum_{j=1}^{p} a_{t-j} (|u_{t-j}| - \gamma_j u_{t-j})^\delta + \sum_{j=1}^{q} b_{t-j} \sigma_{t-j}^\delta \tag{8.8}$$

$\delta > 0, j = 1, 2, ..., r$ の場合 $|\gamma_j| < 1$，$j > r$ の場合 $\gamma_j = 0$，$r \leq p$

となるモデルです．

● Component GARCH (CGARCH) モデル

GARCH モデルは分散がいずれの時点でも一定値 w のまわりに変動するとしたモデルです．一方，Component GARCH (CGARCH) モデルでは，一定値ではなく，短期的な成分 (transitory component) と長期的な成分 (long term component) を考え，短期的には長期的な成分のまわりに変動するとしたモデルです．EViews では GARCH (1, 1) タイプのモデルを考え，

$$\sigma_t^2 - m_t = a_1(u_{t-1}^2 - m_t) + b_1(\sigma_{t-1}^2 - m_t) \tag{8.9}$$
$$m_t = w + \rho(m_t - w) + \phi(u_{t-1}^2 - \sigma_{t-1}^2)$$

としています（現在のところ他のモデルの推定はできません）．第1式は，一時的な短期成分を，第2式の成分は長期成分を表しています．

なお，EViews では，分散が変数に依存する場合や，(TARCH と同様) 短期成分に非対称を考慮する場合を取り扱うことができ，次の式が推定可能です．

$$m_t = w + \rho(m_t - w) + \phi(u_{t-1}^2 - \sigma_{t-1}^2) + \gamma_{11} z_{11t} + \cdots + \gamma_{1r} z_{1rt} \tag{8.10}$$
$$\sigma_t^2 - m_t = a_1(u_{t-1}^2 - m_{t-1}) + b_1(\sigma_{t-1}^2 - m_{t-1}) + c_1(u_{t-1}^2 - m_{t-1})1(u_t<0)$$
$$+ \gamma_{21} z_{21t} + \cdots + \gamma_{2s} z_{2st}$$

8.2 EViews による ARCH, GARCH, EGARCH モデルの推定

EViews ではこれまでに説明した各種の GARCH タイプのモデルの推定を簡単に行うことができ，大きな特徴となっています．ここでは，**ARCH** コマンドを使った推定および「Equation Estimation」ボックスを使った推定について説明します．

8.2.1 ARCH コマンドによる推定

銅消費量データを使って，ARCH，GARCH，EGARCH モデルの推定を行ってみます．EViews を起動し，

Open CuEX2

SMPL @ALL

と入力して下さい．

まず，GARCH (1, 1) モデルを推定してみます．

Equation GARCH1.ARCH(1, 1) LogCu C LogGDP

と入力して下さい．GARCH モデルの推定では，ARCH コマンドを使い，カッコの中に p, q の値を指定します．何も指定しないで **GAERCH1.ARCH** とした場合は，GARCH(1, 1) が選択されます．表 8.1 のような結果が出力されます．

説明変数が **LogCu** であること，推定には正規分布を仮定した最尤法が使われていること (Method：ML-ARCH(Marquardt)-Normal distribution) などが示され，係数の指定結果などが出力されます．分散の式の推定結果（カッコ内は標準誤差）は，

$$\sigma_t^2 = 0.005053 + 0.9478 u_{t-1}^2 - 0.09892 \sigma_{t-1}^2 \tag{8.11}$$
$$\quad\quad (0.002900) \quad (0.5555) \quad\quad (0.2020)$$

となります（回帰係数の推定値は最小二乗法のものとは多少異なります）．次に，条件つき不均一分散が存在するかどうかの検定，すなわち，$H_0: a_1 = \cdots = a_p = 0$ の検定を行ってみます．$p=4$ とします．検定は ARCHTest コマンドを使います．

GARCH1.ARCHTest(4)

と入力して下さい．表 8.2 のような結果が得られます．検定の F 値 (F-statistic) は 1.2243，p 値は 0.3257，$T \cdot R^2$ (Obs*R-squared) の値は 4.9139，p 値は 0.2962 ですので，帰無仮説は棄却されず，条件つき不均一分散が存在するとは認められないことになります（検定量などの漸近分布は Breusch-Pagan-Godfrey 検定の場合と同一です）．

なお，この検定は最小二乗法の推定結果を使っても行うことができます．最小二乗法の推定結果は Eq2 に保存されています（Eq2 がない場合は **Equation Eq2.LS LogCu C LogGDP** と入力して推定を行って下さい）．

Eq2.ARCHTest(4)

としても行うことができます．回帰係数の推定結果が多少異なっていますので，

8.2 EViewsによる ARCH, GARCH, EGARCH モデルの推定

表 8.1　GARCH(1, 1) モデルの推定結果

```
Dependent Variable: LOGCU
Method: ML - ARCH (Marquardt) - Normal distribution
Date: 07/05/08   Time: 14:54
Sample: 1970 2003
Included observations: 34
Failure to improve Likelihood after 23 iterations
Presample variance: backcast (parameter = 0.7)
GARCH = C(3) + C(4)*RESID(-1)^2 + C(5)*GARCH(-1)
```

Variable	Coefficient	Std. Error	z-Statistic	Prob.
C	4.628968	0.334169	13.85216	0.0000
LOGGDP	0.428931	0.058251	7.363551	0.0000

Variance Equation

	Coefficient	Std. Error	z-Statistic	Prob.
C	0.005053	0.002900	1.742511	0.0814
RESID(-1)^2	0.947796	0.555464	1.706313	0.0879
GARCH(-1)	-0.098922	0.201970	-0.489784	0.6243

R-squared	0.504491	Mean dependent var		7.106250
Adjusted R-squared	0.436145	S.D. dependent var		0.177821
S.E. of regression	0.133526	Akaike info criterion		-1.506395
Sum squared resid	0.517049	Schwarz criterion		-1.281930
Log likelihood	30.60871	Hannan-Quinn criter.		-1.429846
F-statistic	7.381418	Durbin-Watson stat		0.686306
Prob(F-statistic)	0.000315			

同一ではありませんが似たような結果が得られます.

次に, GARCH-M モデルの推定を行ってみます. EViews では, (8.6) 式の 3 つの場合について推定を行うことができます. 第 1 式の σ_t を含む場合は, カッコ内にオプション **ARCHM=SD** を加えて

Equation GARCH1.ARCH(1, 1, ARCHM=SD)　LogCu C LogGDP

と入力して下さい. 回帰方程式の説明変数に σ_t (**@SQRT(GARCH)**) が加えられ, 次のような結果 (カッコ内は標準誤差) が得られます.

表 8.2　条件つき不均一分散の検定結果

```
Heteroskedasticity Test: ARCH


F-statistic           1.224266    Prob. F(4,25)         0.3257
Obs*R-squared         4.913923    Prob. Chi-Square(4)   0.2962


Test Equation:
Dependent Variable: WGT_RESID^2
Method: Least Squares
Date: 07/05/08   Time: 15:16
Sample (adjusted): 1974 2003
Included observations: 30 after adjustments


     Variable         Coefficient  Std. Error  t-Statistic   Prob.


         C              0.709191    0.459332    1.543960    0.1352
   WGT_RESID^2(-1)      0.034666    0.199211    0.174014    0.8633
   WGT_RESID^2(-2)     -0.099508    0.182990   -0.543788    0.5914
   WGT_RESID^2(-3)      0.494925    0.239090    2.070033    0.0489
   WGT_RESID^2(-4)     -0.102361    0.258897   -0.395371    0.6959


R-squared             0.163797   Mean dependent var     0.973006
Adjusted R-squared    0.030005   S.D. dependent var     1.353340
S.E. of regression    1.332882   Akaike info criterion  3.563576
Sum squared resid    44.41438    Schwarz criterion      3.797109
Log likelihood      -48.45364    Hannan-Quinn criter.   3.638286
F-statistic           1.224266   Durbin-Watson stat     2.002752
Prob(F-statistic)     0.325711
```

$$\log(Cu_t) = 3.3986 + 0.3492 \log(GDP) + 0.1647\sigma_t \quad (8.12)$$
$$ (1.1908)\,(1.95\times10^{-5}) (0.001511)$$
$$\sigma_t^2 = -32.6238 + 0.01167 u_{t-1}^2 + 17.9461\sigma_{t-1}^2$$
$$ (5.2165) \quad (0.3451) \quad (0.3793)$$

また，第 2 式の σ_t^2 を含む場合は **ARCHM=Var**，第 3 式の $\log(\sigma_t^2)$ を含む場合は，**ARCHM=Log** とオプションを変更します（ただし，計算がオーバーフローするなどして推定できない場合がありますので注意して下さい）．

8.2 EViews による ARCH, GARCH, EGARCH モデルの推定

EGARCH モデルを推定するにはカッコ内に EGARCH オプションを加えます．たとえば，EGARCH (1, 1, 1) を推定するには

Equation EGARCH1. ARCH(1, 1, EGARCH) LogCu C LogGDP

とします（EViews では自動的に $p=r$ のとして推定を行います．r の値を変える場合は **Asy** オプションを使って，**ARCH(1, 1, EGARCH, Asy=2)** のようにします．表 8.3 のような推定結果が得られます（出力の順番には注意して下さい）．

表 8.3 EGARCH(1, 1, 1) の推定結果

```
Dependent Variable: LOGCU
Method: ML - ARCH (Marquardt) - Normal distribution
Date: 07/05/08   Time: 16:10
Sample: 1970 2003
Included observations: 34
Failure to improve Likelihood after 11 iterations
Presample variance: backcast (parameter = 0.7)
LOG(GARCH) = C(3) + C(4)*ABS(RESID(-1)/@SQRT(GARCH(-1))) + C(5)
        *RESID(-1)/@SQRT(GARCH(-1)) + C(6)*LOG(GARCH(-1))
```

Variable	Coefficient	Std. Error	z-Statistic	Prob.
C	4.647912	0.305624	15.20793	0.0000
LOGGDP	0.421913	0.054835	7.694262	0.0000

Variance Equation				
C(3)	-6.410638	1.578223	-4.061934	0.0000
C(4)	0.944427	0.634832	1.487679	0.1368
C(5)	-0.552541	0.481136	-1.148411	0.2508
C(6)	-0.262735	0.350099	-0.750461	0.4530

R-squared	0.553616	Mean dependent var		7.106250
Adjusted R-squared	0.473904	S.D. dependent var		0.177821
S.E. of regression	0.128978	Akaike info criterion		-1.386940
Sum squared resid	0.465789	Schwarz criterion		-1.117582
Log likelihood	29.57797	Hannan-Quinn criter.		-1.295081
F-statistic	6.945243	Durbin-Watson stat		0.763207
Prob(F-statistic)	0.000249			

8. ARCH, GARCH モデル

$\log(\sigma_t^2)$ の式の推定結果は，

$$\log(\sigma_t^2) = -6,4106 - 0.2627 \log(\sigma_{t-1}^2) + 0.9444 \left| \frac{u_{t-1}}{\sigma_{t-1}} \right| - 0.5525 \frac{u_{t-1}}{\sigma_{t-1}} \quad (8.13)$$
$$\quad\quad\quad (1.5782)\quad (0.3501) \quad\quad\quad\quad (0.6348) \quad\quad\quad (0.4811)$$

となります．

8.2.2 「Equation Estimation」ボックスを使った推定
● GARCH モデルの推定

これまでは，コマンドを入力することによって GARCH モデルの推定を行いましたが，「Equation Estimation」ボックスの機能を使うことによって，いちいちコマンドを入力することなく，複雑な GARCH モデルの推定を行うことができます．たとえば，(8.4) 式のように GARCH に加えて分散がある変数の影響を受けて変化するとした場合の推定を行ってみましょう．ここでは，$\log(GDP_t)$ が分散に影響するとします．

ARCH

と入力するか，メインメニューの [Object] → [New Object] をクリックします（図8.1）．「New Object」のボックスが現れるので「Type of object」を [Equation]，「Name for Object」を **GARCH2** として [OK] をクリックします（図8.2）．「Equation Estimation」のボックスが現れるので，「Equation setting」の「Method」を [ARCH (Autoregressive Conditional Heteroskedasticity)] に変更します（図8.3）．「Mean

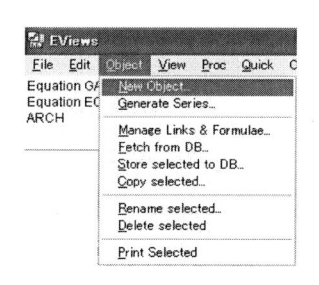

図 8.1 メインメニューの [Object] → [New Object] をクリックする．

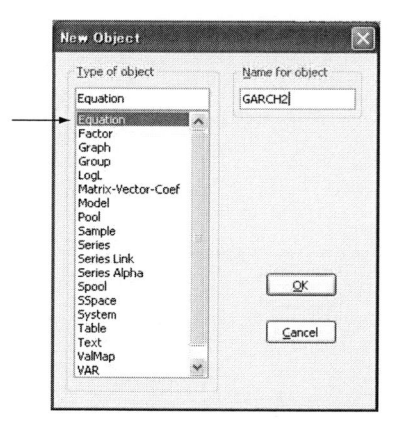

図 8.2 「New Object」のボックスが現れるので，「Type of object」を [Equation]，「Name for Object」を **GARCH2** として [OK] をクリックする．

8.2 EViews による ARCH, GARCH, EGARCH モデルの推定

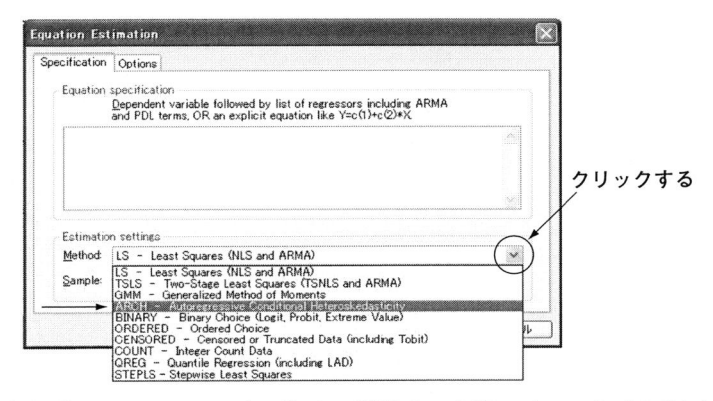

図 8.3 「Equation Estimation」のボックスが現れるので，「Equation setting」の「Method」を〔ARCH(Autoregressive Conditional Heteroskedasticity)〕に変更する．

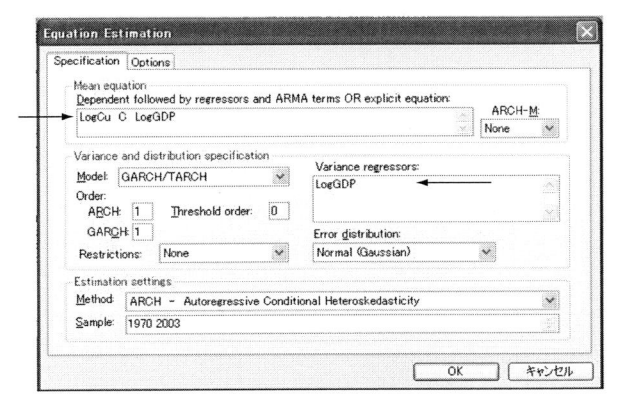

図 8.4 「Mean equation」のボックスに回帰方程式の被説明変数，説明変数を順に **LogCu C LogGDP** と入力する．次に「Variance Regressor」のボックスに **LogGDP** と入力する．「ARCH」の値が 1，「GARCH」の値が 1 であることを確認し，〔OK〕をクリックする．

Equation」のボックスに回帰方程式の被説明変数，説明変数を順に **LogCu C LogGDP** と入力します．「Variance Regressor」のボックスに **LogGDP** と入力します（図 8.4）．「ARCH」の値が 1，「GARCH」の値が 1 であることを確認し，〔OK〕をクリックすると，表 8.4 のような結果が出力されます．

この場合，分散の式は，

$$\sigma_t^2 = 0.01022 + 0.82327 u_{t-1}^2 - 0.1105 \sigma_{t-1}^2 - 0.000629 \log(GDP) \quad (8.14)$$
$$(0.04174) \quad (0.6042) \quad\quad (0.1457) \quad\quad (0.006748)$$

表 8.4 分散の式が $\log(GDP_t)$ を含む場合の GARCH$(1,1)$ モデルの推定結果

```
Dependent Variable: LOGCU
Method: ML - ARCH (Marquardt) - Normal distribution
Date: 07/05/08   Time: 17:25
Sample: 1970 2003
Included observations: 34
Failure to improve Likelihood after 8 iterations
Presample variance: backcast (parameter = 0.7)
GARCH = C(3) + C(4)*RESID(-1)^2 + C(5)*GARCH(-1) + C(6)*LOGGDP
```

Variable	Coefficient	Std. Error	z-Statistic	Prob.
C	4.900012	0.426157	11.49813	0.0000
LOGGDP	0.380548	0.072263	5.266178	0.0000

Variance Equation				
C	0.010222	0.041739	0.244904	0.8065
RESID(-1)^2	0.823163	0.604170	1.362469	0.1730
GARCH(-1)	-0.110532	0.145685	-0.758704	0.4480
LOGGDP	-0.000629	0.006748	-0.093160	0.9258

R-squared	0.530728	Mean dependent var		7.106250
Adjusted R-squared	0.446930	S.D. dependent var		0.177821
S.E. of regression	0.132243	Akaike info criterion		-1.379109
Sum squared resid	0.489671	Schwarz criterion		-1.109751
Log likelihood	29.44485	Hannan-Quinn criter.		-1.287250
F-statistic	6.333385	Durbin-Watson stat		0.733876
Prob(F-statistic)	0.000474			

となります.

8.2.3 その他の ARCH モデルの推定

「Equation Estimation」ボックスを使ってその他の ARCH モデルの推定を行うには次のような指定を行います.

● TARCH モデル

「Mean equation」のボックスに回帰方程式の被説明変数, 説明変数を入力し, 「Variance and distribution specification」の「ARCH」に p, 「GARCH」に q,

8.2 EViews による ARCH, GARCH, EGARCH モデルの推定　　219

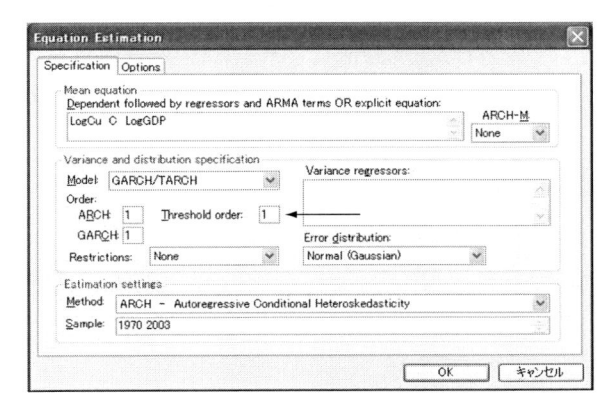

図 8.5　TARCH モデルの推定では「Mean equation」のボックスに回帰方程式の被説明変数, 説明変数を入力し,「Variance and distribution specification」の「ARCH」に p,「GARCH」に q,「Threshold order」に r の値を指定する.

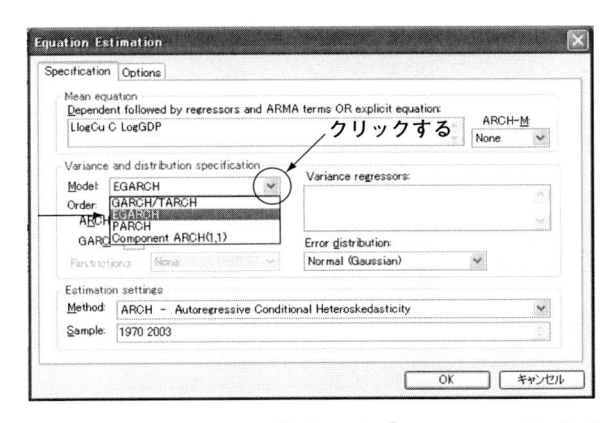

図 8.6　EGARCH モデルの推定では,「Variance and distribution specification」の「Model」のボックスの右側の矢印をクリックし, [EGARCH] を選択する.

「Threshold order」に r の値を指定します（図 8.5）.

● EGARCH モデル

「Variance and distribution specification」の「Model」のボックスの右側の矢印をクリックし, [EGARCH] を選択します（図 8.6）.「Mean equation」のボックスに回帰方程式の被説明変数, 説明変数を入力し,「Variance and distribution specification」の「ARCH」に p,「GARCH」に q,「Asymmetric order」に r の値を指定します（図 8.7）.

● GARCH-M モデル

「Mean equation」のボックスに回帰方程式の被説明変数，説明変数を入力し，「ARCH-M」のボックスの矢印をクリックし，目的の項目を選択します（図 8.8）.

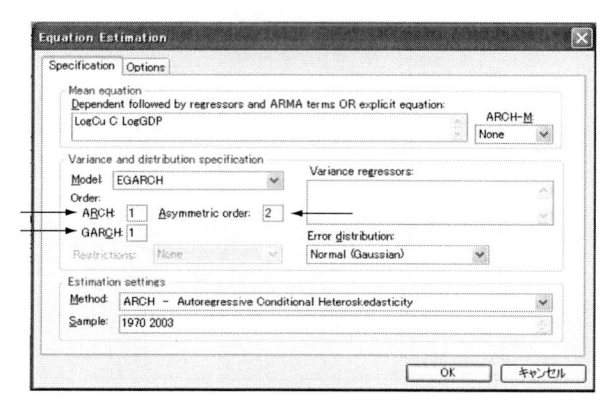

図 8.7 「Mean equation」のボックスに回帰方程式の被説明変数，説明変数を入力し，「Variance and distribution specification」の「ARCH」に p,「GARCH」に q,「Asymmetric order」に r の値を指定する．

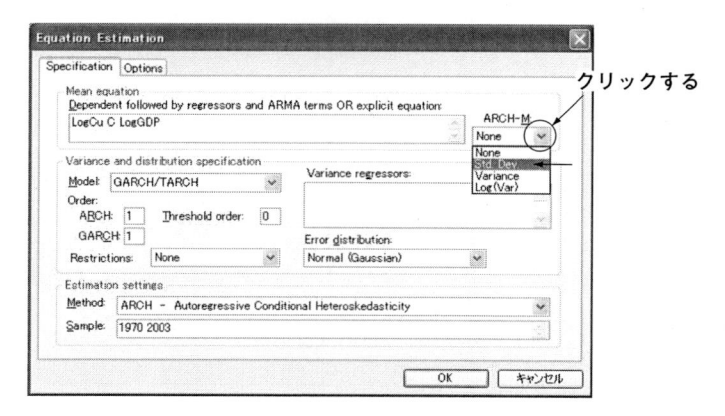

図 8.8 GARCH-M モデルの推定では，「Mean equation」のボックスに回帰方程式の被説明変数，説明変数を入力し，「ARCH-M」のボックスの矢印をクリックし，目的の項目を選択する．次数の指定は GARCH, TGARCH と同様．

8.2 EViews による ARCH, GARCH, EGARCH モデルの推定　　*221*

次数の指定は GARCH，TGARCH と同様です．

● PARCH モデル

「Variance and distribution specification」の「Model」のボックスの右側の矢印をクリックし，[PARCH] を選択します（図 8.9）．「Mean equation」の

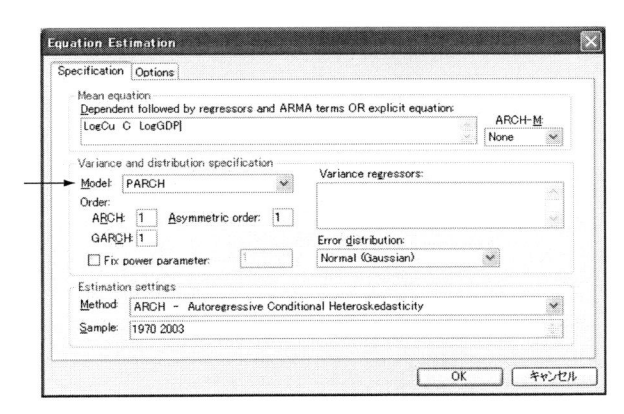

図 8.9　PARCH モデルの推定には「Variance and distribution specification」の「Model」のボックスの右側の矢印をクリックし，[PARCH] を選択する．「Mean equation」のボックスに回帰方程式の被説明変数，説明変数を入力する．次数の指定は EGARCH と同様．

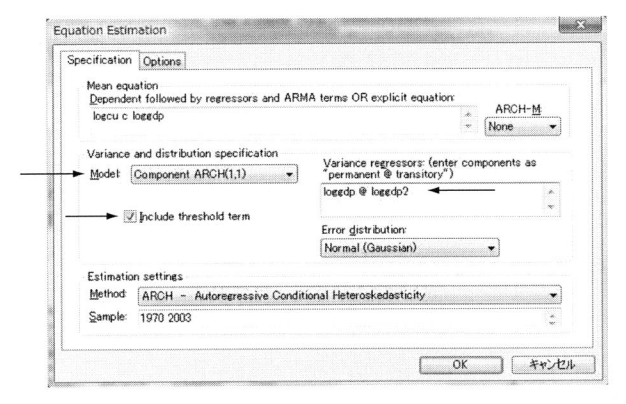

図 8.10　CGARCH モデル「Variance and distribution specification」の「Model」のボックスの右側の矢印をクリックし，[Component ARCH(1, 1)] を選択する．非対称性を考慮する場合は，「Include threshold term」のボックスをクリックしてチェックされている状態とする．分散に影響する変数を指定する場合は，「Variance regressors：(enter components as "permanent@transitory")」に長期成分に影響する変数を入力し@で区切って短期成分に影響する変数を入力する．

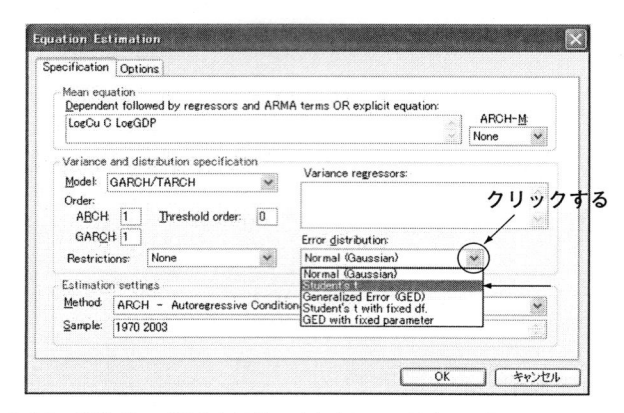

図 8.11 誤差項に正規分布以外の分布を用いる場合は,「Error distribution」の矢印をクリックして目的の分布を選択する.

ボックスに回帰方程式の被説明変数,説明変数を入力します.次数の指定はEGARCHと同様です.

● CGARCH モデル

「Variance and distribution specification」の「Model」のボックスの右側の矢印をクリックし,[Component ARCH(1,1)]を選択します.(8.10)式の非対称性を考慮する場合は,「Include threshold term」のボックスをクリックしてチェックされている状態とします.分散に影響する変数を指定する場合は,「Variance regressors:(enter components as "permanent@transitory")」に長期成分に影響する変数を入力し@で区切って短期成分に影響する変数を入力します(図8.10).

● 誤差項の分布

誤差項に正規分布以外の分布を用いる場合は,「Error distribution」の矢印をクリックして目的の分布を選択します(図8.11).

8.3 演 習 問 題

第2章の演習問題で使ったアメリカ合衆国の銅消費量のデータを使って,次のモデルの推定を行って下さい(回帰モデルの説明変数は $\log(GDP_t)$ のみを使うものとします.一部のモデルは推定できない場合があります).

1. GARCH(1,2)モデルで分散が $\log(GDP_t)$ に依存するとした場合の推定.

8.3 演習問題

2. 上記モデルでの各種 GARCH-M モデルの推定.
3. ARCH モデルにで $p=3$ とした場合の不均一分散の検定.
4. TARCH で $p=1$, $q=1$, $r=1$ としたモデルの推定.
5. EGARCH モデルで $p=1$, $q=1$, $r=1$ としたモデルの推定.
6. PARCH モデルで $p=1$, $q=1$, $r=1$ としたモデルの推定.
7. 非対称性を考慮した CGARCH モデルの推定.
8. 上記モデルで, 短期・長期成分に $\log(GDP_t)$ が影響するとした場合の推定.

9. プロビット，ロジット，トービット・モデル

質的データ（qualitative data）とは，分析対象となる事象について数値データを得ることができず，あるカテゴリーに属しているかどうかという質的特性のみが観測されるデータです．制限従属変数（limited dependent variable）は一般の回帰モデルなどの場合と異なり，分析対象とする変数がある条件を満足した場合のみに観測することができるデータです．本章では，質的データのプロビット（probit）・モデル，ロジット（logit）・モデルによる分析，制限従属変数のトービット（tobit）・モデルによる分析について述べます．

9.1 プロビット，ロジット・モデル

プロビット・モデル（probit model），ロジット・モデル（logit model）は，質的データ分析に用いられる重要な手法です．質的データは，分析対象となる事象について数値データを得ることができず，あるカテゴリーに属しているかどうかの質的特性のみが観測されるデータです．本節では，選択肢が2つの2値データの分析およびそのプロビット，ロジット・モデルによる分析ついて説明します．

9.1.1 質的データおよび2値データの分析
● 質的データとは

計量経済学では，分析対象となる事象について数値データを得ることができず，対象があるカテゴリーに属しているかどうかという質的特性のみがデータとして観測される場合が数多くあります．たとえば，女性が労働したかどうか，製品A，B，Cのうち消費者がどの製品を購入したかなどを考えてみましょう．このようなケースでは，数値データを得ることはできず，女性が労働したかどうか，選ばれた製品名などのように，対象がある状態やあるカテゴリーに属しているかどうかのみを知ることができます．これを質的データと呼びます．得られる状態が2つのものは，二項反応（binary response）または二項選択（binary choice），3つ

以上のものは，多項反応（multinomial response）または多項選択（multinomial choice）と呼ばれます．

● 2値データの分析

上で述べたように，女性が労働したか，しないかのように観測結果が2つの状態をとる2値データでは，一方の状態（女性が労働した場合）で1，他方の状態（労働しない場合）で0をとるダミー変数 Y_i を使って観測結果を表します．このようなデータの分析では，$Y_i=1$ となる確率の分析が重要となります．回帰分析の場合と同様，確率に影響を与えると考えられる変数（説明変数）と確率のモデルを作り，そのモデルに基づいて分析が行われます．たとえば，女性が労働するかどうかの確率は，その女性の特性，たとえば，学歴，年齢，子供の有無などの変数に依存していると考えられるので，これらの変数と確率の関係を表すモデルを作り，それによって女性の就業行動を分析するなどです．

現在，2値データの分析で一般に使われているのは，回帰分析の考え方を応用した次のようなモデルです．いま，Y_i が0をとるか1をとるかを決めている仮想的な因子 Y_i^* があり，

$$Y_i^* = \beta_1 + \beta_2 X_{2i} + \cdots + \beta_k X_{ki} + \varepsilon_i \tag{9.1}$$

で表すことができるとします．Y_i^* は直接観測することのできない連続的な変数ですが，回帰モデルの場合と同様に説明変数によって体系的に決定される部分と，それ以外の部分の誤差項 ε_i の和となっているとします．Y_i^* は，直接観測することはできませんが，その符号によって，Y_i の値が

$$Y_i = \begin{cases} 1 & Y_i^* > 0 \text{ の場合} \\ 0 & Y_i^* \leq 0 \text{ の場合} \end{cases} \tag{9.2}$$

となるものとします．

ここで，このモデルがどのように得られるかを，女性が労働するかどうかを例にとり効用の概念を使って考えてみましょう．いま，i 番目の女性が労働した場合（$y_i=1$ の場合）の効用を U_{1i}，労働しない場合（$Y_i=0$ の場合）の効用を U_{0i} とします．i が労働するのは，$U_{1i} > U_{0i}$ の場合です．ここで，U_{1i} と U_{0i} は，i の特性を示す変数 $X_{2i}, X_{3i}, ..., X_{ki}$ の線形関数として体系的に与えられる部分と，それ以外の誤差項の和として与えられるとします．ここで，$Y_i^* = U_{1i} - U_{0i}$ とすると，Y_i^* は説明変数の線形関数と誤差項の和として，

$$Y_i^* = \beta_1 + \beta_2 X_{2i} + \cdots + \beta_k X_{ki} + \varepsilon_i \tag{9.3}$$

となり，労働するかどうかは Y_i^* の符号によって決まることになります．

いま，F を $-\varepsilon_i$ の累積分布関数とします（F は ε_i の分布が原点0に対して対称であれば，ε_i 自体の累積分布関数となっています）．$Y_i=1$ となるのは，
$$-\varepsilon_i < \beta_1 + \beta_2 X_{2i} + \cdots + \beta_k X_{ki} \tag{9.4}$$
の場合ですので，$Y_i=1$ となる確率は，
$$P(Y_i=1|X_{2i},...,X_{ki}) = F(\beta_1 + \beta_2 X_{2i} + \cdots + \beta_k X_{ki}) \tag{9.5}$$
です．

2値データの分析に広く使われているプロビット・モデルは F として標準正規分布（standard normal distribution）を，ロジット・モデルはロジスティック分布（logistic distribution）を仮定したものです．これらの分布は原点0に対して対称です．以後この2つのモデルについて説明します．

9.1.2 プロビット・モデル

プロビット・モデルは，誤差項 ε_i の分布として標準正規分布を仮定し，F を標準正規分布の累積分布関数，
$$\Phi(z) = \int_{-\infty}^{z} \frac{1}{\sqrt{2\pi}} e^{-x^2/2} dx \tag{9.6}$$
としたものです．$Y_i=1$ となる確率は，
$$F(X_{2i}, X_{3i}, ..., X_{ki}) = \Phi(\beta_1 + \beta_2 X_{2i} + \cdots + \beta_k X_{ki}) \tag{9.7}$$
です．なお，Y_i^* の符号は正の定数を掛けても変わらないので，一般性を失うことなく，ε_i の分散が1であると仮定することができます．

9.1.3 ロジット・モデル

ロジット・モデルは，誤差項 ε_i がロジスティック分布に従うとし，F をロジスティック分布の累積分布関数，
$$\Lambda(z) = \frac{e^z}{1+e^z} \tag{9.8}$$
としたものです．$Y_i=1$ となる確率は，
$$F(X_{2i}, X_{3i}, ..., X_{ki}) = \Lambda(\beta_1 + \beta_2 X_{2i} + \cdots + \beta_k X_{ki}) \tag{9.9}$$
です．

ここで，$P_{0i} = P(Y_i=0|X_{2i},...,X_{ki})$，$P_{1i} = P(y_i=1|X_{2i},...,X_{ki})$ とすると，$P_{0i} = 1 - P_{1i}$ ですので，
$$\log(P_{1i}/P_{0i}) = \beta_1 + \beta_2 X_{2i} + \cdots + \beta_k X_{ki} \tag{9.10}$$

となっている．すなわち，ロジット・モデルでは，Y_iが0をとるか，1をとるかの確率の比の対数が説明変数の線形関数となっている，という特徴があります．

9.1.4　プロビット・モデルとロジット・モデルの比較

プロビット・モデルやロジット・モデルは2値データの分析において幅広く使われていますが，実際のデータ分析においていずれを使うかが問題となります．回帰分析の考え方の応用としては，プロビット・モデルの方が自然であるといいます．しかし，ロジット・モデルには，分布関数を簡単な形で表すことができる，Y_iが0をとるか，1をとるかの確率の比の対数がx_iの線形関数となっている，判別分析との対比が可能である，などの利点があります．

正規分布とロジスティック分布を比較してみます．標準正規分布の分散は1，ロジスティック分布の分散は$\pi^2/3$であるので，分散が1となるように正規化してみます．これと標準正規分布の密度関数を比較すると，ロジスティック分布の方が多少分布の広がりが大きいのですが，その差は小さいといえます．このため，$P(Y_i=1|X_{2i},...,X_{ki})$が大きく1に近い場合や，逆に小さく0に近い場合以外は，あまり大きな差はありません．通常，分散の違いのため，ロジット・モデルによるβ_1, β_2の推定結果は，プロビット・モデルの推定結果の$\pi/\sqrt{3}\approx 1.8$程度の大きさとなります．

2値データの分析においては，2つのモデルは一般に似た結果を与えるといえます．2つのモデルが大きく異なるのは，Y_iのとりうる状態が3つ以上の多項反応の場合です（詳細は牧厚志，宮内環，浪花貞夫，縄田和満，『応用計量経済学II』（多賀出版，1997）などを参照して下さい）．2値データの場合は2つのモデルには決定的な優位関係があるとはいえず，モデルの考え方（回帰分析的な考え方を重視するか，確率の比の対数値が説明変数の線形関数であることを重視するか）や他の手法との関連性，さらにはモデルのあてはまりのよさ（2つのモデルの対数最大尤度を比較する）などからどちらを使うかを決定します．一般に経済データではプロビット・モデルが使用されることが多く，自然科学の分野ではロジット・モデルが使われることが多いようです．

9.1.5　プロビット，ロジット・モデルの最尤法による推定
●最尤法

モデルは未知のパラメータβを含んでいるため，これまでと同様，これを実際に観測されたデータから推定する必要があります．現在ではEViewsを含め，

モデルの推定にはほとんどの場合，最尤法が用いられています．
すでに述べたように

$$P(Y_i = 1 | X_{2i}, ..., X_{ki}) = F(\beta_1 + \beta_2 X_{2i} + \cdots + \beta_k X_{ki}) \tag{9.11}$$
$$P(Y_i = 0 | X_{2i}, ..., X_{ki}) = 1 - F(\beta_1 + \beta_2 X_{2i} + \cdots + \beta_k X_{ki})$$

です．$F(z)$ はプロビット・モデルでは標準正規分布の累積分布関数 $\Phi(z)$，ロジット・モデルではロジスティック分布の累積分布関数 $\Lambda(z)$ です．これから，次のような尤度関数が得られます．

$$L(\beta_1, \beta_2, ..., \beta_k) = \prod_{y_i = 1} F(\beta_1 + \beta_2 X_{2i} + \cdots + \beta_k X_{ki}) \prod_{y_i = 0} \{1 - F(\beta_1 + \beta_2 X_{2i} + \cdots + \beta_k X_{ki})\} \tag{9.12}$$

ここで，$\prod$ は，それぞれ，$Y_i = 1$，$Y_i = 0$ となる i についての積を表す記号です．

最尤推定量 $\hat{\beta}_1, \hat{\beta}_2, ..., \hat{\beta}_k$ は，尤度関数 $L(\beta_1, \beta_2, ..., \beta_k)$ を最大にするものです．プロビット・モデルではプロビット最尤推定量，ロジット・モデルではロジット最尤推定量と呼ばれています．これまでと同様，尤度関数は積の形ですので，数学的な扱いを簡単にするため，対数をとった $\log L(\beta_1, \beta_2, ..., \beta_k)$ を考えこれを最大にします．線形回帰モデルの場合と異なって解析的に解くことはできず，数値計算で $\hat{\beta}_1, \hat{\beta}_2, ..., \hat{\beta}_k$ の値を求めることにります．しかしながら，$\log L(\beta_1, \beta_2, ..., \beta_k)$ は，$\beta_1, \beta_2, ..., \beta_k$ の凹関数であり，複数の局所的な最大値が存在することはなく，標準的なアルゴリズムによって比較的容易に計算することが可能です．

プロビット・モデル，ロジット・モデルのいずれにおいても，尤度関数は凹関数であり，(9.12) 式において複数の局所的な最大値が存在することはありません．しかしながら，最尤推定量が存在しない場合があります．Y_i の値が，いずれかの説明変数に対してある値 C より大きい場合はすべて 1，小さい場合はすべて 0 とします．この場合，尤度関数の値が最大になるのは係数が無限大のときであり，最尤推定量を求めることはできません．この現象は標本の大きさ n が大きいときはほとんど起こりませんが，n が小さい場合は無視できない確率で発生します．実際の推定で数値計算が収束しなかったり，推定値が極端に大きかったり小さかったりした場合では，このケースが起こっていないかどうかをチェックする必要があります．

● **プロビット，ロジット最尤推定量の漸近分布**

プロビット，ロジット最尤推定量 $\hat{\beta}$ は，一致推定量でありますが，一般には不偏推定量ではありません．$\hat{\beta}$ の正確な分布を知ることは非常に難しいのですが，

$\hat{\beta}$ の漸近分布は，最尤推定量の一般的な性質から

$$N(\beta, \Omega) \tag{9.13}$$

$$\Omega = A^{-1}$$

$$A = -E\left[\frac{\partial^2 \log L}{\partial \beta \partial \beta'}\right] = \sum \frac{f_i^2}{F_i(1-F_i)} x_i x_i'$$

$$F_i = F(x_i'\beta), f_i = f(x_i'\beta)$$

$$x_i' = [1, X_{2i}, X_{3i}, ..., X_{ki}]$$

で与えられます．x_i は説明変数のベクトルです．また，A はフィッシャー情報行列（Fisher information matrix）と呼ばれ，β に最尤推定量 $\hat{\beta}$ を代入した $\hat{A}$ で推定することができます．この結果から，推定量の標準誤差やその共分散を求めることができます．個別の係数の検定は回帰モデルと同様に自由度 $n-k$ の t 分布を使った t 検定を簡単に行うことができます（なお，EViews ではフィッシャー情報行列でなく，（対数尤度の2次微分から求められる）Hessian 行列から標準誤差を求めています）．

9.1.6 確率の推定

$y_i = 1$ となる確率 $P_i = P(y_i = 1|x_i)$ は，

$$\hat{P}_i = F(x_i'\hat{\beta}) \tag{9.14}$$

で推定され，その漸近分布は，

$$N(P_i, \varpi_i^2), \quad \varpi_i^2 = f_i^2 \cdot x_i' A^{-1} x_i \tag{9.15}$$

となるので，これに基づいて区間推定，検定などを行うことができます．

また，$P(x_2, x_3, ..., x_k) = F(\beta_1 + \beta_2 x_2 + \cdots + \beta_k x_k)$ とすると，

$$\partial P(x_2, x_3, ..., x_k)/\partial x_j = \beta_j \cdot f(\beta_1 + \beta_2 x_2 + \cdots + \beta_k x_k) \tag{9.16}$$

です．これを使って j 番目の説明変数 X_j の値がある値 x_j から Δx だけ増加した場合の確率 P_i の変化率は

$$\hat{\beta}_j \cdot f(x_i'\beta) \Delta x \tag{9.17}$$

として（近似的に）求めることができます．線形回帰モデルの場合と異なり，この値は，一定ではなく，$x_k'\beta$ の値によって変化することに注意して下さい．

9.1.7 複数の制約式からなる仮説の検定

複数の説明変数がある場合，重回帰分析と同様にいくつかの β の要素について同時に検定を行いたい場合があります．たとえば，帰無仮説が「X_{2i}, X_{3i} が Y_i に影響しない」，すなわち，帰無仮説，対立仮説が，

$$H_0 : \beta_2 = \beta_3 = 0, \quad H_1 : \beta_2 \neq 0 \text{ または } \beta_3 \neq 0$$

などの場合です．このように帰無仮説が複数の制約式からなるときは，重回帰分析では残差に基づく F 検定を行いましたが，プロビット・モデル，ロジット・モデルでは χ^2 分布に基づく尤度比検定，ワルド検定，ラグランジュ乗数検定を行います．

● 尤度比検定

尤度比検定（Likelihood ratio test）は，

 i) 帰無仮説が正しいとしてモデルの推定を行い，その対数最大尤度 $\log L_0$ を計算する．

ii) 帰無仮説が誤りとしてすべての説明変数を含めてモデルを推定し，対数最大尤度 $\log L_1$ を計算する．

iii) 帰無仮説に含まれる制約式の数を p とすると，帰無仮説のもとで

$$\chi^2 = 2 \cdot (\log L_1 - \log L_0) \tag{9.18}$$

は，漸近的に自由度 p の分布，$\chi^2(p)$ に従う．

したがって，尤度比検定では，χ^2 を計算し，(9.18) 式に基づき，$\chi^2(p)$ のパーセント点 $\chi_\alpha^2(p)$ と比較することによって検定を行うことになります．

● ワルド検定

ワルド検定（Wald test）は，推定量の分散共分散行列を使う検定です．いま，β^* を β の p 個の要素からなる p 次元のベクトルとします．β^* がある（ベクトル）値 β_0^* と等しいかどうかの検定を考えてみましょう．帰無仮説は $H_0 : \beta^* = \beta_0^*$，対立仮説は $H_1 : \beta^* \neq \beta_0^*$ です．β^* の推定量を $\hat{\beta}^*$，その分散共分散行列を $\hat{\Omega}^*$ とします（$\hat{\Omega}^*$ は (9.13) 式で求められる $\hat{\beta}$ の分散共分散行列の部分行列です）．帰無仮説のもとで，

$$\chi^2 = (\hat{\beta}^* - \beta_0^*)' \hat{\Omega}^{*-1} (\hat{\beta}^* - \beta_0^*) \tag{9.19}$$

は漸近的に自由度 p の分布，$\chi^2(p)$ に従います．したがって，χ^2 を計算し，$\chi^2(p)$ のパーセント点 $\chi_\alpha^2(p)$ と比較することによって検定を行います．

● ラグランジュ乗数検定

ラグランジュ乗数検定（Lagrange Multiplier test）は，帰無仮説のもとでの推定に基づく検定です．$\bar{\beta}$ を帰無仮説のもとでの推定量とすると，帰無仮説のもとで

$$\chi^2 = -\frac{\partial \log L}{\partial \beta}\bigg|_{\bar{\beta}} \left[\frac{\partial^2 \log L}{\partial \beta \partial \beta}\bigg|_{\bar{\beta}}\right]^{-1} \frac{\partial \log L}{\partial \beta}\bigg|_{\bar{\beta}} \tag{9.20}$$

9.2 EViewsによるプロビット・モデルの推定

9.2.1 モデルの推定

表9.1は，1993年のU.S. Bureau of the Censusの調査データ（Current Population Survey）から抽出した，30人の既婚の女性の労働に関するデータです．*WORK*は調査対象とする女性が就業しているかどうかを表すダミー変数で，就業している場合は1，していない場合は0をとります．*C18*は18歳未満の子供の数，*AGE*は年齢，*ED*は教育年数，*HI*は夫の収入です（*HOUR*は1週間の労働時間ですが，このデータは次に説明するトービット・モデルの推定で使います）．分析対象とするモデルを

$$Y^* = \beta_1 + \beta_2 \cdot C18 + \beta_3 \cdot AGE + \beta_4 \cdot AGE^2 + \beta_5 \cdot ED + \beta_6 \cdot HI + u \quad (9.21)$$

$$WORK = 1(Y^* > 0)$$

とします．年齢は，若年層では就労確率を高め，老年層では低める傾向があるので，その二乗値を説明変数に加えています．データをExcel (97-2003ブック) 形式で，ドキュメントに **FWorkData** と名前をつけて保存して下さい．

これを，プロビット・モデル，ロジット・モデルを使い，EViewsによって分析してみます．次のコマンドを入力して下さい．

Workfile FWorkEX U 30
SMPL 1 30
Read(A2) FWorkData.XLS 7
Series AGE2=AGE^2

まず，プロビット・モデルによって分析を行ってみます．プロビット，ロジット・モデルの推定には **Binary** コマンドを使います．

Equation ProbEq.Binary WORK C C18 AGE AGE2 ED HI

Show ProbEq

と入力して下さい．表9.2のような推定結果が得られます．なお，**Binary** のデフォルトではプロビット・モデルが選択されますが，**Binary(D=N)** とオプションを指定し，プロビット・モデルであることを明確にすることも可能です．また，ロジット・モデルの推定を行う場合は，オプションで **D=L** を指定して，

Equation ProbEq.Binary(D=L) WORK C C18 AGE AGE2 ED HI
とします.

表 9.1 アメリカ合衆国における既婚女性の労働に関するデータ

Obs	WORK	HOUR	C18	AGE	ED	HI
1	0	0	0	69	16	0
2	1	40	0	27	12	37,400
3	0	0	0	58	12	30,000
4	1	40	2	29	12	18,000
5	1	20	0	58	12	60,000
6	0	0	1	36	12	55,000
7	1	38	0	52	13	33,000
8	1	37	0	29	16	28,000
9	1	37	0	46	14	33,000
10	0	0	0	67	7.5	0
11	0	0	0	65	12	0
12	1	38	0	51	12	29,650
13	1	5	2	36	13	0
14	1	6	0	22	2.5	12,000
15	1	32	1	30	14	45,000
16	1	40	2	34	12	39,000
17	0	0	3	38	16	39,750
18	1	14	5	34	11	1,200
19	0	0	0	48	11	0
20	0	0	3	27	12	14,500
21	1	48	1	43	13	16,887
22	1	40	2	33	12	28,320
23	0	0	0	58	12	500
24	1	10	0	46	13	1,000
25	1	50	0	52	21	99,999
26	1	4	2	23	11	2,300
27	0	0	2	32	14	11,000
28	1	40	1	34	20	8,809
29	0	0	1	37	11	32,800
30	1	3	0	53	11	0

表 9.2 プロビット・モデルの推定結果

```
Dependent Variable: WORK
Method: ML - Binary Probit (Quadratic hill climbing)
Date: 07/10/08   Time: 12:42
Sample: 1 30
Included observations: 30
Convergence achieved after 8 iterations
Covariance matrix computed using second derivatives
```

Variable	Coefficient	Std. Error	z-Statistic	Prob.
C	-0.246791	3.429498	-0.071961	0.9426
C18	-0.336013	0.248038	-1.354683	0.1755
AGE	0.086777	0.172086	0.504268	0.6141
AGE2	-0.001637	0.001941	-0.843237	0.3991
ED	0.031060	0.106286	0.292225	0.7701
HI	3.04E-06	1.29E-05	0.236463	0.8131

McFadden R-squared	0.192524	Mean dependent var		0.633333
S.D. dependent var	0.490133	S.E. of regression		0.474330
Akaike info criterion	1.461278	Sum squared resid		5.399729
Schwarz criterion	1.741517	Log likelihood		-15.91917
Hannan-Quinn criter.	1.550929	Restr. log likelihood		-19.71473
LR statistic	7.591134	Avg. log likelihood		-0.530639
Prob(LR statistic)	0.180255			

Obs with Dep=0	11	Total obs	30
Obs with Dep=1	19		

まず，従属変数が WORK であること (Dependent Variable：WORK)，プロビット・モデルの最尤法による推定であることおよび推定のアルゴリズム (Method：ML-Binary Probit (Quadratic hill climbing))，8回の繰り返し計算で計算が収束したこと (Convergence achieved after 8 iterations)，分散共分散行列は対数尤度の2次の微分から計算されたこと (Covariance matrix computed using second derivatives) が表示されます．次に各パラメータの推定値，標準誤差，z 統計量（回帰モデルの t 値に相当しますが，プロビット・モデルでは，（漸近分布を考え）標準正規分布に基づき，z-statistic と表示されます），その p 値が出

力されます.最後に対数尤度(Log likelihood)などのこの式に関する各種の指標が出力されます.

9.2.2 仮説検定

女性の就労を各説明変数が有意に説明しているかどうかの検定を行ってみましょう.各変数の影響は,事前に予測されるので個々の係数についての t 検定は片側検定となり,帰無仮説,対立仮説は,

$H_0: \beta_2=0$, $H_1: \beta_2<0$, $H_0: \beta_3=0$, $H_1: \beta_3>0$, $H_0: \beta_4=0$, $H_1: \beta_4<0$,
$H_0: \beta_5=0$, $H_1: \beta_5>0$, $H_0: \beta_6=0$, $H_1: \beta_6>0$

です.有意水準 α を 5% とします.検定は z 統計量の p 値を用いて行うことができます.片側検定ですので,p 値が 10% 以下であるかどうかで検定を行います.この場合,いずれの変数においても,帰無仮説は棄却されず,女性の就労を説明するのに有効な変数はないことになります.

説明変数には,AGE と AGE^2 が含まれていますので,年齢の影響があるかどうかを尤度比検定を使い検定してみます.帰無仮説,対立仮説は,

$$H_0: \beta_3=0 \text{ かつ } \beta_4=0, \quad H_1: \beta_3\neq 0 \text{ または } \beta_4\neq 0$$

です.帰無仮説が正しいとすると,AGE と AGE^2 を説明変数からのぞいて推定を行います.

```
Equation ProbEq2.Binary WORK C C18 ED HI
Scalar Test1=2*(ProbEq.@logL-ProbEq2.@LogL)
Show Test1
```

と入力して下さい.推定結果の詳細は省略しますが,最大対数尤度 $\log L_0$ の値は -19.068 となります.また,帰無仮説が誤りの場合は,すべての説明変数を含めて推定を行いますが,この場合の最大対数尤度 $\log L_1$ の値は,表 8.1 に示したように -15.919 です.したがって,検定統計量 test1 $=2(\log L_1-\log L_0)$ の値は 6.299 となります.有意水準 5% の場合,自由度 2 の χ^2 分布のパーセント点は,$\chi^2_{5\%}(2)=5.991$ ですので,帰無仮説は棄却され,(個々の係数の検定と異なり)年齢は女性の就業に影響していることになります.

同じ仮説をワルド検定を用いて検定してみます.次のコマンドを入力して下さい.

```
Vector(2) b
b(1)=ProbEq.@Coefs(3)
b(2)=ProbEq.@Coefs(4)
```

9.2 EViews によるプロビット・モデルの推定　　　　　　　　　　　　　　235

```
Matrix(2, 2) Var1
Sym  VarCov=ProbEq.@CoefCov
Var1(1, 1)=VarCov(3, 3)
Var1(1, 2)=VarCov(3, 4)
Var1(2, 1)=VarCov(4, 3)
Var1(2, 2)=VarCov(4, 4)
Sym  InvVar=@Inverse(Var1)
Vector(1)  Test2=@Transpose(b)* InvVar *b
Show Test2
```

Vector(2) b で **b** を 2 次元のベクトルとします．推定された AGE と AGE^2 の係数の値を入力します．**Matrix(2, 2) Var1** で **Var1** を 2×2 の行列として指定します．**Sym** は対称行列であることを指定しますが，**Sym VarCov=ProbEq.@CoefCov** で **ProbEq** で計算された分散行列の値を **VarCov** に代入します．さらに **Var1** に分散・共分散の必要な部分の値を入力します．**@Inverse** は逆行列を計算する関数で，**Sym InvVar=@Inverse(Var1)** で逆行列の値を求めます．**@Transpose** はベクトルや行列の転置を計算する関数で，**Vector(1) Test2 =@Transpose(b)* InvVar *b** で検定統計量の値を求めます．なお，EViews では行列の和・差・積の計算は通常の変数と同様，+，−，* で行います．行列の計算ですので，結果は **Vector(1)** としてベクトルまたは行列とする必要があります．検定の結果は，Test2=4.971 で帰無仮説は棄却されないこととなります．

次に，$C18=2$，$AGE=40$，$ED=16$，$HI=30{,}000$ の女性が就労する確率を求めてみましょう．

これは，i) 計算する説明変数の値からなるベクトル $x'=(1, 2, 40, 1{,}600, 16, 30{,}000)$ を設定し，回帰係数の推定値のベクトル $\hat{\beta}$ との内積 $x'\hat{\beta}$ を計算する，ii) 確率の推定値 $\hat{P}=F(x_i'\hat{\beta})$ を求める，という手順で行います．次のコマンドを入力して下さい．

```
Vector(6) X
X(1)=1
X(2)=2
X(3)=40
X(4)=1600
X(5)=16
X(6)=30000
Scalar xb=@Inner(X, ProbEq.@Coefs)
Scalar P1=@Cnorm(xb)
Show P1
```

P1=0.6991 となり，この女性は約 70％の確率で労働していることになります．

9.3 トービット・モデル

トービット・モデル (Tobit model) は一般の回帰モデルと異なり，分析対象とする従属変数 Y_i がある条件を満足した場合のみに観測することができるモデルです．トービット・モデルのうち，最も基本的なモデルは，従属変数 Y_i が負の値をとることのできないモデルであり，Y_i が

$$Y_i^* = \beta_1 + \beta_2 X_{2i} + \cdots + \beta_k X_{ki} + \varepsilon_i \tag{9.22}$$

$$Y_i = \begin{cases} Y_i^* & Y_i^* > 0 \\ 0 & Y_i^* \leq 0 \end{cases}$$

で与えられるものです．これまでと同様，$X_{2i}, X_{3i}, ..., X_{ki}$ および $\beta_1, \beta_2, ..., \beta_k$ は，説明変数および対応する未知パラメータのベクトルです．Y_i^* が負の場合はその値を直接観測することができず，その符号のみが観測されるものです．このモデルは途中打ち切り回帰モデル (censored regression model) とも呼ばれていますが，経済学の分野では，Tobin (1958) によって負の値をとることのできない耐久消費財への支出の分析にはじめて用いられました（このため，経済学の分野ではこのタイプのモデルを Tobin の名から Tobit model と呼んでいます）．

その後，トービット・モデルには多くの理論的研究が行われ，基本モデルを発展させたいくつかのモデルやその推定方法が提案されています．これらのモデルは，消費者選択の分析，労働経済，金融資産の保有分析などの分野を中心に広く使われており，数多くの実証分析も行われています．トービット・モデルは，分析対象とする従属変数がある条件を満足した場合にのみ観測することのできるモデルです．このため，このモデルは，制限従属変数モデル (limited dependent variable model) とも呼ばれています．トービット・モデルにはいろいろな種類がありますが（たとえば，Amemiya (1985) は尤度関数の形から5つに分類しています），本節では，標準的なトービット・モデル (standard Tobit model) である途中打ち切り回帰モデルと切断回帰モデル (truncated regression model) について簡単に説明します．

9.3.1 途中打ち切り回帰モデル

途中打ち切り回帰モデルは，従属変数 Y_i が負の値をとることのできないモデルで，(9.22) 式で与えられるモデルです．このモデルは，最も基本的なもので（最初に Tobin が使ったモデルです），ただ単にトービット・モデル，標準トービット・

モデルといった場合は，通常，このモデルを意味します．

$X_{2i}, X_{3i}, ..., X_{ki}$ は説明変数，$\beta_1, \beta_2, ..., \beta_k$ は未知のパラメータ，u_t は誤差項ですが，標準回帰モデルと異なるのは，Y_i^* の値が負の場合，直接観測することができない点です．

ここで，このモデルがどのように得られるか効用の概念を使って考えてみましょう．分析対象とする経済主体 i が Y_i（たとえば，既婚女性の労働時間や耐久消費財への支出など）の量をその効用 $U_i(Y_i, X_{2i}, X_{3i}, ..., X_{ki})$ を最大にするように決定するとします．$X_{2i}, X_{3i}, ..., X_{ki}$ は効用に影響すると考えられる変数です．Y_i に何の制限もなければ，$U_i(Y_i, X_{2i}, X_{3i}, ..., X_{ki})$ に適当な仮定を置くことによって，Y_i の最適量は，

$$Y_i^* = \beta_1 + \beta_2 X_{2i} + \cdots + \beta_k X_{ki} + \varepsilon_i \tag{9.23}$$

となり，標準回帰モデルとなります．しかしながら，労働時間や耐久消費への支出は，負の値を選択することができませんので，Y_i^* が負になった場合，i は次善の手段として $Y_i = 0$ を選ぶことになります．このようにして，(9.22) 式のモデルを得ることができます．

このモデルにおいては，通常の最小二乗法による推定量はバイアスがあることが知られています．このため，最小二乗法を推定に使うことはできず，最尤法に基づく推定量が推定に用いられます．u_i がそれぞれ独立で平均 0 分散 σ^2 の正規分布 $N(0, \sigma^2)$ に従うとし，ϕ, Φ を標準正規分布の密度関数，分布関数とするとこの場合の尤度関数は，

$$L(\beta, \sigma^2) = \prod_{Y_i=0} [1 - \Phi\{(\beta_1 + \beta_2 X_{2i} + \cdots + \beta_k X_{ki})/\sigma\}] \cdot \prod_{Y_i>0} \sigma^{-1} \phi\{(\beta_1 + \beta_2 X_{2i} + \cdots + \beta_k X_{ki})/\sigma\}$$

$$\log L(\beta, \sigma^2) = \sum_{i=1}^{n} [1(Y_i = 0) \cdot \log[1 - \Phi\{(\beta_1 + \beta_2 X_{2i} + \cdots + \beta_k X_{ki})/\sigma\}]$$

$$- 1(Y_i > 0) \cdot [\log \sigma + \log \sqrt{2\pi} + \{(Y_i - \beta_1 - \beta_2 X_{2i} - \cdots - \beta_k X_{ki})/\sigma\}^2 / 2\sigma^2]] \tag{9.24}$$

となります．なお，$\prod_{Y_i=0}$ は $Y_i = 0$ の観測値について，$\prod_{Y_i>0}$ は $Y_i > 0$ の観測値について掛け合わせることを示し，$1(\cdot)$ はカッコ内の条件が正しい場合 1，誤りの場合 0 をとる関数です．

この尤度関数を $\beta_1, \beta_2, ..., \beta_k, \sigma^2$ について最大にすることによってトービット最尤推定量 $\hat{\beta}_1, \hat{\beta}_2, ..., \hat{\beta}_k, \hat{\sigma}^2$ を求めることができます．トービット最尤推定量は，一致推定量です．その漸近分布は，正規分布で

$$N(\theta, \Sigma), \Sigma = -\left[E\frac{\partial^2 \log L}{\partial\theta\partial\theta'}\right]^{-1} \qquad (9.25)$$

$$\theta' = (\beta_1, \beta_2, ..., \beta_k, \sigma^2)$$

で与えられます．EViews では推定量の漸近分散を Hessian 行列に推定量 $\hat{\theta}' = (\hat{\beta}_1, \hat{\beta}_2, ..., \hat{\beta}_k, \hat{\sigma}^2)$ の値を代入することによって求めています．

尤度関数は複雑な関数であるので，プロビット・モデルやロジット・モデルの場合と同様，推定量を解析的に求めることはできません．このため，EViews では Quadratic Hill-Climbing 法を用いて推定を行っています．

このモデルでは，

$$P(Y_i > 0) = \Phi\{(\beta_1 + \beta_2 X_{2i} + \cdots + \beta_k X_{ki})/\sigma\} \qquad (9.26)$$

です．また，$Y_i > 0$ の i に関しては，

$$E(u_i | Y_i > 0) = \sigma \cdot \lambda\{(\beta_1 + \beta_2 X_{2i} + \cdots + \beta_k X_{ki})/\sigma\} \qquad (9.27)$$

$$\lambda(z) = \phi(z)/\Phi(z)$$

であるので，

$$E(Y_i | Y_i > 0) = \beta_1 + \beta_2 X_{2i} + \cdots + \beta_k X_{ki} + \sigma \cdot \lambda\{(\beta_1 + \beta_2 X_{2i} + \cdots + \beta_k X_{ki})/\sigma\} \qquad (9.28)$$

となります．$\lambda(z)$ は，危険度またはハザード比（hazard rate）と呼ばれ，ミルズ比（Mills' ratio）の逆数であり，z の単調減少関数です．

(9.28) 式を書きかえると，$Y_i > 0$ である i に対して，

$$Y_i = \beta_1 + \beta_2 X_{2i} + \cdots + \beta_k X_{ki} + \sigma \cdot \lambda\{(\beta_1 + \beta_2 X_{2i} + \cdots + \beta_k X_{ki})/\sigma\} + \varepsilon_i \qquad (9.29)$$

$$E(\varepsilon_i | Y_i > 0) = 0$$

となりますが，この関係は，ヘックマンの二段階推定量（Heckman's two-step estimator）と呼ばれる推定方法の基礎となっています．

9.3.2 切断回帰モデル

途中打ち切り回帰モデルは，(9.22) 式のように Y_i^* の値が負の場合には，$Y_i = 0$ となり，Y_i^* が負であることのみがわかるモデルでしたが，切断回帰モデルは $Y_i^* \leq 0$ の場合，その符号や x_i の値も観測することができないデータが得られるモデルです．

このようなデータは，たとえばある特定の行動をとったグループのみを調査対象とする（就労している女性のみを調査対象とし，就労していない女性は調査対象としない）ことなどによって得られます．なお，このようなサンプリング方法は通常のランダム・サンプリング（random sampling）とは異なりますが，同一

のサンプル・サイズの場合，特定のグループについて詳しく知ることができ，分析対象とする行動をとる確率が小さい場合などには有効な方法です．しかしながら，標本選択による偏り（sample selection bias）が生じ，ランダム・サンプリングを仮定した分析手法はそのまま使えず，修正が必要となります．

切断回帰モデルは

$$Y_i^* = x_i'\beta + u_i \qquad (9.30)$$
$$Y_i = Y_i^*, \quad Y_i^* > 0 \text{ の場合}$$

で，$Y_i^* \leq 0$ の場合は観測されないモデルです．

$$Y_i = x_i'\beta + u_i^* \qquad (9.31)$$

とすると，誤差項 u_i^* は切断正規分布（truncated normal distribution）に従い，その確率密度関数は，

$$f_i(u) = \sigma^{-1} \cdot \phi(u/\sigma) / \Phi\{(\beta_1 + \beta_2 X_{2i} + \cdots + \beta_k X_{ki})/\sigma\} \qquad (9.32)$$

となります．したがって，その尤度関数は

$$L(\beta, \sigma^2) = \prod_{i=1}^{n} \sigma^{-1} \cdot \phi\{(Y_i - \beta_1 - \beta_2 X_{2i} - \cdots - \beta_k X_{ki})/\sigma\} / \Phi\{(\beta_1 + \beta_2 X_{2i} + \cdots + \beta_k X_{ki})/\sigma\}$$
$$\log L(\beta, \sigma^2) = \sum [-\{\log \Phi\{(\beta_1 + \beta_2 X_{2i} + \cdots + \beta_k X_{ki})/\sigma\} - \log \sigma$$
$$+ \log \phi\{(Y_i - \beta_1 + \beta_2 X_{2i} + \cdots + \beta_k X_{ki})/\sigma\}]$$

$$(9.33)$$

となり，これを $\beta_1, \beta_2, ..., \beta_k, \sigma^2$ について最大にすることにより，途中打ち切り回帰モデルの場合と同様に最尤推定量を求めることができます．

9.4　EViews によるトービット・モデルの推定

9.4.1　途中打ち切り回帰モデルの推定例

8.2 節のプロビット・モデルで使ったワークファイルを呼び出して下さい．$HOUR$ は週あたりの労働時間のデータです（就労していない女性では 0 となっています）．プロビット・モデル，ロジット・モデルの分析と異なるのは，ただ単に就労しているかどうかだけでなく，就労している場合の時間が得られ，それを分析することができることです．これまでと同様，$C18$, AGE, ED, HI は説明変数であり，$C18$ は 18 歳未満の子供の数，AGE は年齢，ED は教育年数，HI は夫の収入です．

$$Y^* = \beta_1 + \beta_2 \cdot C18 + \beta_3 \cdot AGE + \beta_4 \cdot AGE^2 + \beta_5 \cdot ED + \beta_6 \cdot HI + u \qquad (9.34)$$

$$HOUR = \begin{cases} 0 & Y^* \leq 0 \\ Y^* & Y^* > 0 \end{cases}$$

とし，$\beta_1 \sim \beta_6$ を推定します．次のコマンドを入力して下さい．

Equation CensEq.Censored HOUR C18 AGE AGE2 ED HI
Show CensEq

表9.3のような結果が得られます．

従属変数が $HOUR$ であること（Dependent Variable：WORK），途中打ち切り型のトービット・モデルの最尤法による推定であることおよび推定のアルゴリズム（Method：ML-Censored Normal（TOBIT）(Quadratic hill climbing)），0で左側の値の打ち切りが行われていること（Left censoring(value) at zero），6回の繰り返し計算で計算が収束したこと（6 onvergence achieved after 8 iterations），分散共分散行列は対数尤度の2次の微分から計算されたこと（Covariance matrix computed using second derivatives）が表示されます．次に各パラメータの推定値，標準誤差，z 統計量（回帰モデルの t 値に相当しますが，プロビット・モデルの場合と同様，標準正規分布に基づき，z-statistic と表示されます），その p 値が出力されます．最後に対数尤度（Log likelihood）などのこの式に関する各種の指標が出力されます．

t 検定によって各説明変数の係数の有意性の検定を行います（プロビット・モデルで説明したように符号が予想されるので，片側検定を行います）．有意水準 α を5％とします．検定は z 統計量の p 値を用いて行うことができます．片側検定ですので，p 値が10％以下であるかどうかで検定を行います．この場合，いずれの変数においても，帰無仮説は棄却されず，女性の就労を説明するのに有効な変数はないことになります．

次に，$C18=2$，$AGE=40$，$ED=16$，$HI=30,000$ の女性が就労する確率と，就労した場合の労働時間の期待値を求めてみましょう．説明変数の値はすでにベクトル X に格納されていますので，これを使います．次のコマンドを入力して下さい．

```
Vector(6) b1
b1(1)=CensEq.@Coefs(1)
b1(2)=CensEq.@Coefs(2)
b1(3)=CensEq.@Coefs(3)
b1(4)=CensEq.@Coefs(4)
```

9.4 EViews によるトービット・モデルの推定

表 9.3 途中打ち切り回帰モデルの推定結果

```
Dependent Variable: HOUR
Method: ML - Censored Normal (TOBIT) (Quadratic hill climbing)
Date: 07/10/08   Time: 13:13
Sample: 1 30
Included observations: 30
Left censoring (value) at zero
Convergence achieved after 6 iterations
Covariance matrix computed using second derivatives
```

Variable	Coefficient	Std. Error	z-Statistic	Prob.
C	-55.24484	54.83597	-1.007456	0.3137
C18	-6.030431	3.861973	-1.561490	0.1184
AGE	3.508333	3.045601	1.151934	0.2493
AGE2	-0.052242	0.036433	-1.433940	0.1516
ED	1.509618	1.476938	1.022127	0.3067
HI	0.000298	0.000197	1.509559	0.1312

Error Distribution

SCALE:C(7)	20.16196	3.520614	5.726831	0.0000

Mean dependent var	18.06667	S.D. dependent var	18.97718
S.E. of regression	16.61868	Akaike info criterion	6.583057
Sum squared resid	6352.149	Schwarz criterion	6.910003
Log likelihood	-91.74585	Hannan-Quinn criter.	6.687649
Avg. log likelihood	-3.058195		

Left censored obs	11	Right censored obs	0
Uncensored obs	19	Total obs	30

b1(5)=CensEq.@Coefs(5)
b1(6)=CensEq.@Coefs(6)
Scalar s=CensEq.@Coefs(7)
Scalar xb1=@Inner(x,b1)
Scalar xa=xb1/s
Scalar P2=@Cnorm(xa)
Scalar Y=Xb1+s*@Dnorm(xa)/@Cnorm(xa)

Show P2
Show Y

この結果,就労確率の推定値は 86.8% であり,就労している場合の労働時間の期待値は,27.49 時間と推定されます.

9.4.2 切断回帰モデルの推定例

次に,就労している($HOUR>0$)女性のデータのみを使って,切断回帰モデルの推定を行ってみます(なお,これはあくまで演習のためです.($HOUR=0$)の女性についても情報が与えられているデータの解析では,途中打ち切り回帰モデルの推定を行えばよく,一部の情報を使用しない切断回帰モデルによる分析を行う必要はありません).

切断回帰モデルを推定する場合,**Censored** にオプションとして,**T** を加え,**Censored(T)** とします.次のコマンドを入力して下さい.

Equation TruncEq.Censored(T) HOUR C C18 AGE AGE2 ED HI
Show TruncEq

表 9.4 のような切断回帰モデルの推定結果が出力されます.

途中打ち切り回帰モデルの場合と同様,従属変数が $HOUR$ であること(Dependent Variable:WORK),トービット・モデルの最尤法による推定であることおよび推定のアルゴリズム(Method:ML-Censored Normal(TOBIT)(Quadratic hill climbing)),正の値のみの値が切断されたサンプルでの推定であること(Truncated sample),13 の繰り返し計算で計算が収束したこと(6 onvergence achieved after 8 iterations),分散共分散行列は対数尤度の 2 次の微分から計算されたこと(Covariance matrix computed using second derivatives)が表示されます.次に,各パラメータの推定値,標準誤差,z 統計量,その p 値が出力されます.最後に対数尤度(Log likelihood)などのこの式に関する各種の指標が出力されます.

t 検定によって各説明変数の係数の有意性の検定を行います(これまでと同様,片側検定を行います).この場合,AGE,AGE^2,HI は 1% の水準で,有意に労働時間を説明していることになります.

9.4 EViews によるトービット・モデルの推定

表 9.4 切断回帰モデルの推定結果

```
Dependent Variable: HOUR
Method: ML - Censored Normal (TOBIT) (Quadratic hill climbing)
Date: 07/10/08   Time: 13:21
Sample (adjusted): 2 30
Included observations: 19 after adjustments
Truncated sample
Left censoring (value) at zero
Convergence achieved after 13 iterations
Covariance matrix computed using second derivatives
```

Variable	Coefficient	Std. Error	z-Statistic	Prob.
C	-132.4617	51.97123	-2.548750	0.0108
C18	-2.966188	2.445768	-1.212784	0.2252
AGE	8.399085	3.053955	2.750232	0.0060
AGE2	-0.109853	0.038394	-2.861183	0.0042
ED	0.160218	0.969970	0.165178	0.8688
HI	0.000503	0.000135	3.716608	0.0002

Error Distribution

SCALE:C(7)	9.780772	1.770046	5.525716	0.0000

Mean dependent var	28.52632	S.D. dependent var	16.28690
S.E. of regression	12.13173	Akaike info criterion	7.914702
Sum squared resid	1766.148	Schwarz criterion	8.262653
Log likelihood	-68.18967	Hannan-Quinn criter.	7.973589
Avg. log likelihood	-3.588930		

Left censored obs	0	Right censored obs	0
Uncensored obs	19	Total obs	19

9.5 演習問題

1. ロジット・モデルを使って，女性の労働について次の演習を行って下さい．
   i) モデルの推定 (**Censored(d=L)** とします)．
   ii) AGE と AGE^2 が労働時間の選択に影響しているかどうかの検定．
   iii) $C18=1$, $AGE=35$, $ED=12$, $HI=25,000$ の場合の労働する確率の計算．
2. 途中打ち切り回帰モデルを使って，女性の労働時間に関して次の演習を行って下さい．
   i) AGE と AGE^2 が労働時間の選択に影響しているかどうかの検定．
   ii) $C18=1$, $AGE=35$, $ED=12$, $HI=25,000$ の場合の労働する確率，労働した場合の労働時間の期待値の計算．
3. 切断回帰モデルを使って，2と同様の演習を行って下さい．

参　考　文　献

1) 縄田和満著,「Excel による回帰分析入門」, 朝倉書店, 1998.
2) 縄田和満著,「Excel による線形代数入門」, 朝倉書店, 1999.
3) 縄田和満著,「Excel 統計解析ボックスによる統計分析」, 朝倉書店, 2001.
4) 縄田和満著,「理工系のための経済学・ファイナンス理論」, 東洋経済新報社, 2003.
5) 縄田和満著,「TSP による計量経済分析入門（第 2 版）」, 朝倉書店, 2006.
6) 縄田和満著,「Excel による統計入門－Excel2007 対応版－」, 朝倉書店, 2007.
7) 牧　厚志・宮内　環・浪花貞夫・縄田和満著,「応用計量経済学 II」, 多賀出版, 1997.
8) 松浦克己・C. マッケンジー著,「EViews による計量経済分析」, 東洋経済新報社, 2001.
9) 松浦克己・C. マッケンジー著,「EViews による計量経済学入門」, 東洋経済新報社, 2005.
10) 蓑谷千凰彦・縄田和満・和合　肇編,「計量経済学ハンドブック」, 朝倉書店, 2007.
11) 蓑谷千凰彦著,「計量経済学大全」, 東洋経済新報社, 2007.
12) 森棟公夫著,「計量経済学」, プログレッシブ経済学シリーズ, 東洋経済新報社, 1999.
13) 山本　拓著,「計量経済学」, 新世社, 1995.
14) Amemiya, T., *Advanced Econometrics*, Harvard University Press, 1985.
15) Bhargava, A., "On the Theory of Testing for Unit Roots in Observed Time Series," *Review of Economic Studies*, **53**, 369-384, 1986.
16) Bollerslev, T., "Generalized Autoregressive Conditional Hetroskedasticity," *Journal of Econometrics*, **31**, 307-327, 1986.
17) Breusch, T. S. and A. R. Pagan, "A Simple Test for Heteroskedasticity and Random Coefficient Variation," *Econometrica*, **31**, 307-327, 1978.
18) Dickey, D. A. and W. A. Fuller, "Distribution of the Estimators for Autoregressive Time Series with a Unit Root," *Journal of the American Statistical Associa-*

tion, **74**, 427-431, 1979.
19) Ding, Z., C. W. J. Granger and R. F. Engle, "A Long Memory Property of Stock Market Returns and a New Model," *Journal of Finance*, **1**, 83-106, 1994.
20) Durbin, J. and G. S. Watson, "Testing for Serial Correlation in Least Squares Regression, II," *Econometrica*, **38**, 150-178, 1951.
21) Elliot, G., T. J. Rothenberg and J. H. Stock, "Efficient Tests for an Autoregressive Unit Root," *Economterica*, **64**, 813-836, 1996.
22) Engle, R. F., "Autoregressive Conditional Heteroskedasticity with Estimates of the Variance of U.K. Inflation," *Econometrica*, **50**, 251-276, 1982.
23) Engle, R. F. and C. W. J. Granger, "Co-integration and Error Correction : Representation, Estimation, and Testing," *Econometrica*, **55**, 251-276, 1987.
24) Engle, R. F., D. M. Lilien and R. P. Robins, "Estimating Time Varying Risk Premia in the Term Structure : The ARCH-M Model," *Econometrica*, **55**, 391-407, 1987.
25) Glosten, L. R., R. Jaganathan and D. Runkle, "On the Relation between the Expected Value and the Volatility of the Normal Excess Return on Stock," *Journal of Finance*, **48**, 1779-1801, 1993.
26) Godfrey, L. G., *Specification Tests in Econometrics : The Lagrange Multiplier Principle and Other Approaches*, Cambridge University Press, 1988.
27) Green, W. H., *Econometric Analysis* (Fifth Edition), Prentice-Hall, 2002.
28) Johansen, S., "Estimation and Hypothesis Testing of Cointegrated Vector Autoregressive Models," *Ecomocterica*, **59**, 1551-1580, 1991.
29) Johansen, S., *Likelihood-based Inference in Cointegration Vector Autoregressive Models*, Oxford University Press, 1995.
30) Kwaitkowski, D., P. C. B. Phillips, P. Schmidt and Y. Shin, "Testing Null Hypothesis of Stationary against the Alternative of a Unit Root," *Journal of Econometrics*, **54**, 159-178, 1992.
31) MacKinnon, J. G., "Numerical Distribution Functions for Unit Root and Cointegration Test," *Journal of Applied Econometrics*, **11**, 601-618, 1996.
32) MacKinnon, J. G., A. A. Haug and L. Michelis, "Numerical Distribution Functions of Likelihood Ratio Test for Cointegration," *Journal of Applied Econometrics*, **14**, 563-577, 1999.
33) Nelson, D. B.,"Conditional Hetroskedasticity in Asset Returns : A New Approach," *Econometrica*, **59**, 347-370, 1991.
34) Ng, S. and P. Perron, "Lag Length Selection and the Construction of Unit Root

Tests with Good Size and Power," *Econometrica*, **69**, 1519-1554, 2001.
35) Phillips P. C. B., and P. Perron, "Testing for a Unit Root in Time Series Regression," *Biometrika*, **75**, 335-346, 1988.
36) Quantitative Micro Software, LLC, *EViews 5 User's Guide*, 2004.
37) Quantitative Micro Software, LLC, *EViews 5 Command and Programming Reference*, 2004.
38) Savin, N. E. and K. J. White,"The Durbin-Watson Test for Serial Correlation with Extreme Sample Sizes or Many Regressors," *Econometrica*, **45**, 1989-1996, 1977.
39) Schwert, W., "Stock Volatility and Cash of '87," *Review of Financial Studies*, **3**, 77-102, 1989.
40) Taylor, S., *Modeling Financial Time Series*, John Wiley and Sons, 1986.
41) Tobin, J., "Estimation of Relationships for Limited Dependent Variables," *Econometrica*, **26**, 24-36, 1958.
42) White, H., "A Heteroskedasticity-Consistent Covariance Matrix and a Direct Test for Hetroskedasticity," *Econometrica*, **48**, 817-838, 1980.
43) Zhaoian, J. M., "Threshold Heteroskedastic Models," *Journal of Economic Dynamic and Control*, **18**, 931-944, 1994.

索 引

あ 行

赤池の情報量基準 → AIC
値の打ち切り 240
新しいフォルダの作成 30
あてはまりのよさ 40
あてはめ値 39, 56, 90
雨宮の方法 100, 104

1次自己回帰モデル 82, 140, 151, 170, 195
1期先のデータ 93
1期前のデータ 93
一致推定量 114, 228
　　　$1/T$ のオーダーの—— 193
一般化最小二乗法 89, 99
伊藤積分 172
移動平均 143, 151
移動平均表現 143
移動平均表示 167
移動平均モデル 143, 151
　　　——の反転可能性 144
　　　1次の—— 143
　　　q 次の—— 143

ウィナー過程 172
ウー・ハウスマンの検定 123, 133

エンゲル・グレンジャー検定 → EG検定

オーダー条件 117, 118, 120, 135
　　　——は満足するが識別可能でないモデル 135
オブジェクト 18

オプション 213

か 行

回帰関数 36
回帰係数 37
　　　——の推定 38
　　　——の推定値 48, 65
　　　——の標本分布と検定 41
　　　——の F 検定 68
　　　——の t 検定 42
回帰残差 39, 56, 90
　　　——間の正準相関係数 196
　　　——のグラフ 83, 92, 97
　　　——を使った t 検定 87, 88
回帰式 34
回帰値 39
回帰の標準誤差 49, 65
回帰分析 34, 47
回帰方程式 36, 56
回帰モデルの最尤法 42
　　　——による推定 44
階差 145, 167, 170, 173
　　　——の次数 146
　　　1次の—— 145, 155
　　　d 次の—— 145, 168
　　　余計な—— 178
外生性の検定 123
外生変数 31, 34, 117
　　　式に含まれない—— 117
改良統計量 179, 188
ガウス・マルコフの定理 40, 56
拡張 Engle-Granger 検定 194
確率過程 170, 172
確率過程モデル 140
確率的な変動 170
確率の推定 229

確率のモデル 225
確率密度関数 239
下限 53
下限値 85
加重最小二乗法 99, 104
　　　——を行うオプション 106
過剰識別可能 118, 119
仮説検定 234
片側検定 58
偏り 114
　　　——をもった値 115
カーネルによる共分散の合計推定 177
貨幣市場 124
カルバック・ライブラー情報量 61, 79
完全情報最尤法 120, 122, 123, 128, 131
観測値の数 16
　　　分析に用いられた—— 64

棄却 42
危険度 238
基準化された共和分ベクトル 199
季節移動平均 164
季節階差 161, 168
季節自己回帰モデル 161
　　　1次の—— 161
季節自己回帰和分移動平均モデル → SARIMA モデル
季節性 160
期待値 36, 39, 55, 81
帰無仮説 42, 51, 58, 59, 178, 180, 185, 188
　　　——は棄却 182
逆予測 147
供給関数 115

——のシフト 119
強定常過程 140
共分散 17
行列の和・差・積の計算 235
共和分 170, 192
共和分関係 193, 196
　　——の数 196
　　複数の—— 195
共和分検定 194, 207
共和分式 193
共和分分析 192
共和分ベクトル 193, 196
共和分方程式 199
　　——が1つ存在する場合 199
　　——が2つ存在する場合 199
　　——の数 198
極限分布 172, 190
均一分散の検定 98

クラメル・ラオの不等式 40
クワイトコウスキー・フィリップス・シュミット・シン検定 → KPSS検定

経済データ 137
係数の検定 66
係数の推定 147
計量経済モデル 34
系列相関 81, 82
　　——の検出 83
　　——の検定 85, 90
ケインズ型のモデル 116
月次データ 23, 160
欠損値の取り扱い 30
決定係数 49, 60, 65, 108
限界消費性向 116
検出力 178
検定 41
検定統計量 42, 70, 74, 77, 196
　　——の値 183

合計 16
構造変化 59
　　——に関するチョウ検定 59
　　——の検定 73
構造方程式 120

コクラン・オーカット法 88, 89
誤差項 36, 55, 81, 225, 237
　　——が1次の自己相関に従う場合の推定 88
　　——が無相関 81, 82
　　——間の相関係数 82
　　——に1次の自己相関が存在する場合の推定 94
　　——の1次の自己相関 95
　　——の系列相関 82, 95
　　——の不均一分散の分析 102
　　——の分散・共分散 82
　　——の分布 222
　　過去の——の値 209
誤差修正モデル 194
コマンド 18
　　——の再実行 25
　　——を使った処理 22
コマンドウィンドウ 6, 25
固有値 202
　　——の推定量 196
　　——$λ_i$の値 198
ゴールドフェルド・クォントの検定 98, 103
根 142
　　——の絶対値 143-145

さ 行

財市場における均衡 124
最小絶対偏差推定量 39
最小絶対偏差法 39
最小二乗推定量 38, 56, 114, 171
　　——の極限分布 193
　　——の性質と分散 39
最小二乗法 38, 43, 48, 56, 116
　　——による推定 38, 237
　　2段階—— 119, 120, 122, 125, 126, 128, 136
　　3段階—— 119, 122, 128, 131
最小分散比法 122
最大固有値検定 196
　　——の結果 198
最大対数尤度 49, 65, 234

採択 42
最尤推定量 43, 44, 57, 228, 239
最尤法 43, 78, 89, 212, 227, 228
　　——に基づく推定量 237
最良線形不偏推定量 40, 56
最良不偏推定量 40
残差の平方和 49, 56, 58, 59, 65
算術関数 7
散布図 46, 102
サンプルの期間 65

時間経過 48
識別可能 117, 136
時系列データ 23, 47
自己回帰 82, 140, 151
自己回帰移動平均モデル → ARMAモデル
自己回帰条件つき不均一分散モデル 209
自己回帰モデル 140, 195
　　p次の—— 142, 173
　　p次の——における単位根 173
自己回帰和分移動平均モデル → ARIMAモデル
自己共分散 140
自己共分散関数 141, 142
自己相関 82, 88
自己相関関数 141, 144-146
自己相関係数 82, 141, 143
市場経済モデル 115
次数の決定 146
システム推定法 128
システム法 119, 122
実質GDP 34, 155
質的データ 61, 224
　　——のとりうる状態 63
　　——の分析 224
四半期データ 23, 160, 163
　　——の分析 162
シミュレーション 191
弱定常過程 140
重回帰分析 55
　　——の検定 57
重回帰方程式 56
　　——の推定 56

索引

重回帰モデル　55
週次データ　23
修正 R^2　60
修正決定係数　49, 60, 65
重相関係数　60
従属変数　34, 48, 233, 236, 240
　　——の平均　49, 65
従属変数名　65
自由度　16, 39, 41, 57, 58, 66
主成分分析　202, 203
需要関数　115, 116
　　——による識別性の例　118
シュワルツのベイズ情報量基準
　　49, 61, 65
条件つき期待値　114
消費関数　124
乗法的季節自己回帰モデル
　　162, 164
所得の恒等式　124
信頼区間　53

推定値　39
推定のアルゴリズム　233, 240
推定方法　48, 65, 131
数値計算　44
数値計算法　95
数値データ　224
スカラー　51

正規分布　40-42, 44, 57, 212
制限従属変数モデル　236
制限情報最尤法　119, 121
成長率モデル　37
切断回帰モデル　236, 238
切断正規分布　239
説明できない部分の大きさ　38
説明変数　34, 35, 55, 225, 237
　　——が確率変数の場合の最小
　　二乗推定量　114
　　——間の多重共線性　81
　　——の数の違い　60
　　最適な——の組み合わせ　61
　　複数の——　55
　　2つの——を含む重回帰モデ
　　ル　63
漸近的　44
漸近分散　121, 238
漸近分布　123, 172, 229

——に基づく検定　87
漸近有効性　44
線形回帰　36
線形回帰モデル　34, 47
　　——に変換可能なモデル　36
線形従属　202, 203
線形独立　202, 203
線形不偏推定量　40
線形モデル　36
先決変数　118
尖度　16, 17

相関関係　82, 114
相関係数　17
操作変数　121, 126
操作変数法　121

た 行

耐久消費財への支出　236
対数最大尤度　44, 45, 88
対数尤度　57, 234
　　——の2次の微分　233, 240
対立仮説　51, 58, 59, 188
対話形式　1, 26
多項選択　225
多項反応　225
多重共線性　56, 63, 81, 107,
　　108
　　——がある場合の推定と検定
　　109
　　——の尺度　108
　　——の問題　109
　　完全な——　107, 111, 135
ダービン・ワトソンの検定
　　83, 87
ダービン・ワトソンの統計量
　　49, 65, 83
ダミー変数　61, 62, 75, 225
　　——の数　63
　　——を使った推定と検定　75
単位根　170, 171
　　——が存在する　178, 180,
　　189, 194
　　——が存在しない　182, 185
　　——の検定　173
　　——の問題　170, 173
単一方程式法　119, 120, 125

単回帰分析　34, 55
　　——の場合　56
単純回帰分析　34, 55
弾性値　37, 38, 64
　　——の計算　65
　　——の検定と区間推定　51
　　——の推定　50
弾性値モデル　37
単精度浮動小数点型　9
中央値　16, 39
超一致推定量　192
長期関係式の周りの安定的な関
　　係　195
チョウ検定　59, 73, 74, 77

定常確率過程　140
定常過程　140, 142, 173, 178
　　——である p 次の自己回帰モ
　　デル　143
定数項　48
　　——を含まないモデル　94
ディレクトリ　8, 31
適度識別可能　118, 119, 122
データの時系列構造　177
データの選択　18
データの入力　1, 4
データの範囲　153
　　——の拡張　154
データの変換　1, 6
テーラー展開　36, 64

同一のコマンドの繰り返し　25
同時確率関数　44
同時確率密度関数　44
同時方程式モデル　114, 115
　　——の推定　119
銅消費量　34
　　——の対数値　48
　　——のデータ　34, 54, 80,
　　112
　　——のデータを使った回帰分
　　析　45
　　——のデータを使った系列相
　　関の分析　90
　　——のデータを使った重回帰
　　分析　63
　　——のデータを使った多重共

索　引　　　　*251*

線性の分析　110
　——のデータを使った不均一
　　分散の分析　102
　——の年あたりの伸び率　47
　——の伸び率の推定　46
独立　114
独立変数　34
途中打ち切り回帰モデル　236
　——の推定例　239
途中打ち切り型のトービット・
　　モデルの最尤法による推定
　　240
トービット最尤推定量　237
　——の漸近分布　237
トービット・モデル　224, 236
トレース検定　196
　——の結果　198
トレース検定統計量　198

な 行

内生変数　34, 117, 207
　——の数　136
　式に含まれる——　117
　式に含まれない——　136

二項選択　224
二項反応　224
2 値データ　224
　——の分析　225
日本語キーボード　14

年次データ　23

ノンパラメトリック法　177

は 行

バイアス　79
倍精度浮動小数点型　9
ハザード比　238
パーセント点　42
　5%の——　198
バックスラッシュ　14
バッチ処理　1, 26
バハーガバの R_1 統計量　179
パラメータの推定値　233, 240
判断を保留する　87

非確率的な線形トレンド　170
被説明変数　34, 35, 55
非線形最小二乗法　90, 95
非定常過程　170
表現定理　195
標準回帰モデル　237
標準誤差　41, 48, 52, 57, 65,
　　233, 240
標準正規分布　226, 228, 233
標準的な仮定　36, 55, 81, 82,
　　109
標準的なトービット・モデル
　　236
標準的な分布理論　170
標準ブラウン運動　190
標準偏差　15, 49, 65
標本回帰係数　38, 57
標本回帰直線　39
標本回帰方程式　38
標本共分散　38
標本自己相関関数　146, 149,
　　150, 156
標本自己相関係数　163
　4次の——　163
　8次の——　164
標本選択による偏り　239
標本相関係数　40
標本データ　16
標本平均　38
標本偏回帰係数　39
標本偏自己相関関数　146, 149,
　　150, 156

ファイナンス　209
フィッシャー情報行列　229
フォルダ　8, 31
不均一分散　96, 99, 209
　——の検出　97
　——の検定　98, 102
　——の最小二乗推定量　101
　——の最小二乗推定量の性質
　　101
　——の修正　99, 104
不均一分散性　81
複数の行になってしまう場合
　　27
複数の制約式からなる仮説の検
　　定　229

不偏推定量　39, 45, 57, 114,
　　228
ブラウン運動　172
ブルーシュ・ペイガン・ゴッド
　　フレイの検定　98, 99, 103
フルランク　196
プログラムウィンドウ　27, 28
プログラムファイル　26
　——の実行　27
　——の保存　27
　作成済みの——の利用　29
プロビット最尤推定量　228
　——の漸近分布　228
プロビット・モデル　224, 226
　——とロジット・モデルの比
　　較　227
　——の最尤法による推定
　　227, 233
分散　15-17, 36, 108, 141, 143
　——が確率的に変化する場合
　　209
　——の均一性　81
　——の不均一性　96
分散共分散行列　233, 240
分散均一性　55, 96
分散増幅因子　108
分析結果の保存　20
分布のパーセント点　66

平均　16, 39
ベクトル　195
ヘックマンの二段階推定量
　　238
偏差の平方和　16
偏自己相関関数　144-146
変数の内生性の問題　193

ポイント・オプショナル検定
　　179
法人企業全産業売り上げ高の推
　　移　162
母回帰方程式　36
ボックス・ジェンキンス　147
　——の予測法　139
母回帰係数　36, 56
ホワイトの方法　101, 106

ま 行

マクロ経済モデル 115, 116, 124
マックキノンの片側の p 値 182
見せかけの回帰 170, 189, 191
　乱数を使った——のシミュレーション 191
ミルズ比 238

無限次の移動平均モデル 143
無相関 36, 55, 114

モデルが推定可能であるための条件 117
モデル選択 61, 77
　——とモデルのあてはまりのよさの基準 60
　——の問題 81
モデル選択基準 146
モデルの識別性 117
モデルの推定 63

や 行

有意 42
有意水準 68
尤度 43, 44
誘導型 120, 136
尤度関数 43, 89, 228, 239
尤度比検定 59, 87, 230
ユール・ウォーカー方程式 142

予測 148, 153, 161
予測値 155, 160
予測量 148
ヨハンセンの検定 194

ら 行

ラグオペレータ 167
ラグつき内生変数 118
ラグランジュ乗数検定 230
ランク 195

ランク条件 117, 118, 120, 135, 136
ランダム・ウォーク 170
ランダム・サンプリング 238

利子率 139, 149
　——の分析 149
リッジ回帰 109
リッチテキスト形式 21, 25
リムーバブルディスク 8
リュング・ボックスの Q 統計量 151
両側検定の結果 58
両側の p 値 48, 49, 65

累積分布関数 226, 228

連立方程式 56

ロジスティック分布 226, 228
ロジット最尤推定量 228
　——の漸近分布 228
ロジット・モデル 224, 226
　——とプロビット・モデルの比較 227
　——の最尤法による推定 227

わ 行

歪度 15, 16
ワークファイル 1
　——の作成 1, 22, 23
　——の保存 8
　既存の——の読み込み 8, 11, 25
ワルド検定 230, 234

ング・ペロン検定 → NP検定

欧 文

τ 統計量 174
τ 分布 41, 174
χ^2 分布 60, 151

ADF 検定 174, 176, 177, 179
　——の問題点 178
　——の τ 検定統計量 180
AEG 検定 194
AIC 49, 61, 65, 79, 146, 153, 154
　——によるモデル選択 77
AR → 自己回帰
AR 1 82
AR(1) 140
AR(2) 142, 167
AR(p) 142, 148, 167
ARCH モデル 209, 210
ARCH(p) 210
ARIMA 145
ARIMA モデル 139, 145, 148, 167
　——による時系列データの分析 139
　——による実質 GDP の分析 155
　——による日本の経済データの分析 149
　——の推定 146
ARIMA(p, d, q) 145
ARMA モデル 144, 145, 149, 210
　——の推定 151
ARMA(p, q) 145
Augmented Dickey-Fuller 検定 → ADF 検定

bias 114
BIC 61, 180
Breusch-Pagan-Godfrey 検定 212
BUE 40

CGARCH モデル 211
　——の推定 222
cointegration 192

DF 検定 174, 194
　——の問題点 178
DF-GLS 検定 174, 176, 182
Dickey-Fuller 検定 → DF 検定

ECM 194
EG 検定 194

索引

EGARCH オプション　215
EGARCH モデル　210
　——の推定　215, 219
EGARCH(p, q, r)　210
Engle-Granger 検定 → EG 検定
Engle-Granger の表現定理　195
ERS 検定　179, 186
ERS の改良統計量　179
ERS の Point-Optional 検定　178, 179, 186
EViews　1
　——の起動　1
　——の機能を使った検定　70
　——の終了　8, 10, 25
　——のプログラムの作成　26
EViews による計算
　簡単なデータの分析　15
　共和分検定　197
　トービット・モデルの推定　239
　プロビット・モデルの推定　231
　EGARCH モデルの推定　211
　GARCH モデルの推定　211
Excel ファイル　12, 46
　——からのデータの読み込み　11

F 検定　58, 59, 68
F 値　49, 65
F 統計量　73
F 分布　58
FIML　120, 122

GARCH モデル　209, 210
　——の推定　216
GARCH(p, q)　210
GARCH-M モデル　210
　——の推定　213, 220
GLS　89, 99

H オプション　106
Hessian 行列　238

$I(0)$　173, 193, 203
$I(1)$　173, 189, 191, 192, 195, 203
　——の変数間の回帰分析　192
$I(d)$　173
IS 曲線　124
IS-LM モデル　124
　簡単な——の推定　124
IV 法　121

Jarque-Bera の統計量　15, 17
Johansen の検定　194-197, 203
　——の結果　197

KPSS 検定　174, 178, 185

LIML　119, 121
LM 曲線　124
LVR　122

MA → 移動平均
MA(1)　143, 147
MA(∞)　143
MA(p)　143
MA(q)　143, 148
MLE　43

NA オプション　30
Ng-Perron 検定 → NP 検定
NP 検定　174, 179, 188

p 値　73, 198, 234, 240
PARCH モデル　211
　——の推定　221
Phillips-Perron 検定 → PP 検定
PP 検定　174, 176, 177, 179, 184
　——の問題点　178

Quadratic Hill-Climbing 法　238

R^2　40, 60, 94, 108
$\bar{R}^2$　60, 61
RTF　21

SARIMA モデル　160, 164
SARIMA$(P, D, Q)_s$　161

t 検定　57, 58
t 検定タイプの検定統計量　172
t 検定量　42
t 値　42, 48, 65, 190
t 比　42
TARCH モデル　210
　——の推定　218

USB メモリー　9, 14

VAR モデル　194, 195
　——の推定　207

W オプション　106
WLS　99
Word　20

$Y_i = 1$ となる確率　225

z 統計量　233, 234, 240

コマンド

Add　24
AND　19
AR　151
AR(1)　94
ARCH　212
ARCHM=Log　214
ARCHM=SD　213
ARCHM=Var　214
ARCHTest　212

Binary　231
Binary(D=L)　232
Binary(D=N)　231

C(1)　128, 129
C(2)　128, 129
Censored　240
Censored(T)　242
Close　25
Coef　131
Coint　197
Cor　17
Correl　150, 156
Cov　17

索引

Drop 24

Equation 48, 64
Exit 26

FIML 131

Group 15, 127

IF 19

Line Copper 46
LS 48, 64, 106

MA 151
Matrix 235

NA 30

Open 63
OR 19
Output 24, 25
Output OFF 25

Print 24, 25

Read 14, 23, 46

SAR 164
Save 53
Scalar 51
Scat 46, 50
Series 6, 7, 48
Show 18, 46, 52
SMA 164
SMPL 18
Stats 15, 18
Sym 235

T 242
TSLS 126, 127

Uroot 180, 182-186, 188

VAR 207
Vector 66, 235

WFOpen 25

WFSave 25
Workfile 23, 46

@ 7, 126
@ABS 7
@AIC 78
@ALL 20, 75, 104

@Cnorm 235
@CoefCov 235
@Coefs 51, 66
@COS 7

@EXP 7

@Inner 235
@Inverse 235

@LOG 7
@LogL 70

@QChiSq 70
@QFDist 52, 66, 68, 74

@SIN 8
@SSR 69
@Stderrs 51

@TAN 8
@Transpose 235
@Trend 48, 76

ボタン名

[Actual, Fitted, Residual] 92
[ARCH (Autoregressive Conditional Heteroskedasticity)] 216

[Breusch-Pagan-Codfrey] 103

[Chow Breakpoint Test] 75
[Coefficient Tests] 70, 73, 77
[Copy] 22

[Dickey-Fuller GLS (ERS)] 183

[Edit] 22
[Elliot-Rothenberg-Stock-Point-Optional] 86
[Equation] 216
[Estimate] 129, 131
[Estimate VAR] 207
[EViews Workfile] 11
[Exit] 10

[File] 10, 11
[Forecast] 153
[Foreign Data as Workfile] 13
[Full Information Maximum] 131

[Heteroskedasticity] 103

[Intercept] 180

[Kwiatkowski-Phillips-Schmidt-Shin] 185

[Level] 180

[Make Residual Series] 92

[New Object] 4, 128, 216

[Object] 4, 128, 216
[Omitted Variables-Likelihood Ratio] 73
[Omitted-Redundant Variable Test] を使った検定 73
[Open] 11

[Phillips-Perron] 184
[Print] 20
[Proc] 153
[Program] 29

[Quick] 207

[Residual Graph] 92
[Residual Tests] 103
[Run] 28

[Show] 6, 15
[Stability Test] 75

索　引

[Structure/Resize Current Page] 153
[System] 128
[6) Summarize all 5 sets of assumption] 205

[Three-Stage Least Squares] 129

[View] 15, 70, 73, 75, 77, 92, 103

[Wald Test] 77
[Wald-Coefficient Restrictions] 70, 77

ボックス名

「ARCH」 217
「Augmented Dickey-Fuller Unit Root Test on R」 180
「Augmented Dickey-Fuller」 180

「Double precision（16 digit accuracy）」 9

「End date」 153
「Endogenous Variable」 207
「Equation Estimation」 211, 216, 218
「Equation setting」 216
「Error distribution」 222
「Estimation method」 129, 131
「Exogenous Variables」 207

「Forecast Sample」 153

「GARCH」 217

「Include in test equation」 180

「Johansen Cointegration Test」 198, 205

「Lag Intervals for Endogenous」 207

「Mean Equation」 216
「Method」 216

「Name for Object」 216
「New Object」 216

「Omitted-Redundant Variable Test」 73

「SYSEQ」 128
「Save As」 27
「Schwarz Info criterion」 180
「System Estimation」 129

「Test for unit root in」 180
「Test type」 180, 183
「Type of object」 216

「Unit Root Test」 180

「VAR Specification」 207
「Variance Regressor」 217

「Workfile Create」 3
「Workfile Save」 9
「Workfile structure type」 3

著者略歴

縄田 和満（なわた・かずみつ）

1957年　千葉県に生まれる
1979年　東京大学工学部資源開発工学科卒業
1986年　スタンフォード大学経済学部博士課程修了
1986年　シカゴ大学経済学部助教授
現　在　東京大学大学院工学系研究科技術経営戦略学専攻・
　　　　工学部システム創成学科教授
　　　　Ph.D. (Economics)

EViewsによる計量経済分析入門　　定価はカバーに表示

2009年3月25日　初版第1刷
2014年9月25日　　　第3刷

著　者　縄　田　和　満
発行者　朝　倉　邦　造
発行所　株式会社　朝倉書店

東京都新宿区新小川町6-29
郵便番号　162-8707
電　話　03(3260)0141
FAX　03(3260)0180
http://www.asakura.co.jp

〈検印省略〉

© 2009 〈無断複写・転載を禁ず〉　　　印刷・製本　東国文化

ISBN 978-4-254-12175-9　C 3041　　Printed in Korea

JCOPY　＜(社)出版者著作権管理機構　委託出版物＞

本書の無断複写は著作権法上での例外を除き禁じられています。複写される場合は、そのつど事前に、(社)出版者著作権管理機構（電話 03-3513-6969, FAX 03-3513-6979, e-mail: info@jcopy.or.jp）の許諾を得てください。